필립 코틀러

인브랜딩

Ingredient Branding: Making the Invisible Visible
by Philip Kotler and Waldemar Pfoertsch

필립 코틀러 인브랜딩

INGREDIENT BRANDING

• 필립 코틀러, 발데마 푀르치 지음 | 김태훈 옮김 •

브랜드 속 브랜드로 승부하라

한 그루의 나무가 모여 푸른 숲을 이루듯이
청림의 책들은 삶을 풍요롭게 합니다.

서문

소비자에게 도달하는 새로운 방법

PC와 휴대전화에서 현대적 텍스타일과 가전기기에 이르는 하이테크 제품들이 크게 늘어나면서 소비자들이 구매 결정을 내리기가 갈수록 어려워지고 있다. 가용한 모든 정보를 처리하려면 해석하는 데 필요한 '실마리translation key'의 역할이 중요하다. 예를 들어 제품의 특별한 사양과 이점을 알려 소비자의 구매 결정 과정을 단순하게 하는 강력한 브랜드명과 같은 요소가 필요하다. 이런 실마리는 보이지 않는 구성요소를 최종 사용자의 머릿속에서 보이게 만드는 인브랜드Ingredient Brand('요소 브랜드' 혹은 '성분 브랜드'라고 하며 이 책에서는 개념을 단순화하기 위해 '인브랜드'라는 용어를 같은 의미로 사용하고 있다 - 옮긴이), 즉 브랜드 속 브랜드에 특히 중요한 의미를 갖는다.

1960년대부터 몇몇 기업들은 고어텍스, 인텔 인사이드, 돌비 디지털, 뉴트라스위트 등 강력한 인브랜드를 개발해 그 로고를 소비자의 머릿속에 각인시키는 데 성공을 거두었다. 새 천 년이 펼쳐진 지금 다양한 산업에 속한 전 세계의 수백 개 구성품 공급업체들이 인브랜딩의 영향력을 감지하고 최종 소비자의 머릿속에 침투하기 위해 질주하

The NutraSweet Company

세계적인 인브랜드 로고들

고 있다. 인텔, WL고어앤드어소시에이츠, 바이엘머티리얼사이언스, 뉴트라스위트, 돌비래버러토리스 등의 기업 성공 스토리는 인브랜딩의 잠재적 이점을 드러내며 많은 구성품 공급업체들에게 새로운 마케팅 전략을 통해 더 나은 수익률을 실현할 수 있다는 점을 보여주었다.

현재 전략적으로 인브랜딩 개념을 적용하는 기업도 있고 용어와 개념을 모른 채 활용하는 기업도 있다. 또한 성공을 거둔 기업도 있고 고전하는 기업도 있다. 우리는 연구와 경험적 통찰을 통해 인브랜딩이 통합적인 여러 단계의 마케팅을 수반하는 복잡한 브랜딩 개념이라는 사실을 발견했다.

인브랜딩 개념을 입증하는 데 세계 최대 탄산음료 제조업체보다 더 좋은 사례는 없을 것이다. 미국 애틀랜타 시에 자리 잡은 코카콜라의 이사회 의장이자 CEO인 네빌 이스델Neville Isdell은 2005년에 음료 자체보다 하나의 구성요소인 인공감미료를 더 부각시키면서 브랜딩 전략을 확장했다. 제로 칼로리와 놀라운 맛을 약속하는 신제품은 '코카콜라 제로'라 불렸다. 이 제품은 아스파탐과 아세설팜칼륨을 비롯한 여러 가지 재료들이 혼합되어 만들어졌는데, 흥미롭게도 인공감미료 브랜드는 마케팅 캠페인에서 명확하게 언급되지 않았다. 그 이유는 앞으로 살펴볼 것이다. 코카콜라에게 이 혁신적인 전략은 구성요소 가운데 하나인 인공감미료를 모든 마케팅 활동의 중심에 놓는 새로운 시대의 시작을 의미했다. 또한 구성품과 연관해 제품을 다시 자리매김하는 새로운 추세를 의미하기도 했다.

《필립 코틀러 인브랜딩*Ingredient Branding*》은 인브랜딩에 관심을 갖고 있는 독자들에게 자신들의 브랜드를 인브랜드로 만드는 데 필요한 실제적인 지식과 마케팅 전문가의 조언을 제공할 것이다. 이 책에서 소개하는 개념과 방법론은 미국 시카고, 독일 포르츠하임, 중국 상하이에서 공동으로 개발했으며 많은 기업의 최신 발견과 경험을 간추린 것이다. 우리는 엄선한 새로운 사례를 제시하고 독자들에게 최신 연구 결과를 토대로 통찰력을 제공할 것이다.

이 모든 일은 많은 학자와 업계 전문가들의 도움이 있었기에 가능했다. 먼저 우리에게 이처럼 흥미로운 주제에 대해 연구할 기회를 주고 전폭적으로 지원해준 켈로그경영대학원 디팍 제인Dipak Jain 학장, 중국유럽국제공상학원CEIBS 롤프 크레머Rolf Cremer 학장, 포르츠하임대학 루디 쿠르츠Rudi Kurz에게 감사드린다. 그들은 우리가 연구의 실용적 활용이라는 큰 그림에 집중할 수 있도록 도와주었다. 우리의 깨달음을 종이에 옮기기까지 5년이라는 오랜 기간 동안 지원과 격려를 아끼지 않은 많은 동료들에게도 감사드린다.

우리는 전 세계 연구자들과 여러 차례에 걸쳐 중요한 토론을 벌였다. 하버드경영대학원 존 켈치John Quelch, 유럽경영대학원EBS 롤런드

마트뮐러Roland Mattmuller, 상하이 자오퉁대학 안타이경영대학원 스틸리Stille Lee, 하와이 마노아대학 스티븐 바르고Stephen Vargo 외 많은 사람에게 깊이 감사드린다.

특히 펜실베이니아주립대학 비즈니스시장연구소Institute for the Study of Business Markets의 소장인 랠프 올리비아Ralph Olivia 교수에게 감사의 말을 전하고 싶다. 그는 여러 기업과의 다양한 회의와 세미나를 마련해 현실적인 비즈니스 환경에서 연구 결과를 논의할 수 있도록 도와주었다. 과거에 자신이 몸담았던 텍사스인스트루먼트에서 디지털 광학기술DLP(Digital Light Processing)을 위한 인브랜딩 계획 개발의 초기 단계에 참여하면서 직접적인 지식을 쌓은 그는 기업 간 거래B2B와 기업-기업-소비자 간 거래B2B2C 마케팅의 중요성을 설파한다.

또한 훌륭한 식견과 전폭적인 지원으로 우리 연구를 도와준 바이엘머티리얼사이언스의 글로벌 브랜드 매니저인 위르겐 호만Jürgen Hohmann에게 특별히 감사드린다. 그의 도움으로 유럽과 중국에서 간접조사와 직접조사를 실시할 수 있었다. 바이엘 중국 지사의 관리자들은 인브랜딩과 관련된 중국시장의 구체적인 상황을 파악하는 데 큰 도움을 주었다. 특히 중국유럽국제공상학원 출신의 중국 지사 브랜드 매니저인 제프리 파이Jeffrey Pi에게 감사하고 싶다.

유벡스스포츠의 수출 담당 이사이자 바이엘의 마크로론 라이선스 파트너인 마틴 고데츠Martin Godetz도 완성품 제조업체 수준에서 인브랜딩의 효과와 과제를 체계적으로 이해할 수 있도록 물심양면으로 지원을 아끼지 않았다. 호만과 공동으로 인브랜딩 홍보 활동을 진행하는 동안 여러 군데의 바에서 밤늦도록 우리와 폭넓은 토론을 해준 그에게 진심으로 감사의 말을 전한다.

우리는 또한 미국 마이크로밴인터내셔널의 사장이자 CEO인 데이비드 메이어스David Meyers, 마이크로밴인터내셔널 독일 지사의 전 총괄 매니저인 미하헬 뎀러Michael Demmler와 기나긴 토론을 벌였다. 두 신사는 인브랜딩의 영향력을 깨닫고 학계에서 그것을 완전히 이해하기도 전에 벌써 그 개념을 적용하는 용기를 가진 천부적인 기업 리더들이다. 그들은 수백 개 기업들을 설득해 최종 제품에 구성품을 더해 기업의 성공을 주도했을 뿐 아니라 강의에 활용할 수 있는 마케팅 개념과 사례연구를 만드는 데 도움을 주었다.

같은 맥락에서 영국 스코틀랜드 에딘버러에 위치한 맥팔랜스미스의 비트렉스 사업부 매니저인 캐머런 스미스Cameron Smith에게 감사드리고 싶다. 그는 음독 사고를 예방하는 데 인브랜딩 개념을 적용해 많은 아이의 생명을 구했다. 비트렉스를 홍보하고 아이들의 생명을 지키는 일에 헌신한 비트렉스 독일 책임자인 플로리안 힝스트Florian Hingst에게도 감사드린다.

경영대학원에 다니는 많은 학생, 특히 중국유럽국제공상학원 2005년, 2006년, 2007년, 2008년, 2009년 졸업생들과 이 혁신적인 마케팅 개념을 주제로 학위 논문을 쓴 학생들에게 고마움을 전한다. 그들은 우리에게 자극을 주었고 많은 새로운 응용 사례들을 찾아냈다. 초고를 작성하고 편집하는 일을 도와준 연구 조교 크리스티앙 린더Christian Linder, 헨드릭 셸Hendrik Scheel(포르츠하임대학)과 루 마Lu Ma(상하이 중국유럽국제공상학원)에게 특별한 감사 인사를 전한다. 또한 본문에 나오는 도표를 그린 사브리나 비첸호퍼Sabrina Bitzenhofer와 로고 사용을 허가한 모든 기업들 그리고 여러 버전의 원고를 편집하느라 많은 고생을 한 마리온 파크Marion Park에게 감사드린다.

이 책이 출간될 수 있도록 도와준 모든 사람을 언급할 수는 없겠지만 스프링어Springer의 유능한 직원들, 특히 마르티나 빈Martina Bihn의 노고를 칭송하고 싶다. 이 책의 내용에 대한 책임은 전적으로 저자들에게 있다.

필립 코틀러, 발데마 푀르치

Contents

Chapter 4 어떻게 가치를 더하는가

Chapter 5 경쟁 없는 신 시장을 찾아서

Chapter 6 인브랜딩 챔피언들

Chapter 7 브랜드 관리와 성과 측정

Chapter 8 보이지 않는 것을 보이게 만들어라

INGREDIENT BRANDING

일러두기

1. 본문에 삽입된 상표와 로고의 모든 저작권은 소유업체에 있다.
2. 외래어 표기는 국립국어원이 정한 외래어표기법에 따르는 것을 원칙으로 했다. 기업명과 브랜드명의 경우 가독성을 높이기 위해 본문에는 한글로만 표기하고 책 말미의 찾아보기에 한글과 영문을 병기했다.
3. 저자의 주는 책 말미에 후주로 실었으며 역자의 주는 본문 속에 괄호로 묶어 넣었다.

CHAPTER 1

브랜드 속 브랜드

INGREDIENT BRANDING

소비자들이 브랜드 제품에 기꺼이 더 많은 돈을 지불하는 것은 기업과 소비자 간 거래B2C 산업에서 이미 일반적인 현상이 되었다. 내구성이든, 장인정신이 빛나는 탁월한 모양새든 혹은 단지 신분의 상징이기 때문이든 벤츠, 샤넬, 소니 같은 브랜드는 가격 프리미엄과 누구도 넘볼 수 없는 명성을 누린다.

소비재를 판매할 때 강력한 매력을 지닌 브랜드가 갖는 이점은 오랫동안 당연한 것으로 받아들여져 왔다. 그러나 최근 들어 새로운 현상이 나타나고 있다. 바로 최종 제품에 포함된 구성요소component를 브랜딩하는 것이다. 결국 최종 제품은 다양한 구성요소들을 모아놓은 것이 아닌가. 이런 논리에 입각해 최종 결과물에 기여하는 훌륭한 구성요소를 광고하고 전략적으로 활용하는 것이 바로 인브랜딩Ingredient Branding이다.

인브랜딩이 효과적으로 실행되면 구성요소를 공급하는 회사와 최종 제품을 만드는 회사가 모두 윈윈할 수 있다. 소비자의 입장에서 좀 더 지능적인 구매자가 되는 것, 즉 구매하는 제품에 양질의 구성요소를 포

[그림 1-1] 대표적인 인브랜드 로고들

함하도록 요구할 수 있는 힘을 갖는 것은 분명 좋은 일이다. 소비자가 구매하는 제품에 만족하면 사업이 번창하게 되고 기업은 소비자를 만족시키기 위해 갈수록 더 나은 제품을 제공하고자 노력하게 된다. 그 결과 건강한 시장경제의 바퀴가 지속적으로 돌아가는 것이다.

브랜딩은 대체로 포화 단계에 이르렀고 심지어 '무브랜드unbrand'가 등장해 인기를 얻고 있는 가운데 인브랜딩의 등장은 브랜드 파워에 새로운 지평을 열어주고 있다.

■ 보이지 않는 것에 브랜드를 입혀라

극심한 경쟁과 심화되는 세계화 그리고 굳건히 확립된 소비자 기호라는 특징을 갖는 오늘날의 시장 환경에서 제품의 구성품을 제조하는 기업들이 적용하고 있는 마케팅 접근방법에는 약간의 제약이 있는 게 사실이다. 더욱 정교한 욕구를 갖게 된 소비자를 대상으로 마케팅을 하는 것은 매우 어려운 일이지만, 동시에 고객에게 이르는 또 다른 길을 열어주어 제조업체들에게 제품을 판매할 더 많은 기회를 제공하기도 한다. 그리고 인브랜딩이 그 중 한 가지 길이다.

많은 연구가 지적인 고객은 브랜드화된 구성요소[1]가 포함된 제품의 진가를 인정하고 그런 제품에 더 높은 가격을 지불할 용의가 있음[2]을 증명한 바 있다. 예를 들어 컴퓨터 프로세서 제조업체 인텔은 인텔 인사이드 캠페인 덕분에 큰 성공을 거뒀지만[3] 1980년대 초에 인브랜딩을 위한 계획을 세웠을 당시에는 마치 도박을 벌이는 것처럼 위태로워 보였다. 당시 인텔의 매출액은 5억 달러에 불과했지만 3년간 인브랜딩에 1억 1,000만 달러를 투자했다.[4] 인텔은 뉴트라스위트[5]와 듀폰 등의 기업에서 인브랜딩을 경험한 역량 있는 전문가들을 고용했다. 이런 인텔의 행보를 지켜보며 많은 업계 관계자들은 무모한 도박이라며 부정적으로 말했지만 역사는 인텔이 자신들이 해야 할 일이 무엇인지 알고 있었음을 보여준다.

오늘날 인텔의 로고는 대단히 유명해졌고, 이제 인텔은 컴퓨터 프로세서 시장을 지배하게 되었다. 뒤에서 자세히 설명하겠지만 2006년 인텔은 지향하는 브랜딩 개념을 인브랜드에서 마스터 브랜드로 수정해 제품 브랜드가 견인 요소pulled ingredient가 되도록 유도했다. 그러나 인브랜딩은 예나 지금이나 제품을 시장에 선보이기 쉬운 방법이 아니다. 소비자에게 직접 마케팅을 하는 제품을 브랜딩하는 데는 다양한 방법과 통로를 활용할 수 있다. 반면 다른 기업의 제품에 속한 구성품이나 구성요소의 경우, 고객과의 관계는 다른 기업, 즉 완성품 제조업체OEM(Original Equipment Manufacture)[6]에 좌우되는데 이 회사는 구성품 공급업체가 고객과 접촉할 수 있도록 돕고 싶은 마음이 없을 수도 있다.

이런 상황에서 인브랜딩은 구성품 공급업체로서 기업의 힘을 키우고 소비자 수요를 창출해 매출을 늘리는 데 도움을 줄 수 있다. 대부분의 기업들은 자원이 부족해 인브랜딩을 실천에 옮기지 못하고 있는 실정이다. 인브랜딩은 구성품이나 구성요소에 다섯 가지 조건을 충족시킬 것을 요구한다.

- 항균 기능을 가진 마이크로밴이나 고어텍스의 방수용 아웃도어 의류 라인처럼 고도로 차별화되고 고객을 위해 지속 가능한 가치를 창출한다.
- 고성능 자동차에 쓰이는 브렘보 브레이크나 고급 경주용 자전거에 쓰이는 시마노 기어 시스템처럼 완성품의 기능적 성능에서 핵심적인 역할을 한다.
- 가치사슬의 하위 단계 기업도 완성품 제조업체 제품의 고유한 브랜드화 과정에 상당한 기여를 하며 구성품 제조업체의 인브랜딩 활동을 지원한다.
- 완성품 자체가 고도로 브랜드화된 가치를 추구하며 그들의 제품 제공물을 차별화할 수 있다. 대표적으로 중국의 건설 중장비를 위한 퍼킨스의 디젤엔진과 섬유 제조업체를 위한 3M의 스카치라이트나 스카치가드가 있다.

• 완성품은 복잡하고 별도 판매가 가능한, 여러 기업들이 공급하는 구성품들의 조합이다. 자동차 부품시장after market(기계 등 내구재 구입 후의 유지 및 수리의 수요를 말한다 - 옮긴이)의 레카로 자동차 시트가 이런 종류의 구성품이다.

그러나 이런 조건들이 확고한 것은 아니며 지속적으로 변한다는 점에 유의해야 한다. 지난 몇 년간 인브랜딩에 큰 변화가 생겼다. 항균 기능을 가진 마이크로밴, 바이오 폴리머 제조업체인 네이처웍스의 친환경 플라스틱 인지오, 미국의 곡물회사 카길이 개발한 천연 콜레스테롤 감소제 코로와이즈, 미국 반도체회사 텍사스인스트루먼트의 디지털광학기술DLP, 네트워크 애플리케이션인 케이블앤드와이어리스시스템 외 다수의 브랜드들은 소비자의 머릿속에 브랜드를 인식시키는 데 성공했다.

이외에도 많은 기업이 인브랜딩 개념을 경영에 적용하고 있다. 이 책에서 우리는 이들 기업의 제공물과 다양한 시장 접근방법을 분석한 뒤 그 결과를 통합해 독자들이 스스로에게 적합하게 인브랜딩 개념을 적용할 수 있도록 명확하고 간결한 접근방법을 제시할 것이다. (인브랜딩을 적용하는 기업들의 목록은 부록에서 확인할 수 있다.)

인브랜딩은 오래전부터 있었던 마케팅 개념이지만 최근 들어서야 주목을 받기 시작했다. 20세기 전반의 성공한 독일 화학회사 훼히스트와 바스프가 이미 가치사슬의 다음 단계에 위치한 구매업체들에게 독립적인 브랜드로 유명한 염료(인단트렌)과 합성수지(호스탈렌)[7]를 마케팅하기 시작했다.[8] 듀폰은 1960년대에 열에 강한 합성수지 테프론으로 미국에서 비슷한 성공을 거뒀다. 그러나 인브랜딩의 잠재적 판매력이 드러난 결정적 계기는 1980년대 초에 인텔이 시작한 인텔 인사이드 캠페인의 대성공이었다.

인브랜딩은 구성품 제조업체뿐만 아니라 완성품 제조업체에게도 커다란 혜택을 가져다준다. 수많은 공급업체들이 부품이나 구성품을 공급하는 데 따른 무명성과 대체성을 탈피하기 위해 인텔의 사례를 모방한 나름의 인브랜딩 마케팅 개념을 적용해왔다. 인브랜딩이 등장한 이래 더욱 많은 기업이 그 이점을 발견하게 되었다. 또한 그들은 인브랜드를 성공시키는 문제와 관련해 효과적인 전략과 그렇지 못한 전략이 어떤 것인지를 차츰 깨닫고 있다.

기업들을 위한 새로운 브랜드 전략

브랜드 가치가 때로 전체 기업 가치의 상당 부분을 차지한다는 점을 감안할 때 브랜드 관리는 미래 지향적인 경영의 핵심 부분이다. 기업은 브랜드를 최선을 다해 관리함으로써 끊임없이 변하는 경쟁 상황에 적응할 수 있게 된다. 브랜드 관리는 기업의 개별적 사업 성패에도 간접적으로 기여한다. 인텔이 인브랜딩 전략을 실행한 후 세계적인 기업 중 하나로 부상했다는 사실은 많은 기업에게 영감을 주었다. 인텔의 성공 사례는 인브랜딩의 잠재력과 가능성을 여실히 보여준다.

브랜드는 소비자의 머릿속에서 기업의 성과와 제품을 대표한다는 관점에서 볼 때 마케팅의 핵심 요소로서 브랜드 정책은 매우 중요한 의미를 갖는다.[9] [그림 1-2]는 1999년부터 2008년까지 브랜드 컨설

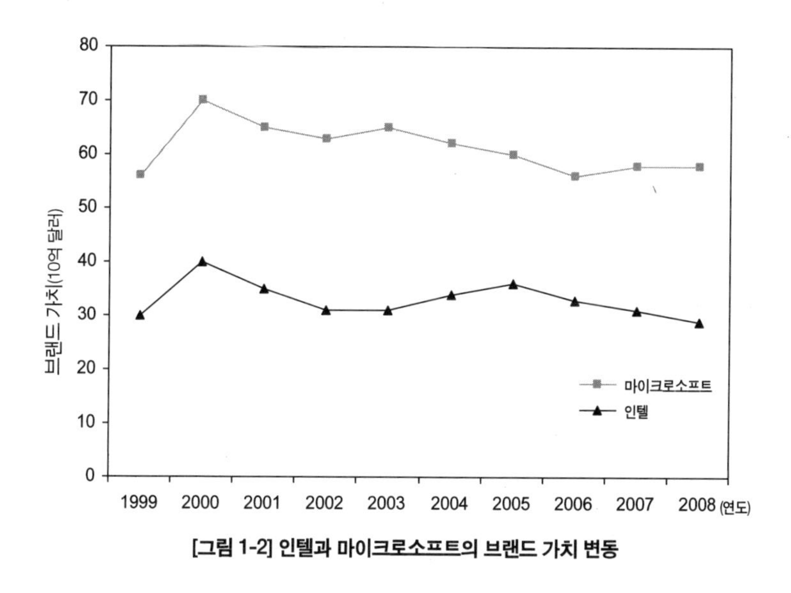

[그림 1-2] 인텔과 마이크로소프트의 브랜드 가치 변동

팅회사인 인터브랜드가 발표한 인텔과 마이크로소프트의 브랜드 가치 변동을 비교한 것이다. 두 기업은 모두 인브랜딩을 다양하게 활용해 최종 소비자B2C와 기업 고객B2B에게 제품을 마케팅한다. 우리는 이 책의 첫 번째 사례연구에서 인텔이 정상에 오른 경로를 분석하고 여러 기업의 브랜딩 구상을 살펴볼 것이다.

세계경제의 규모와 성장 속도는 산업재 기업들이 좀 더 선구적인 마케팅 수단을 활용하고 초점화된 브랜드 전략을 구사하도록 했다. 기업들은 선구적인 마케팅 수단과 브랜드 전략을 활용해 변화하는 경쟁 여건과 공급업체 및 고객의 필요에 좀 더 빠르고 유연하게 대응할 수 있게 되었다. 그러나 많은 기업이 여전히 인브랜딩을 어떤 식으로 추진해야 할지 몰라 제품 마케팅에 활용하지 못하고 있는 실정이다. 산업재의 브랜드화[10]는 수십 년간 수많은 성공 사례와 함께 여러 산업에서 논의되었지만 거기서 한 단계 진보한 개념인 산업재를 위한 전략적 브랜드라는 개념은 여전히 큰 관심을 받지 못했다. 이 개념은 최근 들어서야 '인브랜딩'이라는 이름으로 산업재를 위한 브랜드 전략에 통합되었다.[11]

이 책은 인브랜딩의 기본 개념과 성공 사례 그리고 실제로 기업 현장에 인브랜딩 개념을 적용하는 방법을 다룬다. 중요한 것은 인브랜딩을 '공동 브랜딩co-branding'이나 '브랜드 확장brand extension'과 혼동하지 않는 것이다. 앞으로 기회가 되는 대로 다양한 브랜딩 전략과 활동 사이의 차이점을 자세히 설명하겠다.

UC버클리 하스경영대학원 명예교수인 데이비드 아커David Aaker는 인브랜드의 새로운 가능성을 환기시켰다. 최종 사용자 중심 기업은 인브랜드를 활용해 현재의 제품 제공물의 도달 범위를 새로운 고객 집단과 용도로 넓힐 수 있다. 예를 들어 제너럴모터스(이하 'GM')는 모터스포츠에 활발하게 참여하는 젊은 고객 집단에게 제품을 판매하기 위해 자사의 엔진 브랜드인 노스스타를 장착한 스포츠카가 제공하는 경험[12]을 활용했다.[13] 소니는 텔레비전과 컴퓨터 모니터 브랜드인 트리니트론[14]을 마케팅한다.

중소기업들은 지속적이고 일관된 브랜드로 기업 내외부에 스스로를 차별화하고 마케팅할 기회를 놓쳐서는 안 된다. 이런 방식을 통해 기업들은 고객 지향성을 제공할 뿐만 아니라 경쟁우위를 확보할 수 있다. 또한 중소기업들은 대기업들보다 의사결정 과정이 짧고 단순하기 때문에 브랜딩을 통해 좀 더 쉽게 이득을 누릴 수 있다. 게다가 중소기업들은 스스로의 고유한 강점과 약점을 더 잘 안다. 최근 공급업체 피라미드(예를 들어 1급, 2급 등)의 관계와 구조에 변화가 생기면서 브랜드 관리의 필요성은 훨씬 더 커질 것으로 보인다.

브랜딩이 단지 광고 캠페인과 같다는 것은 낡은 생각이다. 광고 캠페인은 외부적 의사소통의 일면에 불과하다. 이제는 브랜드를 성공시키기 위해 화려한 광고 캠페인을 전개하는 것만으로는 부족하다. 일련의 브랜드 전략을 통해 고객에게 공감각적 브랜드 경험brand experience을 제공해야 한다.[15]

브랜드 관리는 광고대행사들이 단기적이고 일차원적으로 변해가는 광고 캠페인을 통해 단독으로 수행하기에는 벅찬 일이다. 성공적인 브랜드 관리를 위해서는 좀 더 많은 것들이 필요하다. 예를 들어 기업 디자인박람회나 무역박람회를 위한 제품 콘셉트를 마련하고 복수 채널을 관리하는 등 모든 관련 마케팅 도구들과 함께 디자인, 구성 그리고 관리 역량을 갖춰야 한다.

많은 기업이 구성품뿐만 아니라 최종 제품도 제공한다. GE의 경우 최종 사용자에게 세탁기와 식기세척기를, 병원에 의료장비를, 항공사에 제트엔진을 판매한다. 이는 특정한 기업의 브랜딩 전략을 결정하는 것이 얼마나 어려운 일인지를 말해준다. 이를 이해하기 위해서는 기업의 사업부들을 살피는 것이 도움이 될 수 있지만 불행하게도 그런 자료를 구하기란 쉽지 않다.

공급업체의 다수는 인브랜딩 전략을 수행하는 데 드는 비용과 어려움을 피하고자 한다. 그러나 제품 품질과 가격 조건 같은 고전적인 마케팅 수단은 다른 기업의 그것과 확연한 차별화를 이루지 못하고 기업의 성공을 보장하지 못한다. 과거 공급업체들은 다른 기업의 공급업체일 수 있는 고객업체에 직접적인 마케팅 노력을 집중했다. 최종 사용자, 즉 전통적인 개념의 소비자는 적어도 두세 단계 떨어져 있었다. 그에 따라 가치사슬이 이어지는 단계에서 공급업체가 최종 사용자에게 알려지는 경우는 매우 드물었는데 이는 바람직하지 못한 일이다.

인브랜딩은 소비자 수요를 창출할 수 있다(견인 효과pull effect). 기업이 최종 제품에 포함된 구성요소나 구성품의 우월한 성능을 보여줄 수 있다면 소비자가 제품을 구매할 때 잠재적으로 그 구성품을 요구할 가능성이 높다. 심지어 고객이 인지하는 품질을 내세워 완성품 제조업체로 하여금 그 구성품을 사용하도록 강제할 수도 있다.[16]

인브랜딩 개념을 활용하지 않으면 제품의 구성요소나 구성품이 갖는 대체성을 벗어나지 못하며, 고객과 구성품 공급업체 사이의 직접적인 관계가 약해질 수 있다. 인브랜딩이 제공할 수 있는 중요한 이점은 경쟁자들로부터 스스로를 전략적으로 크게 차별화할 수 있다는 것이다. 독일의 성공적인 자동차 시트 공급업체인 레카로가 완벽한 사례다. 고객은 레카로의 부품시장 서비스와 다양한 자동차 경주대회를 후원한 것이 좋은 결실을 거둠에 따라 스포츠카 제조업체들이 레카로와 협력하도록 유도하는 견인 효과를 일으켰다.

인브랜딩은 제품의 잠재적인 차별화 정도를 높일 뿐 아니라 구성품 공급업체와 완성품 제조업체 사이의 힘의 균형을 공급업체에 유리한 방향으로 재조정한다. 그 결과 제한적이고 일방적인 고객과 공급업체의 관계가 지닌 제약과 위험을 줄인다. 인브랜딩이 어떻게 이 한계를 극복하도록 유도하는지 보여주는 대표적인 예로 항균 물질인 마이크로밴을 들 수 있다. 마이크로밴은 미국 욕실용품 제조업체 콜러, 토토,

아메리칸스탠더드 같은 스파 및 월풀 제조업체들에게 추가적인 차별화 수단을 제공한다.

이 외에도 마이크로밴 브랜드를 최종 고객에게 직접 홍보하는 데 적합한 수단으로 러버메이드 주방용품, 더트데블 진공청소기와 코센티노 싱크대가 있다. 기업들은 제품 개선과 혁신뿐만 아니라 추가적인 서비스를 제공하고 더 빠르고 믿을 만한 배송 정책을 실시하며 그 위에 더 낮은 가격으로 소비자를 공략하고 스스로를 경쟁자로부터 차별화하려 애쓴다. 그러나 이런 노력은 종종 수포로 돌아간다. 대다수 공급업체의 평균 수익은 2001년부터 2010년까지 지난 10년간 크게 늘어나지 않았다. 인브랜딩은 이런 막다른 길에서 벗어날 수 있게 해주는 유용한 수단이다.

강력한 구성품이 제품의 운명을 좌우한다

이 책은 눈에 보이지 않는 제품의 구성요소를 브랜드화하는 인브랜딩 전략의 기본 개념과 이론적 토대를 제공한다. 각 장의 내용을 간략하게 정리하면 다음과 같다.

2장에서는 인브랜딩의 기본 개념을 소개한다. 구체적으로 여러 가지 영향력 있는 구성품들을 파악하고 기업-기업-소비자B2B2C시장에서 이뤄지는 마케팅의 기본적인 측면들을 소개한다. 또한 인브랜딩이 공급업체뿐 아니라 하위 단계시장에 가져오는 위험과 기회를 탐구한다. 우리는 단일 단계 및 복수 단계 브랜딩을 자세히 설명하고 인브랜드의 개발 단계를 상세히 소개할 것이다. 그리고 인브랜딩의 원칙과 요건들을 자세히 살필 것이다. 여기에 덧붙여 공동 브랜딩과 인브랜딩을 구별하는 방법을 알려줄 것이다. 또 추진 견인push-pull 원칙을 소개하고 개념적 사고를 위한 틀을 설명할 것이다. 끝으로 다양한 산업의 인브랜드에 대한 조건과 요건을 살펴볼 것이다.

3장에서는 대표적인 인브랜딩 사례인 인텔 인사이드의 성공 사례를 자세히 분석할 것이다. 인텔 인사이드의 브랜딩 개념과 인텔을 다룬 많은 논문과 책이 출간되었지만 브랜드 관리가 미치는 영향에 대한 심층분석은 한 번도 이뤄진 적이 없다. 우리는 인텔이 인브랜딩 개념을 연구하고 토대를 다진 방식을 소개할 것이다.

4장에서는 기업에서 인브랜딩의 원칙을 적용하는 과정을 설명할 것이다. 먼저 브랜딩 개념의 중요성을 설명한 다음 인브랜딩과 그 전략적 선택지로 초점을 옮겨 커뮤니케이션 정책을 포함해 실행을 위한 조언을 제공할 것이다.

5장에서는 다양한 산업에서의 인브랜딩 성공 사례를 소개할 것이다. 자동차, 섬유, 유리, 식품을 비롯한 폭넓은 산업에서 찾아볼 수 있는 다양한 인브랜딩 사례들을 복수 단계 브랜딩의 응용성 관점에서 면밀히 분석할 것이다. 이런 분석은 중간 규모의 공급업체들이 브랜딩 활동을 좀 더 체계적으로 파악하고 실행 가능한 전략을 마련하는 데 매우 중요한 의미를 갖는다.

6장에서는 테프론, 돌비, 테트라팩, 비트렉스, 시마노, 마크로론, DLP, 쇼트 세란, 마이크로밴 등과 같은 다양한 인브랜딩 사례를 자세히 살필 것이다.

7장에서는 인브랜딩 개념을 활용하고자 하는 경영자와 관리자들을 위해 모든 사례를 간결한 지침서 형태로 정리할 것이다. 마케팅 도구로서 인브랜딩의 가치를 평가하는 확실한 체계를 제공하기 위해 성과 측정 도구도 소개할 것이다.

마지막으로 마케팅 세계에서의 인브랜딩과 그 역할에 대한 전망을 살필 것이다.

SUMMARY

- 브랜딩은 차별화를 이루고 지속 가능한 경쟁우위를 창출하는 데 핵심적인 역할을 하는 경영 도구다.
- 인브랜딩이란 개념은 오래된 것이지만 인텔이 거둔 엄청난 성공으로 인해 최근 인기가 높아지고 있다.
- 공동 브랜딩과 인브랜딩은 서로 다른 개념이다.
- 인브랜딩은 구성품과 구성품 공급업체들에게 특히 중요한 개념으로 발전해왔다.
- 인브랜딩은 단일 단계 마케팅 도구와는 다른 복수 단계 마케팅 도구다.
- 브랜드 확장은 인브랜딩의 힘을 활용하는 또 다른 방법이다.

CHAPTER

2

구성품으로 설득하라

INGREDIENT BRANDING

인브랜딩은 1980년대 후반에 들어서야 마케팅 개념[1]으로 각광받기 시작했다.[2] 세계화된 경제에서 기업들은 경쟁우위를 구축하고 유지할 뿐 아니라 시장에서 성공을 거두고 고객에게 차별성을 제공할 필요가 있다.[3] 1980년대 초까지 대부분의 기업들은 소재나 생산 기술의 한계 때문에 가시적인 자원에 집중했다. 그러나 지금은 브랜드 관리[4]나 고객 충성도 같은 비가시적인 자원으로 상당 부분 초점이 이동한 것을 볼 수 있다. 최근에 나오는 많은 출판물들은 브랜드로 대표되는 비가시적 자산을 모든 기업들에게 대단히 가치 있는 자산으로 간주한다.

기업들과 다양한 조직들은 소비자와 회사 모두에게 가치를 창출하는 브랜딩 활동을 한다. 기업들은 브랜드 관리를 통해 가격 대비 가치, 이미지, 기업의 사회적 책임 그리고 제품을 이해하고 사용하는 데 중요한 다른 가치들을 창출하고 홍보해 고객을 유인하고 유지하려 한다. 제공물에 브랜드 정체성을 불어넣으면 기업은 치열한 시장에서 스스로를 차별화할 수 있다. 새로운 참가자들이 끊임없이 시장에 진입하는 상황에서 살아남기 위해 기업들은 브랜드를 활용하는 새롭고도 더 나은 수단을 끊임없이 모색해야 한다.

최근의 출판물들에 따르면 브랜드 잠재력을 극대화하기 위해 가장 흔히 사용되는 두 가지 전략은 '브랜드 확장'과 '공동 브랜딩'이다.[5] 인브랜딩은 공동 브랜딩의 범주에 속하는 좀 더 최신 전략이다. 공동 브랜딩에 대한 초기 연구는 인브랜딩 전략이 그것을 활용하는 브랜드에 미치는 긍정적인 영향[6]과 부정적인 영향[7]뿐만 아니라 소비자의 제품 평가에 미치는 영향도 밝혀냈다.

다른 한편으로 최신 연구는 인브랜딩이 성공적인 브랜드 관리에 필요한 잠재력을 키워주며, 고객을 위한 부가가치를 창출하는 제품 제공물이 기업의 이익을 확대시켰음을 밝혀냈다.[8] 고객이 구성품의 기능과 사양 그리고 그것이 가져다주는 혜택을 이해한다면 제품 제공물에 좀 더 세심한 주의를 기울이게 되며, 그것이 제품 제공물을 더욱 독특하게 만들어준다면 고객과 좀 더 충성스럽고 수익성 있는 관계를 유지할 수 있다.[9]

이 접근방법은 지나치게 협소하고 일면적인 고객업체와 공급업체의 관계가 지닌 한계와 위험을 극복하는 데도 도움을 준다.[10] 전통적인 B2B 브랜드 전략에 따른 마케팅 활동은 완성품 제조업체 가치사슬의 다음 고리에 집중되어 있지만 인브랜딩은 이 문제를 극복할 수 있도록 해준다. 인텔은 구성품 제조업체와 완성품 제조업체 모두를 위한 인브랜딩의 마케팅 가능성을 증명했다.[11] 이후 수많은 공급업체들이 부품이나 구성품에 결부된 무명성과 대체성을 벗어나기 위해 인텔의 사례를 모방해 나름의 마케팅 계획을 실행했다.

인브랜딩이란 무엇인가

인브랜딩은 이론과 실전 모두 종종 구성품이나 다른 산업재에 대한 표시나 라벨 붙이기로 정의된다.[12] 인브랜딩이 가능한 대상인 특정한 제품은 뒤에서 산업재에 대한 체계적인 분류 접근방법에서 제시하겠다.

일반적으로 산업재는 기능과 최종 사용자에 대한 중요도에 따라 인브랜드가 될 수 있다. 따라서 가공 여부와 관계없이 최종 제품에 들어가는 모든 소재나 부품은 인브랜딩의 잠재적 대상이다.[13] 여기에는 양모(울마크) 같은 원자재나 제조 원료 및 부품(자전거 기어 시마노, 감미료 뉴트라스위트, 미세섬유 고어텍스)이 해당된다.[14] 반면 식품, 의류, TV, 자동차 같은 소비재는 인간의 필요를 즉각적으로 만족시키기 위한 최종 제품으로서 인브랜딩의 잠재적 대상으로 간주되지 않는다.

소재와 부품의 브랜딩에 더해 제조회사를 '기관'으로 브랜드화하는 일도 가능하다. 이 경우 브랜딩 접근방법은 기업 브랜딩의 일환이 된다. 인브랜딩과 기업 브랜딩은 서로를 배제하지 않으므로 두 접근방법이 중첩될 가능성이 있다. 대표적인 예로 존슨앤드존스의 자회사인 맥닐뉴트리셔널스를 들 수 있다. 이 회사는 제품에 '뉴트라스위트'라는 로고를 붙임으로써 제품에 함유된 원료와 회사를 동시에 마케팅한다. 그러나 대다수 기업들은 제품을 위해 독립적인 브랜드를 개발하기 때문에 인브랜딩과 기업 브랜딩 사이의 상관관계를 찾기 어렵다. 예외에 속하는 자동차산업에서의 인브랜딩은 5장에서 자세히 다룰 것이다.

인브랜딩이란 제품의 원료, 구성품, 부품, 서비스 등에 대한 전략적인 브랜드 관리를 의미한다.[15] 브랜딩 활동이 증가하면서 최근에는 원료와 구성품뿐만 아니라 부품과 서비스까지 포괄하게 되었다. 게다가 갈수록 인브랜딩은 더 정교한 용도로 사용되고 있으며 더 복잡해졌다. 개념의 단순화를 위해 우리는 '구성품'과 '구성요소'라는 용어를 같은 의미로 사용할 것이다.

기업은 단일 구성품 부품이나 구성품 시스템에 라벨을 붙임으로써 제조업체 브랜드 속의 인브랜드로 최종 사용자와 고객의 관심을 끌어들일 수 있다. 대다수 공급업체와 기초 제품 제조업체들은 최종 제품의 핵심적인 부분을 구성하지만 이후 시장에 출시되는 단계에서는 찾아볼 수 없게 된다.[16]

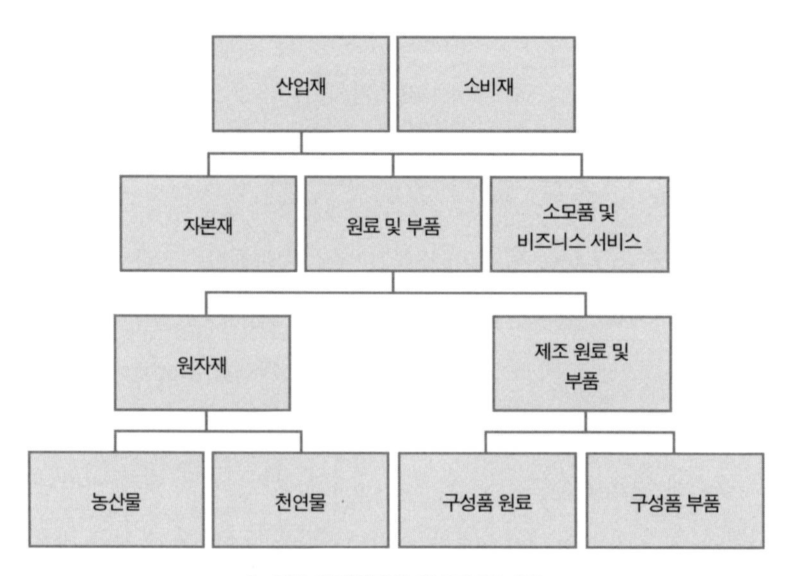

[그림 2-1] 일반적인 인브랜딩의 대상

구성품 공급업체들은 여러 단계의 브랜드 정책을 실천해 경쟁우위에 서려 애쓴다. 공급업체로서 제품의 교체 가능성에서 벗어나 시장 지위를 개발, 강화, 확장하기를 원한다.[17] 인브랜딩은 완성품 제조업체들에게도 기회를 열어준다. 그들은 브랜드화된 구성품을 사용해 제품을 개선할 수 있다. 마케팅 관련 책과 논문들에서는 이런 형태의 인브랜딩을 '역 인브랜딩inverse ingredient branding'이라 부른다.

인브랜딩 분야의 개척자인 인텔은 인브랜딩을 '최종 사용자에 대한 브랜드 속 브랜드 홍보'[18]라고 간략하게 정의했다. 인브랜딩에 대한 또 다른 정의는 공급업체 구성품의 브랜드 가치 증가에 초점을 맞춘다. 그것은 바로 '전체를 대신하는 부분pars pro toto'이라는 것이다. 때로 보이지 않는 구성품이 보이는 제품 자체보다 더 유명해지면서 구성품이 구매 결정을 유발해 최종 제품에 혜택을 가져다준다.[19]

인브랜딩에 대한 좀 더 포괄적인 정의는 다음과 같다.

> 인브랜딩은 각각의 목표 집단(충분조건)을 위한 브랜드를 대표하는 원료, 구성품, 부품에서 브랜드화된 것(필요조건)과 관련한 브랜드 정책(목표, 전략, 수단)을 말한다.[20]

일부 학자들은 별도로 판매할 수 없을 때 구성품을 인브랜드로 간주한다. 하지만 경험에 비춰볼 때 현실적으로 대다수 인브랜드는 이 규칙을 따르지 않았으며 대부분 제품을 별도로 판매했다. 자동차산업 부품시장에서 특히 이런 현상이 두드러지게 나타난다.

인브랜딩의 4단계

우리는 다수의 인브랜드를 분석한 결과 구성품이나 구성요소의 성공 가능성을 발견했다. 가장 중요한 것은 특정한 구성요소가 주는 혜택에 대한 고객의 인식이다. 이 혜택을 고객이 듣고, 보고, 느낄 수 있어야 한다. 그에 따라 제품 판매업체나 제조업체는 인브랜드를 가시적인 것으로 만들 기회를 얻을 수 있다.

새롭고 혁신적인 제품의 성공 가능성은 수명주기의 초기에 가장 높다. 그러나 제품의 특정한 구성품이 새로운 용도의 일부가 될 수 있다는 점을 고려해야 한다. 인브랜딩은 제품 수명주기의 후기에서도 시작할 수 있다. 실제로 인브랜딩 개념은 특정한 제품의 전체 수명주기에 걸쳐 적용할 수 있다. 바이엘머티리얼사이언스(이하 '바이엘')의 첨단 플라스틱 소재 브랜드인 마크로론이 한 예다. 바이엘은 개발된 지 50년이 지난 후에야 최종 사용자에게 마크로론이라는 브랜드를 붙인 폴리카보네이트를 홍보해 큰 효과를 거두었다. (이 사례는 6장에서 좀 더 자세히 살펴볼 것이다.)

인텔, 돌비, 라이크라, 고어텍스, 코로와이즈, 쏠레, 스플렌다, 뉴트라스위트 같은 전형적인 사례들을 분석해보면 제품 수명주기의 초기에 인브랜딩을 시작했음을 알 수 있다. 인브랜드를 개발하는 데는 여러 가지 중요한 요소들이 있으며 제품 수명주기상의 시점은 그중 하나에 불과하다. 인브랜드는 부침을 겪을 수 있으므로 인브랜드 개발이 미치는 전략적 영향을 이해하는 것이 필수다.

인브랜드를 개발할 때는 이런 점들을 염두에 두고 시간의 경과에 따라 네 단계를 고려하는 것이 중요하다([표 2-1] 참조). 이 단계들은

[표 2-1] 인브랜딩의 4단계

단계	핵심 내용	주요 활동
1	신뢰 구축과 유명 브랜드의 명성 활용	알려지지 않은 인브랜드가 이미 자리 잡은 브랜드에 편승해 브랜드를 알린다.
2	돌파와 시장 검증	인브랜드가 호스트 브랜드의 그늘에서 벗어나 세상에 알려지거나 심지어 유명해진다.
3	빚 상환과 시너지 발생	인브랜드가 이전의 협력업체와 다른 브랜드 사용업체들을 지원한다.
4	피에스코 효과 발생	인브랜드가 포화되어 차별화 수단으로 활용할 수 없으며 과거의 지원 업체들을 가격 전쟁으로 몰아넣는다.

알려지지 않은 인브랜드가 브랜드 자산을 구축하는 과정에서 수행해야 하는 활동들을 의미한다.

1단계에서는 구성품 공급업체가 인브랜딩 전략의 일환으로 완성품 제조업체와 협력을 위한 합의를 맺는다. 그리고 이 합의에 따라 완성품에 공급업체의 구성품을 알리는 라벨을 붙인다. 공급업체는 자사의 새로운 인브랜드와 이미 자리 잡은 완성품의 브랜드를 함께 소비자에게 제시되는 데서 이득을 얻을 수 있다. 반대급부로 완성품 제조업체는 공급업체에게서 구성품 가격 할인이나 광고비용 지원 등의 인센티브를 얻을 수 있다. 이 단계는 신뢰 구축과 유명 브랜드의 활용으로 정의할 수 있다. 그 결과 인브랜드는 완성품의 명성에 편승해 이득을 보며 일정 기간이 지나면 스스로 유명해진다.

2단계에서는 돌파가 이뤄진다. 인브랜드는 마침내 호스트 브랜드

host brand의 그늘에서 벗어난다. 이 단계에서는 최종 사용자에 대한 지속적인 홍보와 협력업체들과의 면밀한 협력이 요구된다.

3단계에서는 인브랜드는 호스트 브랜드에 진 '빚'을 상환하고 완성품 제조업체는 늘어난 브랜드 가치에 힘입어 이득을 얻게 된다. 이 단계에서 인브랜드와 호스트 브랜드는 동일하게 중요한 것으로 간주된다.

4단계에서는 인브랜드의 브랜드 가치가 마침내 호스트 브랜드의 그것을 뛰어넘는다. 그 결과 인브랜드는 더 이상 완성품의 브랜드 인지도에 의존하지 않게 된다. 독자적인 브랜드 자산에 힘입어 인브랜드는 기업 간 거래에서 직접 구매업체를 선택할 수 있고, 심지어 해당 산업 부문에서 제품의 시장 가격을 좌우하는 위치에 오른다.

인브랜딩의 4단계 모델은 인브랜드의 브랜드 가치가 결국 호스트 브랜드의 그것을 넘어설 것이며 따라서 자세히 모니터할 필요가 있다는 점을 알려준다. 두 브랜드의 장기적이고 대등한 협력관계는 실현되기 어려운 것으로 가정한다. 그래서 이 모델은 많은 완성품 제조업체들이 손해를 보지 않으려고 처음부터 인브랜드와의 협력관계를 회피할 위험이 있다고 주장한다.

모든 브랜드 관계가 이러한 피에스코 효과Fiesco-effect[21]로 끝나는 것은 아니다. 예를 들어 인텔의 마이크로프로세서는 80퍼센트 이상의 컴퓨터에 사용되며, 2006년에 기업 마스터 브랜딩 개념을 변경해 제품에 대한 인브랜딩을 계속했다. 마이크로소프트도 인텔과 비슷한 위상을 달성했다. 그러나 인텔이나 마이크로소프트의 위상에 오르기 위해서는 브랜드에 더해 다른 많은 요소들이 필요하다는 사실을 명심해야 한다.

시장에서의 위상이 확고하지 않은 대다수 기업들은 인브랜딩에 신중을 기해야 한다. 그 좋은 예가 고어텍스다. 고어텍스는 협력업체들과 다양한 브랜딩 개념을 적용한 후 협력관계와 공동 브랜딩에 대한 분명한 요건들을 정했다. 그 결과 지금은 자전거 라이딩, 항해 등과 같은 특정한 용도와 산업 혹은 지역으로 협력업체들을 제한한다. 고어텍스는 이런 브랜드 정책을 통해 협력업체의 차별화 가능성이 떨어지는 것을 막는다.

공동 브랜딩과 인브랜딩의 상관관계

마케팅 관련 책과 논문들은 흔히 인브랜딩을 정의할 때 공동 브랜딩과 역 인브랜딩 같은 비슷한 주제를 함께 소개한다. 이런 주제들은 구성품 공급업체와 완성품 제조업체들 사이의 협력 과정에서 형성되는 마케팅 협력관계를 효과적으로 설명하고 그를 정의하는 데 도움을 준다.

인브랜딩과 공동 브랜딩을 포함한 브랜딩 개념은 정보통합information integration 이론과 태도접근성attitude accessibility(태도 대상과 기억 속 평가 사이의 연합 강도 - 옮긴이) 이론[22]을 토대로 한다. 정보통합 이론은 두 가지 자극, 이 경우 두 가지 브랜드가 결합해 제품에 대한 소비자의 태도를 형성하는 과정을 설명한다. 제품에 대한 소비자의 태도는 특정 브랜드를 해석하고 평가하는 데 활용되며 소비자의 구매 행동을 통해 겉으로 드러난다. 태도접근성 이론은 브랜드에 대한 태도가 두드러질수록 그런 태도가 소비자의 환기상표군evoked set(소비자가 특정 제품류를 생각할 때 연이어 생각나는 브랜드들 - 옮긴이)을 만드는 데 이용될 가능성이 높다는 사실을 알려준다.

공동 브랜딩 전략에서 브랜드의 긍정적인 속성들은 소비자의 환기상표군에 특정 제품을 포함시키고 궁극적으로 구매로 이어지게 만들 수 있다.

지난 15년간 많은 연구를 통해 소비자가 중요한 제품의 이점들을 상기하는 데 브랜딩이 도움을 준다는 사실이 드러났다. 예를 들어 브랜드명과 특정한 제품이 주는 혜택 사이의 관련성association은 해당 제품이 속하는 위치를 이해하는 데 도움을 주고, 브랜드명과 제품 부문 사이의 관련성은 잠재적인 사용 상황을 파악하는 데 도움을 준다.[23] 브랜드명에 대한 상기 유발 수단recall prompt이라는 개념은 사람들이 어떻게 환기상표군을 만들고 대안을 평가하며 브랜드 확장의 적절성에 대한 결정을 내리는지를 가정하는 데 사용된다.[24]

공동 브랜딩은 두 브랜드를 결합해 고유한 단일 브랜드로 만드는 것이다. 이런 연계는 장기적이거나 단기적일 수 있으며, 두 개 이상의 브랜드를 물리적으로 결합하거나 브랜드명을 상징적으로 연결하는 형태가 될 수 있다. 첫 번째 전략은 상징적인 추가 속성을 부여하기 위해 호스트 브랜드를 부차적 브랜드와 연계하는 것이다. 두 번째 전략은 한 브랜드의 핵심 속성을 요소로 삼아 다른 브랜드와 통합하는 것이다.[25] 공동 브랜딩의 목적은 브랜드들의 자산을 활용해 제품의 성공을 강화하는 것이다. 브랜드들과의 과거 경험은 소비자들에게 특정한 수준의 품질에 대한 확신을 제공한다.

컴퓨터와 메모리칩 제조업체인 인피니언테크놀로지스의 사례는 한편으로 특정 용어의 정확한 정의와 구분이 기업의 일상적인 활동에서 특별히 중요한 요소가 아니며, 다른 한편으로 인브랜딩을 다른 형태의 협력업체 마케팅과 개념적으로 구별하는 것이 여전히 어려운 일임을 보여준다. 인피니언테크놀로지스는 공동 브랜딩의 명목 아래 협력업체들에게 인피니온테크놀로지스 상표를 제품과 포장 그리고 사용설명서에 넣어 인피니언테크놀로지스의 반도체 솔루션을 포함하고 있다는 사실을 알릴 것을 요구한다.[26]

이런 내용은 공동 브랜딩과 인브랜딩이 같다는 인상을 심어줄 수 있다. 마케팅 관련 책과 논문들이 인브랜딩과 공동 브랜딩을 정의하는 데 부분적으로 동일한 접근방법이 사용되면서 혼란이 가중되었다.[27] 예를 들어 공동 브랜딩의 한 정의에 따르면 기업이 이미 보유한 브랜드화된 제품이나 서비스에 추가적인 브랜드명이 표시되기만 해도 충분하다.[28] 또한 브랜드 컨설팅회사인 인터브랜드가 운영하는 브랜드채널의 온라인 브랜드 백과사전은 공동 브랜딩을 "둘 이상의 브랜드명을 활용해 새로운 제품이나 서비스 혹은 사업을 뒷받침하는 것"[29]으로 정의한다. 그러나 이 폭넓은 정의는 인브랜딩 과정을 설명하는 데도 쓰일 수 있을 만큼 지나치게 일반적이다.

다양한 참가자들이 관여하는 행동을 결정하는 데는 범주화categorizing가 중요하다. 모든 공동 브랜딩 혹은 인브랜딩 활동에는 적어도 두 개의 기업이 참여하기에 그들의 브랜딩 전략이 접근방법의 결과를 결정한다. 우리는 같은 종류의 제품이 관련된 두 가지 합성물이 있고, 둘 다 제품을 함께 홍보하고자 한다면 공동 브랜딩 전략이라 정의할 것을 제안한다.

벤틀리모터스의 고급 자동차와 브라이틀링 시계가 좋은 사례다. 두 회사는 서로 다른 제품을 만들지만 같은 홍보 캠페인에서 두 제품을 같이 광고했다. 동일한 이미지와 비슷한 메시지를 가진 두 제품은 차별성을 유지하는 동시에 상대적인 브랜드 파워를 강화하도록 돕는다. 신용카드나 직불카드 기능을 가진 회원카드나 은행카드처럼 두 제품이 실제로 결합된 경우 문제가 복잡해질 수 있다. 이 경우 회원제가 비자나 마스터카드와 함께 운영되며 두 제품을 하나로 제공한다. 반면 자동차의 스테레오 시스템처럼 제품을 별도로 판매할 수 없고, 다른 제품의 구성품이나 구성요소로 쓰인다면 인브랜딩 전략을 적용해야 한다. 이에 대해서는 휴렛팩커드(이하 'HP')와 인텔 그리고 마이크로소프트의 사례에서 자세히 설명하겠다.

일부 대기업들은 소니의 트리니트론이나 아우디의 콰트로, 캐딜락의 노스스타처럼 완성품 제공물을 보강하는 데 사용되는 자체 구성품 브랜드를 갖는다. 이는 자가 브랜드self-brand를 통한 인브랜딩이라 말할 수 있다.

흥미로운 점은 공동 브랜딩과 인브랜딩에 대한 전형적인 정의에 따르면 두 전략이 한 지점에서 겹친다는 것이다. 완성품과 구성품 사이의 특정한 브랜드 연합은 두 전략에 모두 해당될 수 있다. 두 전략 사이의 이런 상관관계는 브랜드 전략에 대한 많은 논의에서 두 용어가 동의어로 사용되는 중요한 이유 중 하나다. 우리는 두 용어를 구분하지만 인브랜딩을 구성품 공급업체가 최종 고객에게 접근하고 다른 브랜드가 성공하도록 돕는 공동 브랜딩의 한 형태로 볼 수도 있다. 그것은 장기적인 관계를 유지하지만 쉽게 파기될 수 있다. [그림 2-2]는 단일 제품과 복수 제품의 브랜드 결합 유형을 보여준다.

	단일 브랜드	복수 브랜드
복수 제품	별도 브랜드	공동 브랜드
단일 제품	단일 브랜드	인브랜드

[그림 2-2] 단일 제품과 복수 제품의 브랜드 결합 유형

역 인브랜딩

마케팅 관련 책과 논문들에서 자주 언급되는 협력업체 마케팅 혹은 인브랜딩의 다른 형태로 '역 인브랜딩'이 있다. 역 인브랜딩은 간단히 말해 협력관계의 추진력과 인센티브가 완성품 제조업체에서 나오는 것을 뜻한다. 이 경우 시장에서 자리 잡은 하나 이상의 유명한 공급업체와 구성품 브랜드를 통해 완성품을 보강함으로써 완성품 제조업체의 시장에서의 지위가 향상되고 강화된다.[30] 이런 점은 생산된 제품의 성능과 품질이 서로 거의 차이가 없는 개별 산업 부문에서 격렬한 경쟁을 불러일으킨다. 이때 인브랜드에 대한 추가적인 브랜딩은 완성품 제조업체에게 경쟁자들로부터 스스로를 차별화할 매력적인 가능성을 제공한다. 인브랜딩과 달리 역 인브랜딩의 주요 동력은 완성품 제조업체다.

자동차산업에는 역 인브랜딩을 보여주는 좋은 사례들이 많다. 자동차산업에서 유명한 구성품 시스템으로는 보쉬, 콘티넨털, TRW오토모티브, 델파이가 전 세계에 공급하는 잠김방지브레이크시스템ABS과 전자차체제어프로그램ESP이 있다. 이 구성품 시스템은 고객의 구매 결정에서 중요한 부분을 차지하는 사양들을 차량에 제공한다.

자동차 완성품 제조업체들은 역 인브랜딩을 위해 특정한 공급업체의 제품 품질과 브랜드 역량을 이끌어내고 라벨을 통해 구성품 시스템을 알림으로써 경쟁우위를 획득해 제품에 대한 수요를 늘리려 한다.[31] 이 경우 특정한 시장을 선도하는 완성품 제조업체들은 대개 같은 브랜드나 제조업체의 구성품 시스템을 쓰기 때문에 역 인브랜딩에 따른 제품 차별화가 거의 불가능하다는 점을 감안해야 한다. 예를 들어 유럽의 자동차 제조업체들은 대개 보쉬와 콘티넨털의 구성품 시스템을 쓰고, 북미에서는 TRW오토모티브와 델파이 같은 기업들이 시장을 지배한다.

추진 전략과 견인 전략

인브랜딩에 내재된 기본적인 시장 원칙은 추진 및 견인 전략이다.[32] 견인 전략은 구성품 제조업체가 완성품 제조업체를 우회해 최종 고객과 직접 커뮤니케이션하기 위한 노력을 기울일 때 효과를 발휘한다. 이는 소매 수준에서 제품의 구성품에 대한 소비자 수요를 창출해 유통채널을 통해 제품을 견인함으로써 시장의 중간 단계들이 이 요소를 쓰도록 강제하는 전략이다.[33]

추진 전략은 구성품 제조업체가 제품을 가치사슬의 다음 단계에 홍보하는 데 마케팅 노력을 집중하는 것이다.[34] 이 접근방법은 구성품 공급업체가 아직 확고한 시장 지위를 구축하지 못했고 제품에 대한 수요가 낮을 때 특히 중요하다. 반면 견인 전략을 적용하는 경우 구성품 제조업체는 최종 소비자에게 직접 커뮤니케이션과 마케팅 노력을

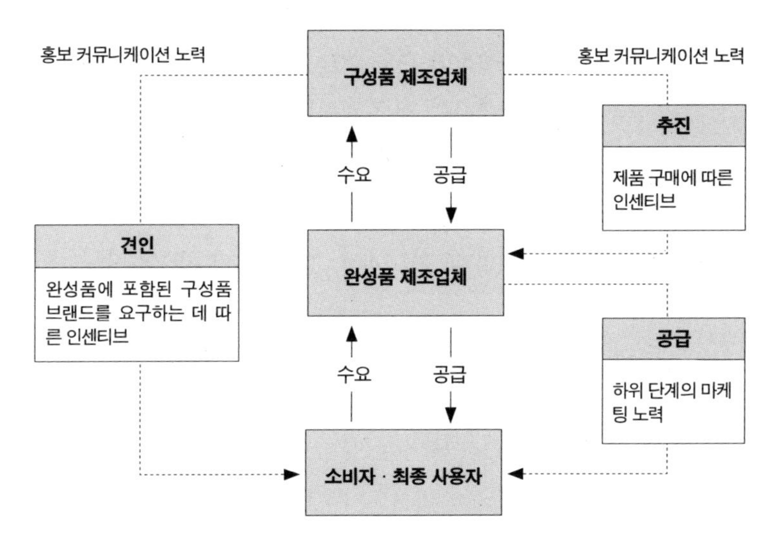

[그림 2-3] 인브랜딩의 추진 전략과 견인 전략

기울이기 위한 하나의 혹은 여러 시장 단계를 뛰어넘는다.[35]

인브랜딩은 복수 단계 마케팅 전략의 범위 안에서 두 가지 전략을 모두 활용한다. 한편으로는 추진 전략을 적용해 공급사슬의 다음 단계가 제품을 사도록 설득하고, 다른 한편으로는 최종 사용자에게 직접 견인 전략을 적용해 완성품 제조업체로 하여금 구성품을 대체 불가능하도록 유도하는 수요 압력을 가한다. 완성품 제조업체는 브랜드화된 구성품을 가장 효과적으로 뒷받침하기 위해 [그림 2-3]에서 볼 수 있는 것처럼 언제나 추진과 견인 프로그램을 적절히 조율해 사용해야 한다.

추진 전략과 견인 전략의 잠재력은 해당 공급업체의 자원과 제품에 크게 좌우된다. 많은 공급업체들은 가치사슬의 복수 단계에 걸쳐 최종 고객에게 직접 제품 브랜드를 마케팅할 만한 재정적인 능력을 갖고 있지 않다. 구성품의 속성과 구조 그리고 교환성도 추진 전략과 견인 전략을 성공적으로 실행하는 데 걸림돌이 될 수 있다.

■ 단일 단계 브랜딩과 복수 단계 브랜딩

인브랜딩은 소비자가 완성품에서 구성품을 식별할 가능성에 초점을 맞춰 제품의 협력적인 설계와 전달에 힘쓰는 특별한 형태의 브랜드 연합이다.[36] 인브랜딩은 제품의 구성품이나 서비스가 최종 사용자에게 효과적으로 홍보될 때 이뤄진다. 홍보는 제조업체와 공급업체의 두 가지 관점에서 살펴볼 수 있다.

인브랜딩은 성공할 경우 두 협력업체 브랜드 모두에게 혜택을 가져다주는 진전된 브랜딩 개념이다. 그러나 인브랜딩을 하는 숨겨진 동기는 전통적으로 호스트 브랜드의 관점에서 비롯된 것이다. 호스트 브랜드는 인브랜드를 완성품에 포함시켜 경쟁자로부터 자신을 차별화하기를 원한다. 제품의 구성품을 브랜드 확장 수단으로 활용하는 호스트 브랜드의 관점은 이미 증명된 개념으로 연구되고 기록되어왔다.[37]

완성품 제조업체가 주도하는 인브랜딩에서 구성품 제조업체는 대개 이미 강력한 브랜드 인지도를 확보한 기존 브랜드를 가진 구성품을 선택한다. 완성품 제조업체는 자사 제품이 인브랜드와 관련 있는 긍정적인 속성을 가졌다고 최종 사용자를 설득할 수 있기를 바라면서 구성품이 완성품의 일부임을 홍보한다. 다른 한편으로 완성품에 통합된 구성품이나 구성요소를 생산하는 공급업체들도 점차 브랜딩의 가치를 인식하기 시작했다.[38]

구성품 공급업체가 주도하는 인브랜딩은 구성품이나 서비스 공급업체가 브랜드 인지도를 높이기 위해 최종 사용자에게 완성품에 속한 구성품을 홍보할 때 이뤄진다. 공급업체는 브랜드 인지도를 높이기 위한 투자가 인브랜드에 대한 소비자의 요구 혹은 견인으로 이어지기를 바란다. 이렇듯 공급업체가 주도하는 브랜딩이 바로 여기서 말하는 '인브랜딩'이다.

인브랜딩 개념은 브랜딩을 다루는 책들에서 크게 주목받지 못했던 것이 사실이다. 인브랜딩과 전통적인 인브랜딩을 구별해주는 것은 전략 뒤에 숨겨진 동기다. 전통적인 인브랜딩의 동기는 호스트 브랜드를 중심으로 이뤄지며, 대개 브랜드 인지도를 강화하기 위해 호스트 브랜드의 속성을 확장하거나 수정한다.[39] 반면 인브랜딩의 동기는 브랜드 인지도와 가치사슬을 통한 견인 효과를 창출하기 위해 완성품 제조업체와 연합하는 인브랜드나 구성품 브랜드를 중심으로 이뤄진다.

두 가지를 구분해주는 것은 소비자 행동과 제조업체 행동 사이의 차이다. 소비자 행동은 견인 효과를, 제조업체 행동은 추진 효과를 창출한다. 따라서 추진 효과와 견인 효과를 제품, 가격, 유통, 판매촉진 등 마케팅믹스의 일환으로 고려할 필요가 있다. 추진 효과와 견인 효과를 뒷받침하면 조율coordination의 가능성이 높아진다. 추진 효과와 견인 효과의 결합은 완전한 마케팅믹스를 위한 시너지를 창출한다. 공급업체는 고객인 완성품 제조업체에게 구성품이나 서비스를 제공한다. 따라서 공급업체는 자동차나 전자기기 같은 제품의 제조업체와 B2B 관계를 맺는다. 완성품 제조업체는 고객인 최종 사용자가 사용할 제품을 생산한다. 최종 사용자는 완성품 제조업체와의 순전한 B2C

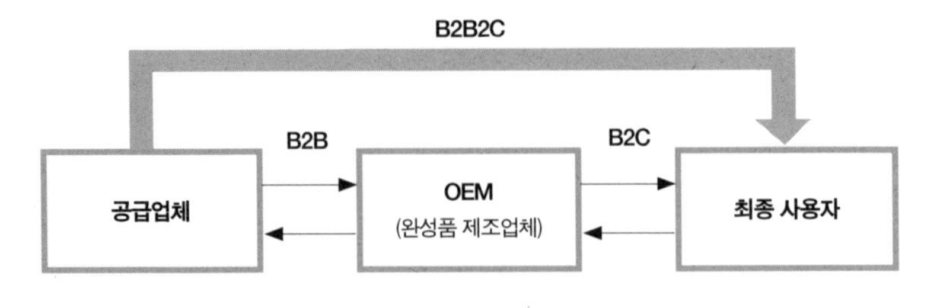

[그림 2-4] 인브랜딩 구조

관계 내에서 제품이나 서비스를 구입한다.

이 원칙에 따르면 고객 관계에는 구성품 공급업체와 완성품 제조업체, 완성품 제조업체와 최종 사용자라는 두 가지 개별적인 단계가 있다. 이 두 가지 단계는 인브랜딩을 통해 서로 연결된다. 1단계는 2단계를 따르며, 구성품 공급업체가 최종 사용자에게 특정 요소가 제품 제공물의 일부임을 알려 경쟁 제공물이 아닌 해당 제공물을 선택하게 만들 때 3단계가 이뤄진다. 4단계에서 최종 고객은 특정 구성품을 요구하면서 제품을 견인한다. 이는 적절하게 실행될 경우 높은 성공률을 보이는 지속적인 추진과 견인의 과정이다. [그림 2-4]의 인브랜딩 모델이 그 과정들을 보여준다.

미국 석유회사 셰브론이 텍스트론을, GM이 노스스타를 고급 자동차에 사용해 자동차 부품의 성능을 중시하는 고객들을 상대로 캐딜락 브랜드를 강화하려 했듯,[40] 강력한 소비자 브랜드를 가진 기업들도 경쟁 입지를 강화하거나 보호하기 위해 인브랜딩을 활용할 수 있다.

[그림 2-5]는 섬유회사 인브랜딩의 실제 사례를 보여주는데 크게 네 단계로 이뤄진다. 라이언어패럴은 탁월한 보호 기능을 제공하는 브랜드화된 섬유와 래미네이트가 들어간 소방관 방화복과 같은 기능

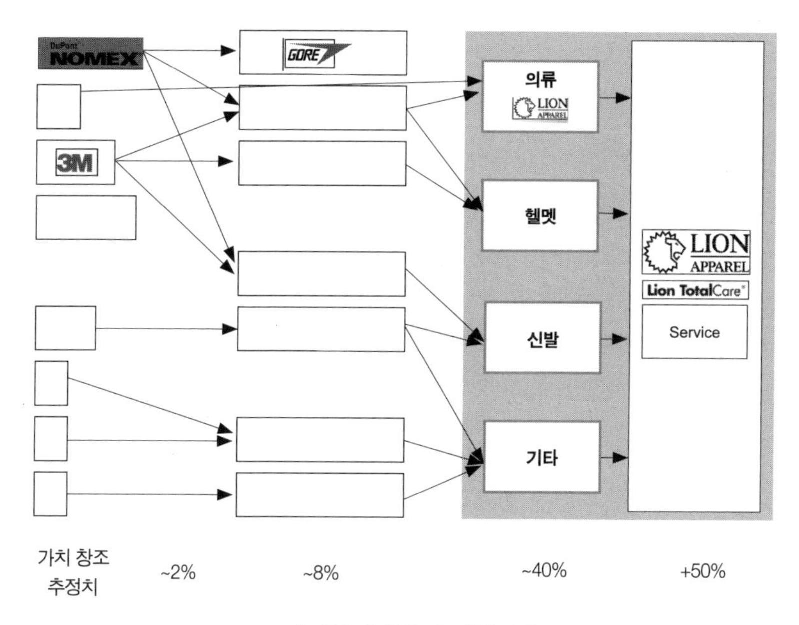

[그림 2-5] 섬유 인브랜딩 사례

성 의류를 제공하고 듀폰과 3M은 고어텍스처럼 브랜드화된 공급업체들에게 기본 원료를 공급한다. 이들을 비롯해 인브랜딩을 할 때는 구성품, 모듈, 시스템, 소프트웨어 및 서비스와의 통합 등 좀 더 많은 단계들을 고려해야 한다. 다시 말해 인브랜딩을 적용할 경우 구성품 마케팅의 대상이 되는 최종 고객을 비롯해 모든 상위시장을 살펴야 한다. 복수 단계 브랜딩과 달리 단일 단계 브랜딩은 가치사슬의 다음 단계에 있는 참가자에게만 브랜드를 홍보한다.[41]

또 다른 중요한 측면은 가치사슬 내에서의 구성품의 위치다. 인브랜딩은 다양한 이유로 최종 사용자에 대한 특정한 기능의 중요성이나 업계 상황에 따라 가치사슬의 초기나 후기에서 이뤄질 수 있다. 매우 가볍고 방수성과 통기성이 뛰어난 고성능 아웃도어 재킷이 필요한 최

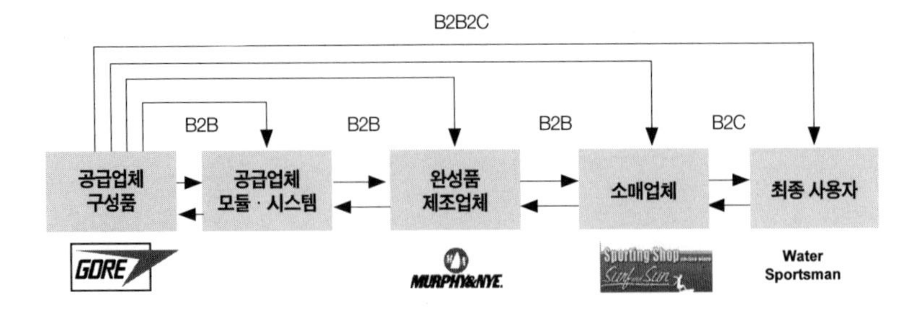

[그림 2-6] 복수 단계 인브랜딩

종 사용자의 예를 보자. 이런 제품을 필요로 하는 스포츠 애호가들은 자전거나 요트를 즐겨 탄다. 항해용 의류시장이 선호하는 공급업체는 아메리칸컵 참가팀을 후원하는 머피앤나이이다.[42]

WL고어앤드어소시에이츠(이하 '고어')는 시스템 공급업체에 모듈이나 구성품을 납품한다. 고어는 재킷의 안감이나 일부분을 제조하며 재킷 제조업체에 직접 납품하거나 혹은 최종 사용자가 제품을 구입하는 것이 가능한 소매업체에 완성품을 공급한다. 고어는 가치사슬을 통한 5중 인브랜딩 접근방법의 가능성을 보여준다([그림 2-6] 참조). 이때 고어는 가치사슬상의 모든 참가자들에게 제품 제공물의 뛰어난 성능에 대한 정보를 제공해야 한다.

인브랜딩은 부품과 구성품 제조업체가 실시하는 일종의 복수 단계 브랜딩이다. 이는 최종 고객을 포함한 모든 하위시장이 구성품 마케팅 대상이라는 의미다. 단일 단계 브랜딩은 복수 단계 브랜딩과 달리 가치사슬의 다음 단계에만 초점을 맞춘다. 단일 단계 브랜딩과 복수 단계 브랜딩 방식을 정리하면 [그림 2-7]과 같다.

혼란을 막기 위해 복수 단계 브랜딩과 복수 단계 마케팅 그리고 단

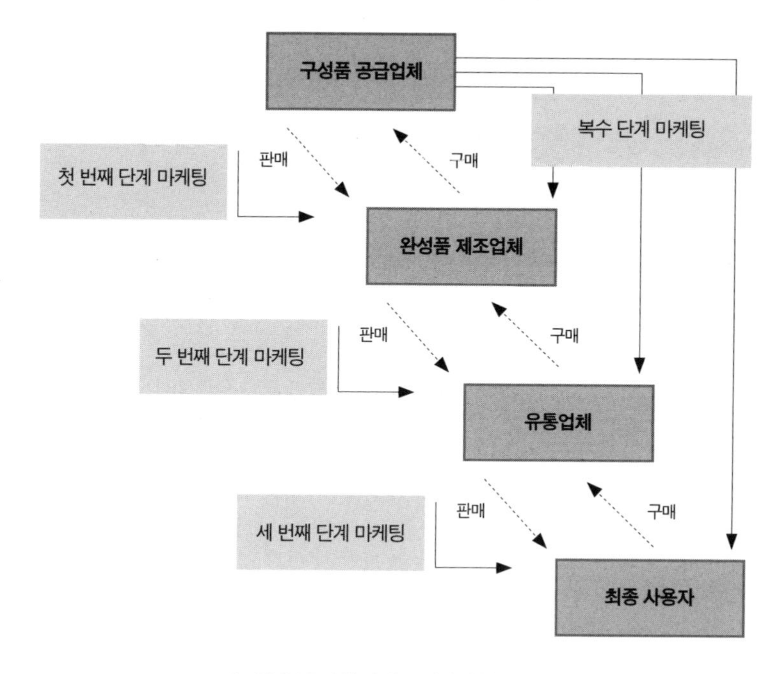

[그림 2-7] 단일 단계 브랜딩과 복수 단계 브랜딩

일 단계 브랜딩과 단일 단계 마케팅이라는 용어가 마케팅 책과 논문들에서 동일한 의미로 사용된다는 점을 언급해둔다. 두 용어를 자세히 살펴보면 그 사이에 차이점을 발견할 수 있다. 그것은 브랜딩 개념은 브랜드 자체와 제품의 브랜드 가치에 초점을 맞추지만 마케팅 개념은 쓸 수 있는 모든 마케팅 도구를 사용한다는 점이다.

기업은 브랜드 전략에 따라 매출을 늘리기 위한 다른 목적을 추구할 수 있다. 복수 단계 브랜드 전략은 소비자 수요를 창출하기 위해 견인 전략을 활용한다. 이 경우 제품은 유통채널을 통해 견인되며 중간 단계들은 해당 요소를 사용하도록 압력을 받는다. 반면 단일 단계 브랜딩은 고객과 유통업체의 요구를 바탕으로 수요 견인을 창출해 완성품 제조업체가 구성품을 포함하도록 유도하기 위해 추진 전략을 활용한다.

B2B 마케팅의 고객 개념

오늘날의 경제는 무엇보다 제품과 서비스의 생산 과정에서 분업의 영향을 크게 받는다. 다수의 상품이 첫 번째 생산 단계에서 출발해 최종 사용에 이르기까지 수많은 시장 단계를 거치며, 이 사슬을 지나는 동안 지속적으로 가치가 커지는 것이 일반적이다.[43] 주로 구성품 제조업체, 기초 제품의 수요자, 개인 최종 사용자가 이 부가가치 과정에 참여한다.

구성품 제조업체는 산업재 시장에만 제품과 서비스를 제공하는 민간기업이다. 이는 그 상품이 최종 제품으로서 개인 최종 사용자에게 이르기 전에 다른 시장이나 가공 단계를 거쳐야 한다는 의미다. 따라서 이 기초 제품을 요구하는 기업들은 개인 소비자가 아니라 조직 소비자다. 조직 소비자는 다시 민간기업, 국가기관, 공공기관으로 분류된다. 국가기관은 군대와 경찰이며, 교회, 병원, 학교, 대학은 공공기관에 속한다. 그들의 자체적인 성과는 구성품 제조업체의 제품과 서비스에 의존한다.[44]

반면 민간기업은 대개 사용업체, 완성품 제조업체, 중개업체의 세 집단으로 분류된다. 예를 들어 사용업체는 자체 제품과 서비스를 생산하는 데 사용할 기계를 필요로 하는 기업이다. 다른 한편으로 완성품 제조업체는 구매한 원료나 부품, 구성품을 완성품으로 통합한다. 예를 들어 자동차산업에서 자동차 제조업체는 많은 부품, 때로 조립품을 외부에서 조달한다. 그들 사이의 결정적인 차이는 완성품 제조업체는 가치사슬의 마지막에 위치한 사용자에게 제품을 전달하기 전에 그들이 필요로 하는 제품의 가치를 높인다는 점이다. 그러나 기초 제품 제조업체도 같은 시장에서 생산에 필요한 자원을 구매해야 한다는 흥미로운 사실을 주목할 필요가 있다. 그런 의미에서 구성품 제조업체는 완성품 제조업체와 달리 공급자인 동시에 고객이 될 수 있다.

널리 알려진 완성품 제조업체시장으로는 컴퓨터산업이 있다. 인텔은 모든 컴퓨터의 핵심인 마이크로프로세서를 생산한다. 그러나 여러 공급업체가 다양한 구성품을 생산하는데도 불구하고 현실적으로는 컴퓨터 제조업체가 독자적인 제조업체로 시장에 등장한다.

자동차산업은 또 다른 유명한 완성품 제조업체시장이다. 이 시장에서 완성품 제조업체인 자동차 제조업체는 자동차를 생산할 때 공급업체의 구성품과 다른 기초 제품에 의존한다. 그럼에도 불구하고 자동차의 마케팅이나 영업에서 내장 구성품**built-in components**이 언급되는 경우는 거의 없다. 자동차 제조업체들이 자사 브랜드만을 자동차와 연계시키고 싶어 하기 때문이다.

완성품 제조업체시장 외에 구성품을 위한 예비부품시장이 있다. 완성품 제조업체나 개별 공급업체들은 대개 이 시장에 제품을 직접 공급한다.[45]

마지막 집단인 산업재 중개업체는 제조업체로부터 사용업체와 완성품 제조업체 그리고 다른 중개업체로 변형되지 않은 본래의 산업재를 유통하는 유통업체, 소매업체, 도매업체로 구성된다. 그들은 가치 사슬의 마지막 부분을 이룬다. 그들은 이 과정에서 고객을 위한 부가가치를 창출하기는 하지만 인브랜딩 전략에 적합한 대상이라 볼 수는 없다.

기업들은 생산과 유통 과정에서 제품과 서비스를 가공하기 위해 B2B시장에서 필요한 것들을 구매한다. 기업 간 영역에서 마케팅하는 상품은 변경되거나 교정된 형태로 개인 고객에게 도달하기 전에 적어도 하나의 가공이나 변형 혹은 소매 단계를 거쳐야 한다.[46] 따라서 구성품 제조업체들과 제품 및 서비스의 마케팅과 관련해 주로 개인 고객에게 마케팅 노력을 기울이는 완성품 제조업체는 서로 전혀 다른 사업 환경에 직면한다.

구성품 제조업체의 마케팅 활동은 대개 전적으로 다른 민간기업, 국가기관, 공공기관으로 구성된 다음 시장 단계로 향한다. 구성품 제조

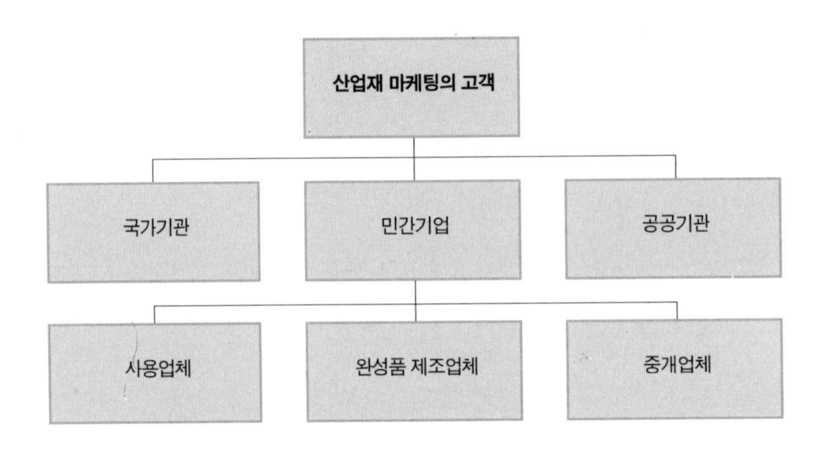

[그림 2-8] 산업재 마케팅의 고객

업체가 실시하는 이런 종류의 단일 단계 마케팅은 대개 산업재 마케팅 혹은 기업 간 마케팅이라 불린다.[47] [그림 2-8]은 산업재 마케팅의 고객 유형을 보여준다. 인브랜딩은 이런 종류의 단일 단계 B2B 마케팅으로 시작되며 복수 단계 마케팅 전략으로 확장된다. 따라서 인브랜딩 전략을 실행하려면 구성품 제조업체가 현재의 마케팅 전략을 폭넓게 재조직할 필요가 있다.

인브랜딩 전략에서 마케팅 노력은 더 이상 시장의 다음 단계에 있는 기업들만을 향하지 않으며 최종 고객에 이르는 가치사슬의 다음 단계들에게도 향한다. 이로 인해 앞서 언급한 견인 효과가 발생한다. 즉 해당 구성품을 지닌 제품에 대한 수요가 늘어난다.

공 급 산 업

B2B시장에서 공급업체 비즈니스는 공급업체와 고객업체가 맺는 비즈니스 관계의 지속성과 고객업체 각각을 위한 서비스를 훨씬 더 강조한다는 점에서 다른 상업적 비즈니스 관계와 다르다. [그림 2-9]는 비즈니스 유형의 구성을 보여준다.

고객업체의 구매 행동에 긍정적인 영향을 미치기 위해 비즈니스 관계를 관리하고 보호하는 일은 공급업체에서 마케팅의 핵심을 차지한다.[48] 이들의 고객은 대개 공급받은 제품과 서비스를 자사 제품으로 가공하는 완성품 제조업체다. 따라서 공급업체 산업은 대개 규모의 경제를 통해 사고팔기 위해 구매업체 연합을 이루는 공급업체들의 조직이라는 특징을 갖는다.

이는 공급업체와 맞춤 제공으로 특징지어지는 조직화된 고객업체

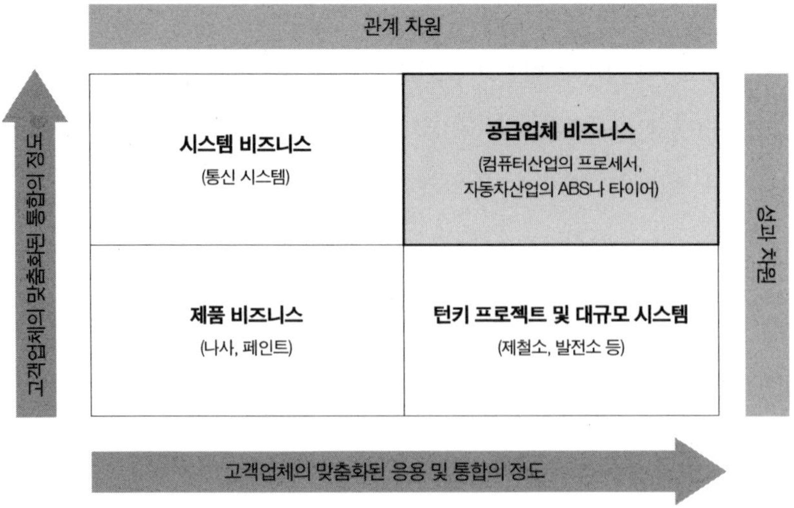

관계 차원

고객업체의 맞춤화된 통합의 정도

시스템 비즈니스 (통신 시스템)	**공급업체 비즈니스** (컴퓨터산업의 프로세서, 자동차산업의 ABS나 타이어)
제품 비즈니스 (나사, 페인트)	**턴키 프로젝트 및 대규모 시스템** (제철소, 발전소 등)

성과 차원

고객업체의 맞춤화된 응용 및 통합의 정도

[그림 2-9] 비즈니스 유형의 구성

가 장기적인 비즈니스 관계를 맺도록 유도한다. 종종 공급업체와 고객업체는 공급업체가 전문적으로 생산할 새로운 제품과 서비스를 함께 개발한다. 자동차산업에서 이뤄지는 공급업체의 맞춤 제공이 좋은 사례다. 한편으로 이는 공급업체와 고객업체가 제품 수명주기 동안 함께 묶인다는 것을 뜻한다.

완성품 제조업체는 대개 공급산업에서 강력한 시장 지배력을 발휘한다. 이 부문의 격렬한 경쟁 때문에 구성품 제조업체들에게 원하는 조건을 강제할 수 있는 쪽은 완성품 제조업체다. 이런 완성품 제조업체의 시장 지배력을 깨뜨리는 것이 바로 인브랜딩 전략이 공급업체에게 제공하는 주요한 기회 중 하나다.

구 매 과 정

산업재 구매 과정은 공급산업에서 매우 중요하기 때문에 공급업체의 인브랜딩 전략에도 영향을 미칠 수 있다. 구성품 제조업체는 인브랜딩 전략을 수립하기 전에 반드시 고객업체의 조달 과정을 분석해야 한다. 완성품 브랜드의 명성과 이미지가 인브랜딩의 맥락에서 공급업체의 독자적인 마케팅 활동을 뒷받침하는 데 긍정적으로 활용될 수 있는지 점검하는 것이 특히 중요하다.

완성품 제조업체가 잠재적 인브랜드를 위한 이상적인 비즈니스 파트너가 되기 전에 구성품 제조업체가 산업재 구매 과정에서 넘어야 하는 몇 가지 장애물이 있다. 공급산업에서는 폭넓은 의사결정 과정이 조달의 밑바탕이 된다. 이런 의사결정의 대다수는 가격, 사양과 기능, 서비스 등 소비재 부문보다 훨씬 많은 요건을 바탕으로 내리는 합리적인 결정이다.[49]

최종 고객이 제품이나 서비스를 직접 요구하는 소비재시장과 달리 산업재 구매 과정은 복수성을 지닌다. 모든 산업재 구매 결정은 복잡하게 이뤄진다. 이런 복잡성 때문에 산업재 관련 조직 차원의 구매에는 대개 조직에 속한 많은 부서의 의견이 개입한다. 다양한 직위와 서로 다른 분야에 속한 사람들이 조직을 위한 최선의 해결책을 모색하기 위해 전문성을 발휘한다.[50] 많은 사람이 폭넓은 검토를 거치기 때문에 의사결정 과정이 오랫동안 지속될 수 있다.

구 매 센 터

기업 고객의 구매 과정은 개인 고객의 구매 패턴과 여러 면에서 차이가 있다. 그 주된 이유는 집단 의사결정이 특징인 조달 과정의 복수성에서 찾을 수 있다.[51] 개별적인 구매 상황에 따라 소위 구매센터를 형성해 구매 결정에 참여하는 여러 참가자들이 있다.[52] 구매센터의 규모와 구성은 충족해야 하는 개별적인 필요의 복잡한 정도에 따라 크게 다르다.[53]

구매센터는 대개 어떤 소재나 구성품 혹은 부품을 살지 결정하는 여러 참가자들로 구성된다. 예를 들어 재무, 생산, 구매, 엔지니어링, 외부 컨설턴트, 경영진 등 조직의 여러 직위와 부서에 속한 최대 20명의 대표자들을 포함할 수 있다.[54] 이런 구매센터가 바로 공급업체가 모든 마케팅 노력을 기울여야 하는 목표 집단이다. 그러나 현실적으로는 비용과 시간상의 이유로 구성품 제조업체가 구매센터의 모든 대표자들을 대상으로 직접 마케팅을 하기 어려울 수 있다. 이런 이유로 대부분의 공급업체 마케팅 활동과 노력은 단지 한두 명에게로 향한다. 대개 의사결정자, 구매자, 사용자가 구매센터에서 핵심 대상이다.[55]

의사결정자는 제품이나 공급업체를 선정하는 최종 결정을 내리는 임원의 위치에 있는 사람인 경우가 많다. 구매자는 사전에 공급업체를 선별하고 구매 조건을 정하며 의사결정이 내려진 후 최종 계약에 대한 협상을 하는 공식적인 권한을 가진 사람이다.[56] 사용자는 구매 제품을 직접 사용할 사람이다. 사용자가 구매 결정에 미치는 영향은 활동범위와 기업문화에 따라 좌우된다. 사용자의 자격이 충분할수록 그 의견에 더 많은 무게가 실린다. 대개 의사결정자, 구매자, 사용자의 세 부류 사람들의 경험이 구매 제품의 성패에 결정적인 영향을 미친다.[57]

인브랜딩을 성공적으로 적용하는 일은 인브랜딩 전략의 정확한 실행뿐만 아니라 산업이나 회사의 현재 조건에도 좌우된다. 전략을 결정하려면 먼저 결과를 예측하는 데 도움이 되는 특정한 시장 조건을 분석할 필요가 있다. 따라서 기업이 소속된 특정 산업의 현재 상황을 명확하게 파악하는 것이 매우 중요하다. 이는 다른 의미로 주어진 사례들에서 확인한 대로 조건이 변할 수 있음을 뜻하기도 한다. 오랫동안 자동차산업은 구성품 브랜드가 소비자의 인식 속에 자리 잡는 것을 매우 꺼렸다. 그러나 지금은 많은 자동차에서 프리미엄 오디오 제조업체인 보스 사운드 시스템과 브렘보 브레이크 그리고 레카로 자동차 시트를 볼 수 있다.

전자산업은 자동차산업과 크게 다르다. 많은 구성품이 최종 사용자를 위한 제품의 성능을 개선하는 데 도움을 준다. 게다가 최근 이 산업에서도 힘의 판도가 바뀌었다. 공급업체들은 산업의 혁신과 가격 조건을 주도하고 있다. 다른 산업에서도 구성품 제공업체는 인브랜딩과 관련된 차별적인 조건을 제시할 수 있는 힘을 갖고 있다. 의류산업, 소비자가전산업, 화학산업 그리고 식품산업은 인브랜딩 측면에서 특히 성공적이었다.

이들 산업에서 자리 잡은 브랜드의 역할을 분석하면 구성품이 제품 성능에서 차지하는 지배적인 위치를 파악할 수 있다. 특정 산업에서 응용 제품과 구성품 공급업체 혹은 의류산업의 래미네이트나 컴퓨터산업의 마이크로프로세서처럼 제품의 기능성이 지배력을 발휘하는 것을 볼 수 있다. 감미료가 제품의 선호도를 결정하는 탄산음료산업에서도 비슷한 흐름을 발견할 수 있다. 뉴트라스위트는 복제 상품이 나오기 전까지 오랫동안 강력한 지배력을 발휘했다.

구성품과 공급업체가 주요한 역할을 하지 않는 산업들도 있다. 그러나 구성품 공급업체가 브랜드를 고객의 머릿속에 각인시키는 방법을 이해하게 되면 상황은 쉽게 바뀔 수 있다. 세계 아몬드 생산량의 75퍼센트를 차지하는 캘리포니아아몬드협회Almond Board of California처럼 '시장을 장악한' 경우라도 더 많은 선택지들이 있다. 아몬드는 캘리포니아 북부의 샌와킨과 새크라멘토 분지에서 재배된다. 이 지역 아몬드협회는 얼마 전부터 '아몬드가 들었습니다'라는 캠페인을 시작했다. 과거 캘리포니아아몬드협회는 캘리포니아 아몬드를 원하는 고객의 충성도가 갖는 잠재력을 파악하지 못한 나머지 인브랜딩 전략을 개발하거나 실행하지 않았다.

경쟁 강도

인브랜딩에서 산업의 경쟁 강도는 영향력 있는 또 다른 요소다. 인브랜딩 계획의 초기에 이런 상황을 고려하면 경쟁이 치열하고 가격 인하가 혁신과 품질 개선을 압도하는 특정한 산업에서 노력을 아낄 수 있다. 경쟁이 치열한 상황에서 인브랜딩 전략의 적용은 위험한 시도가 될 수 있다. 가치사슬의 여러 단계를 뛰어넘고 좀 더 낮은 가격과 싸우는 것은 매우 어려운 일이다. 그러나 공급업체가 적고 완성품 제조업체가 많아 경쟁이 덜한 시장 환경에서는 인브랜딩 전략을 적용할 수 있다. 인브랜딩을 위한 경쟁 조건은 [그림 2-10]을 참조하기 바란다.

성공적으로 인브랜딩을 실시하기 위한 핵심 조건은 구성품을 완성품으로부터 차별화할 수 있는 가능성이다. 최종 사용자가 이 차이를 인식한다면 제품 가치가 올라가고 완성품으로부터 차별화할 가능성

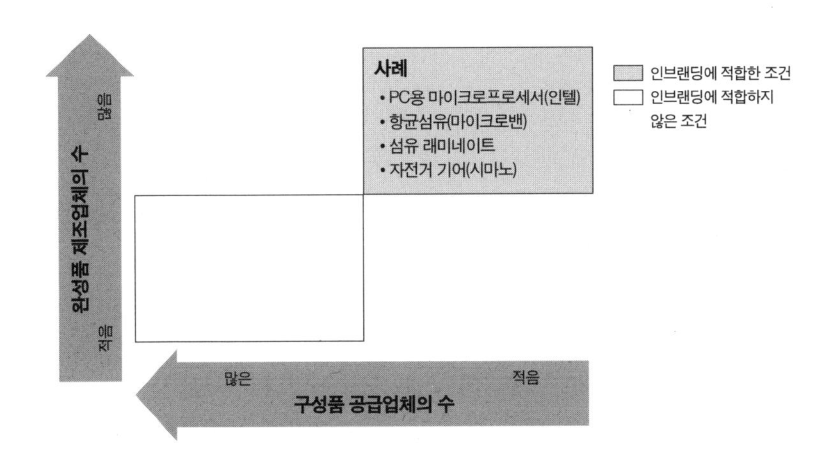

[그림 2-10] 인브랜딩을 위한 경쟁 조건

이 높아진다. 또 다른 조건은 완성품과 관련한 구성품의 복잡한 정도다. 구성품이 매우 복잡하고 완성품에 대한 기능성의 중요도가 높다면 유리한 위치에서 인브랜딩을 시작할 수 있다. 인브랜딩의 적합성 영역은 [그림 2-11]에서 확인할 수 있다.

인브랜드 전략의 계획 과정을 분석해보면 초기에는 소수의 경쟁자만이 있었다는 사실을 알 수 있다. 선발주자는 대개 시장이 미숙하다는 점과 인브랜딩 적용상의 이점을 누린다. 고객의 요구는 갈수록 더 정교해지면서 제품 사양에 대한 지식은 인브랜딩 노력을 가치 있게 하는 궁극적인 요소다. 이 점을 이해하는 것은 추가적인 행동을 취하는 데 매우 중요하다.

이미 자리 잡은 시장과 기존 제품 부문에서는 다른 측면들도 중요하다. 구성품 공급업체가 완성품 제조업체에 기울이는 노력은 인브랜딩을 성공시키는 중요한 촉진제다. 이는 완성품의 낮은 브랜드 가치

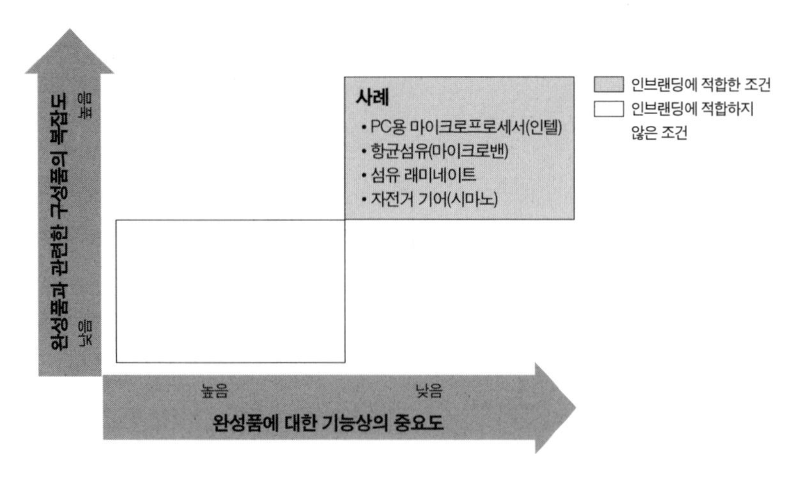

[그림 2-11] 인브랜딩의 적합성 영역

에 대비되는 고객의 높은 평가로 이어질 수 있다. 건설회사나 건설 하청업체처럼 산업재 최종 사용자의 사례를 보면 퍼킨스의 디젤엔진이나 보쉬의 렉스로스 유압장치를 쓰는 중국산 건설장비들이 완성품 제조업체 성공의 밑거름이 되었음을 알 수 있다.

자동차산업처럼 부품시장을 갖고 있는 산업에서도 비슷한 경향을 찾아볼 수 있다. 고객들은 구성품이 소모되거나 혹은 탁월한 품질과 더 나은 성능을 원할 때 더 좋은 사양을 가진 제품으로 구성품을 교체한다. 자동차의 레카로 자동차 시트가 대표적인 예다([그림 2-12] 참조).

산업과 그 경쟁 환경은 특정한 기업이 특정한 시점에 갖는 영향력을 좌우한다. 기업은 환경과 주어진 제품 구성에 대한 깊은 이해와 제품 및 브랜딩을 바탕으로 한 혁신에 성공한다면 경쟁 상황을 개선할 수 있다.

인브랜딩 역시 비판으로부터 자유롭지 않다. 인브랜딩은 시간이 지

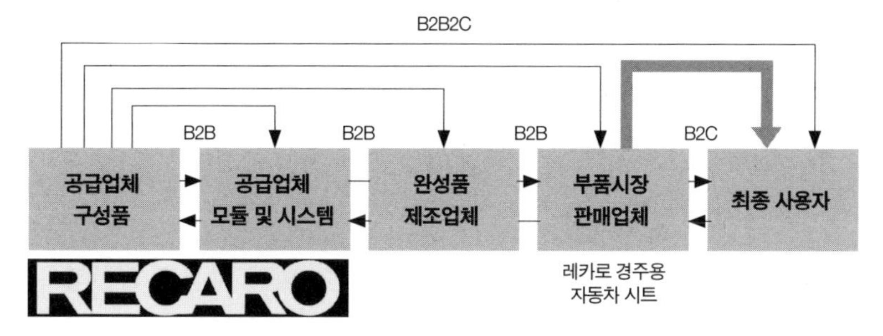

[그림 2-12] 부품시장 판매에서 인브랜딩으로 이동

남에 따라 힘의 균형이 깨지면서 협력업체들과 긴장 관계를 이루면서 협력 상황을 복잡하게 만들 수 있다. 예를 들어 자동차산업에서는 소수의 기업만이 자사 브랜드를 최종 고객에게 정신적, 시각적으로 각인시키거나 혹은 자동차에서 겉으로 드러내 보일 수 있었다.

유럽에서 이런 사례로는 독일 자동차산업의 내비게이션 제조업체 VDO의 부속품, 보쉬의 전자부품, 블라우풍트와 베커의 자동차 오디오, 레카로의 자동차 시트가 있다. 이들 공급업체는 완성차의 일부인 다른 많은 구성품을 공급하지만 최종 고객에게 드러낼 수 없는 경우가 많다. 자동차업계에서 위치가 확고하지 못해 최종 고객에게 인식되지 못한 공급업체들도 부지기수다.

시스템 공급업체와 모듈 공급업체들은 도전에 맞서 기술적 진보를 이루고 혁신을 통해 리더십을 강화함으로써 업계에서 영향력을 발휘할 수 있는 입지를 확보한다. 여기에 마케팅 커뮤니케이션을 강화해 이런 사실을 최종 사용자에게 널리 알린다면 자동차 운전자들은 소매 단계에서 구체적인 인브랜드를 요구하기 시작할 수 있다. 그 결과 완성품 제조업체가 재정적 부담을 지는 가운데 시스템과 모듈이 완성차의 이미지에 미치는 영향력이 꾸준히 커지고 있다. 한편 공급업체들은 브랜드 전략과 최종 고객과의 접촉이라는 점에서 도전에 직면한다.

인브랜딩은 소비자에게 탁월한 구성품 브랜드와 뛰어난 제공물이 주는 추가적인 혜택을 알릴 수 있는 방법을 제공한다. 우리는 2004년에 예비 분석을 통해 최종 고객에게서 실제로 이런 사실을 확인했다. 세 명 중 한 명의 자동차 구매자는 부품이나 구성품의 공급업체를 살펴보고 구매 결정을 내린다.[58] 자동차의 훌륭한 구성품 브랜드는 안전 보장과 안락함 그리고 이상적인 가격 대비 가치로 해석된다.

인텔은 인브랜딩 전략을 통해 처음 성과를 거두는 데 5년, 시장을 장악하는 데 10년이 걸렸다. 인텔은 세상을 향해 인브랜딩이 변화를 일으킬 수 있음을 보여줬다. 인텔은 자신의 지위를 컴퓨터산업에서 전자제품 구성품을 공급하는 구성품 공급업체로 인식하고 시장에서 기회가 있을 때마다 대중에게 이름을 알렸다. 이 회사는 최종 사용자에게 스스로를 인식시킴으로써 완성품 제조업체를 상대로 시장 지배력을 강화했고 더 나아가 우월한 시장 지위를 확보했다. 또한 인텔은 경쟁적 차별화 기회를 창출했고 경쟁자들을 막는 진입장벽을 형성했다.

이 전략은 수년에 걸쳐 고객 충성도를 높였고 필요한 견인 효과를 창출해 대체 불가능성을 확보했다. 인텔은 협력업체를 위해 완성품 제조업체 브랜드의 긍정적인 이미지를 만들었고, 제품 수명주기의 초기에 특히 기술 집약적 부문에서 가격 및 물량 프리미엄을 확보했다. 이 사례에서 가장 큰 힘을 갖는 것은 견인 효과를 창출하는 일임을 알 수 있다. 인텔은 이런 노력의 결과로 소비재 수준에 필적하는 브랜드 자산을 마련했다.[59]

인브랜딩의 기회와 위험

인텔 인사이드 캠페인은 인브랜딩이 갖고 있는 위험에도 불구하고 공급업체를 뒷받침하는 훌륭한 전략이 될 수 있음을 증명한다.[60] 인브랜딩의 주요한 역할들을 정리하면 다음과 같다.

- 완성품의 긍정적인 이미지 활용
- 최종 사용자들 사이에서의 인지도 제고
- 해당 산업에 대한 진입장벽 형성
- 고객 충성도 제고
- 제품에 대한 가격 프리미엄 형성
- 브랜드 자산 확충

브랜드 가치의 확립은 오랜 시간에 걸친 학습 과정의 결과다. 경쟁자들이 격차를 좁히고 브랜드 이미지를 창출하려면 몇 년이라는 시간이 걸릴 것이다. 중요한 것은 이 과정의 비대칭성을 감안하는 일이다. 브랜드 이미지가 무너지는 것은 한순간이다.

순간적인 장애물을 피하는 엘크 테스트**ELK Test**가 좋은 예다. 메르세데스벤츠의 소형차인 A클래스가 시장 출시를 위한 엘크 테스트 과정에서 전복된 후 시장에서 입지를 재구축하는 데는 오랜 시간이 걸렸다. 비슷한 사례로 올린이라는 지방 대체재 브랜드를 보유한 얼레스트라가 위장 장애를 일으킬 수 있다는 이유로 비난받았을 때, 올린을 사용하는 식품 브랜드인 프링글스도 피해를 입었다.

인브랜딩이 수반하는 또 다른 위험으로 다음과 같은 것들을 들 수

있다.[61]

- 호스트 브랜드와 관련된 부정적인 보도에 대한 인브랜드의 취약성
- 호스트 브랜드가 인브랜드 협력업체에 고객 기반을 빼앗길 가능성
- 협력업체들이 독점계약을 체결하지 않았을 경우 호스트 브랜드가 경쟁우위를 지속할 수 없게 될 가능성
- 호스트 브랜드가 인브랜드를 모방해 궁극적으로 경쟁자가 될 가능성

고객이 협력업체 브랜드의 품질에 대해 갖는 최초의 인식과 태도는 인브랜딩 전략의 결과뿐 아니라 호스트 브랜드 관리자들의 인브랜드 선택에도 영향을 미칠 수 있다. 이런 점에도 불구하고 여전히 구성품 공급업체들에게는 다양한 기회가 주어진다. 최근 몇 년 동안 식품산업에 콩을 재료로 만들어진 제품과 크실리트, 스플렌다 등 설탕 대체재가 시장에 진입했다. 또한 구성품이 고객의 인식에 좀 더 큰 영향을 미치는 웰빙 및 건강관리 제품 부문이 있다. 나노텍스, 인지오, 코로와이즈, 제트트림, 아미코 등의 기업들 중 다수는 중소기업으로서 차별화를 꾀하기 위한 방법을 모색하고 있다.

인브랜딩은 그들에게 여러 가지 기회를 제공한다. 대중 홍보와 경쟁적 차별화 기회를 제공하고, 경쟁자에 대한 진입장벽을 형성하며, 고객 충성도를 제고해준다. 수요 압력을 형성하고, 대체성에 대한 보호 수단을 마련하며, 완성품 제조업체 브랜드를 위한 긍정적 이미지를 창출기도 한다. 마지막으로 가격 및 물량 프리미엄을 획득하고, 견인 효과를

창출하며, 완성품 제조업체를 상대하는 시장 지배력 강화해준다.

이는 모두 긍정적인 사항이지만 구성품 공급업체들이 완성품에 자사 이름을 표기할 때 직면하는 위험도 있다. 대표적으로 완성품 제조업체의 품질 문제에 대한 영향력이 증가하고, 높은 비용과 관리 시간이 소요되며, 품질보증에 대한 필요성이 증가한다. 경쟁자의 뚜렷한 공격 목표가 될 위험이 커지고, 완성품 제조업체의 부정적인 이미지에 따른 영향도 있으며, 산업재 고객업체의 강력한 저항에 직면할 수 있다. 이처럼 공급업체가 인브랜딩을 시작하는 데 따른 위험이 크지만 가치사슬의 복수 단계를 넘어선 뒤에는 혜택도 크다.

마이크로컴퓨터의 사례에서 보았듯 견인 효과는 전체 산업을 바꿔놓을 수 있다. 자동차산업에서도 브렘보 브레이크나 ZF 기어박스처럼 전문 공급업체들은 인지도를 높이기 위해 다양한 방법으로 상당한 투자를 한다. 텍사스인스트루먼트는 견인 효과를 얻기 위해 미국 나스카NASCAR 자동차경주대회에서 DLP 인브랜드를 홍보하는 데 투자했다. 현재 추이를 보면 텍사스인스트루먼트 이 투자는 바람직하지 못한 것일 수 있다.

그러나 구성품 공급업체가 단독으로 인브랜딩을 할 수는 없으며 완성품 제조업체가 가치사슬에 속한 다른 참가자의 협력이 필요하다. 구성품을 사용해 특정한 시스템이나 제품 모듈을 시장에 공급하는 부가가치 재판매업체가 한 예다. 다른 예로는 대규모 고객업체들에게 보조 동력장치를 판매하는 콜러인더스트리얼디비전(이하 '콜러')을 들 수 있다. 콜러는 미국 디젤엔진 제조업체인 커민스에서 모든 디젤엔진을 매입한다. 또한 특수 엔진 제조업체인 도이츠에서 동력공급장치를 구입하기도 한다.

완성품 제조업체나 부가가치 재판매업체는 다양한 혜택을 얻을 수 있다. 긍정적인 이미지를 구축하고, 경쟁자와 차별화를 이루며, 마케팅 비용을 절감하고, 제품 가치가 증가한다. 그러나 이 모든 일에는 비용이 들고 더욱 커진 위험과 갈등이 잠재되어 있다. 많은 경우 이 문제는 미래 전망에 대한 판단과 이해에 의해 좌우된다. 과거 다임러크라이슬러 시절 크라이슬러를 이끈 디터 제체Dieter Zetsche 박사는 크라이슬러 브랜드의 가치를 떨어뜨리거나 희석시키는 모든 일을 피하고자 했다. 그가 떠나고 합병이 깨진 후 200 CSR T8 같은 크라이슬러의 고성능 모델에 브렘보 브레이크 시스템을 장착되었다. 랜드로버와 다른 자동차 제조업체들도 이들의 뒤따랐다. 그 결과 브렘보는 세계적으로 높은 평가를 받는 자동차 브레이크 제조업체가 되었다. 지금은 보쉬 같은 라이벌들도 최종 사용자들 사이에서 자사의 평판을 개선해야 할 필요가 있다.

이와 관련된 흥미로운 사례가 토센이다. 토센은 자사의 브랜드를 인브랜드로 키울 수 있는 큰 잠재력을 지닌 기업이었지만 소유권 변화로 인해 기회를 놓쳤다. 도요타 트럭은 오프로드 차량에만 토센 브랜드 스티커를 붙인다. 토센은 아우디에 납품하는 콰트로나 폴크스바겐에 납품하는 싱크로처럼 대부분의 오프로드 차량에 부품을 제공한다. 심지어 GM의 허머, 마쯔다, 포드, 렉서스, BMW 외 다수의 업체에도 납품을 하지만 고객은 이 브랜드를 거의 알지 못한다.

SUMMARY

- 기업 간 거래 환경에서 브랜드를 구축하는 일은 일반 대중에게 브랜딩하는 것과 다르다. 산업재 브랜드 전략은 소비재시장에서 추구하고 실행하는 경우보다 더 정교하게 초점을 맞춰야 한다.

- 인브랜드를 호스트 브랜드를 위한 브랜드 확장 개념으로 활용하는 것은 인브랜드의 힘을 활용하는 한 가지 방식일 뿐이다.

- 공급업체의 인브랜딩은 구성품 브랜드를 최종 사용자와 연계하는 새로운 수단이다.

- 최종 사용자는 기능과 관련한 사양이 최종 제품을 사용하고 즐기는 데 있어 추가적인 혜택을 제공할 때 인브랜드를 수용한다.

- 최근 몇 년 동안 여러 산업에서 브랜딩 활동이 증가했으며 상당수의 인브랜드가 창조되었다(부록 참조).

- 인텔 인사이드 캠페인은 인브랜딩 개념에 이목을 집중시켰지만 많은 기업에게 이들의 성공을 모방하는 것은 어려운 일이다.

- 브랜드 협력은 여러 가지 방식을 활용한 공동 브랜딩을 통해 이뤄지며 인브랜딩은 그 중 한 형식에 불과하다.

- 소비재 브랜드 기업도 최종 단계에서 질 좋은 구성품 제공물을 알리기 위해 독자적인 자체 인브랜드를 만들 수 있다(역 인브랜딩).

- 추진 전략과 견인 전략에 대한 이해는 인브랜드의 토대를 구축하는 데 중요한 의미를 갖는다.

- 인브랜딩의 토대는 인브랜딩의 개발과 실행을 위한 개념적 기반을 제공하며, 소비재 제품의 경우 복수 단계 브랜딩 개념에 대한 이해가 필요하다.

- 노스스타와 캐딜락, 콰트로와 아우디 등 소비재 브랜드도 추진 전략과 견인 전략을 조합해 브랜드 인지도를 개선하는 데 인브랜드를 활용할 수 있다. 인브랜딩 전략을 개념화하려면 B2B 및 B2C시장 환경을 모두 이해해야 한다. 또한 부품시장을 활용하는 것은 구성품 공급업체가 소비자의 주의를 사로잡는 한 방법이다.

CHAPTER 3

인텔의 성공 스토리

INGREDIENT BRANDING

컴퓨터 칩을 만드는 데 사용되는 핵심적인 구성품인 트랜지스터가 발명된 지 60여 년이 지난 2008년 인텔은 PC의 '뇌'를 공급하는 선도적인 제조업체가 되었다. B2B 구성품 제공업체인 인텔은 전자산업과 구성품의 마케팅 개념에 일대 혁신을 일으켰다. 인텔 인사이드 로고를 선보인 지 37년이 지난 2006년 1월 인텔은 다시 브랜딩 접근방법을 바꿨다. 인텔은 최종 제품 제조업체가 되기를 원했으며, 2020년에 1,000억 달러의 매출을 달성한다는 목표를 세웠다(2007년 매출 목표는 400억 달러였다).

이런 전략의 전환과 재브랜딩rebranding은 신임 CEO인 폴 오텔리니Paul Otellini가 기획했으며 2006년 1월 3일에 정식으로 발표되었다. 인텔의 창업자인 앤디 그로브Andy Grove는 이렇듯 급격하게 회사의 사업 방향을 바꾸는 것과 핵심 브랜딩 접근방법을 변화시키는 것을 승인했다. 인텔은 개인용 컴퓨터를 구동하는 마이크로프로세서의 제조에 회사의 모든 노력을 집중시키는 데서 벗어나 소비자가전, 무선통신, 전기통신, 자동화, 의료를 비롯한 여러 부문의 최종 제품으로 사업 방향을 확장했다. 인텔은 컴퓨터 칩에 국한하지 않고 모든 종류의 칩과 소프트웨어를 만들었고 뒤이어 그것들을 한데 합쳤는데, 이를 '플랫폼'이라 불렀다. 목표는 거실에서 응급실에 이르기까지 혁신을 일으키는 것이었다.[1]

PC의 뇌를 공급하는 회사

인텔은 전자통신 교환기를 위한 실리콘뿐만 아니라 모든 부속기기를 비롯해 단일 보드 컴퓨터, 플랫폼, 스위치까지 공급하고자 했다. 또한 전자통신회사의 사업 운영을 수월하게 하는 데 필요한 모든 제품과 도구를 제공하고자 했다. 인텔은 고객업체의 사업을 빼앗을 생각이 없었지만 너무 많은 가치를 더하다 보니 그럴 가능성도 배제할 수 없게 되었다.

이런 제품 제공물을 마케팅하는 데는 기존과는 다른 브랜딩 전략이 필요했다. 알파벳 e자가 아래로 처진, 유명한 인텔 로고의 사용을 중단하고 인텔 인사이드의 개념도 바꿔야 했다. 그때까지 새 PC나 노트북에 붙은 스티커에서 더는 '인텔 인사이드'라는 문구를 찾아볼 수 없다는 사실을 깨달은 사람은 그다지 많지 않았다. 지금은 인텔의 새로운 로고와 제품명이 인사이드 트레이드마크와 함께 적혀 있다.

인텔은 한동안 시장에 대한 새로운 접근방법으로 이런 방식의 근본적인 전환을 추진했다. 전환은 인텔 센트리노 모바일 기술 플랫폼을 개발하면서 시작되었다. 인텔은 2005년 플랫폼 모델을 중심으로 조직을 재정비했으며, 지금은 모바일, 디지털 홈, 기업, 건강이라는 네 가지 핵심 세분시장에 초점을 맞추고 있다.[2]

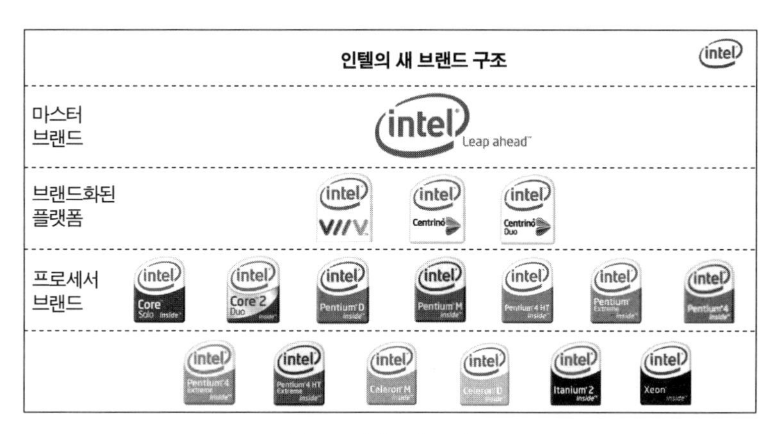

[그림 3-1] 인텔의 새 브랜드 구조

본래 인텔 인사이드 프로그램은 1991년에 출범했다. 이 프로그램은 PC 구성품 제조업체가 컴퓨터 구매자들에게 직접 커뮤니케이션을 시도해 성공한 대표적인 사례다. 인텔 인사이드 프로그램은 지금도 인텔 인사이드 로고 사용을 허가받은 수천 개의 PC 제조업체들이 뒷받침하는 세계적으로 손꼽히는 규모의 협력 마케팅 프로그램이다. 인텔 브랜드는 다양한 집계에서 코카콜라, 디즈니, 맥도날드와 함께 세계 10대 브랜드에 포함되는 것을 확인할 수 있다.[3] 현재 이 회사의 새 브랜드 구조는 세 개의 계층으로 구성되어 있다([그림 3-1] 참조).

인텔은 실리콘 혁신의 세계적인 리더이기도 하다. 1968년 세 명의 엔지니어들은 인텔을 설립해 실리콘 기반 메모리칩 기술을 개발하기 시작했고 곧 전자산업에 혁신을 일으켰다. IBM이 1981년에 IBM PC에 인텔 8088 칩을 채택하면서 인텔이 컴퓨터 칩 제조회사 명단에서 최고 위치에 등극했을 때 새로운 역사를 창출할 기회가 찾아왔다.[4]

1970년대 말 개인용 컴퓨터가 등장한 이래 컴퓨터 판매업체와 소프트웨어 제조업체들이 이 시장의 마케팅을 주도했다. 이 기간 동안 인텔 프로세서의 빠른 기술적 진보는 PC를 1980년대의 기본적인 생산 및 비즈니스에서 널리 쓰이는 관리 도구일 뿐 아니라 일상에서 새롭고 귀중한 정보, 오락, 교육 도구로 전환하는 데 중심적인 역할을 했다.

빨간 X자 캠페인

인텔의 프로세서는 빠른 속도로 성능이 개선되면서 좀 더 원활하고 안정적인 시스템이 구축되었다. 인텔은 이 메시지를 전달하기 위해 PC를 판매하는 고객업체에 의존했지만 완성품 제조업체인 그들에게서 기대할 수 있는 효과는 한정되어 있기 마련이었다. 자동차 구매자가 자동차 엔진을 만든 회사를 모르는 것처럼 컴퓨터 사용자 역시 프로세서를 만드는 회사를 알지 못했으며 그 결과 인텔은 그들 사이에서 브랜드 인지도를 확보하지 못했다.

대개 컴퓨터 사용자들은 어떤 발전된 프로세서가 나왔는지 혹은 '무어의 법칙Moore's law'(인텔의 공동 창업자인 고든 무어Gordon Moore가 주창한 개념으로, 반도체 메모리 집적량은 18개월마다 두 배씩 증가한다는 법칙 - 옮긴이)[5]에 따라 지속적으로 개선되는 가격 대비 가치를 알지 못했다. 인텔은 컴퓨터 사용자들이 프로세서와 그 이면의 회사에 대해 더 많이 알아야 한다고 생각했다.

인텔의 마케팅 매니저인 데니스 카터Dennis Carter는 소규모 팀을 만들고 386SK 마이크로프로세서를 기업의 PC 구매 담당자인 IT 매니저들에게 마케팅하기 위해 계획을 세우고 실행에 옮기기 시작했다.

카터는 1989년 초에 CEO인 그로브를 설득해 이 혁신적인 마케팅 실험을 승인받았다. 당시 그로브는 카터에게 이렇게 말했다. "500만 달러를 주지. 10분의 1을 써서 자네의 주장이 옳다는 것을 증명하면 나머지를 모두 써도 되네."[6]

카터와 기업 커뮤니케이션 부서에서 일하던 앤 르윈스Ann Lewnes를 비롯한 세 명으로 구성된 팀은 시장조사부터 시작했다. 조사 결과 카터가 의심했던 사항이 맞는 것으로 드러났다. 대부분의 컴퓨터 구매자들은 286 프로세서로 필요한 모든 일을 할 수 있다고 생각한 나머지 386 프로세서로 업그레이드할 필요성을 느끼지 못했다. 많은 사람이 286 프로세서와 함께 쓰는 소프트웨어가 386 프로세스와 호환되지 않을까 봐 걱정한다는 사실도 드러났다.

카터의 팀은 사람들의 이런 인식을 바꾸기 위해 한 지역시장의 광고판을 사용해 적은 비용으로 한 가지 실험을 해보기로 했다. 그들은 미국 덴버 지역의 광고판들에 원을 그리고 그 안에 커다랗게 286이라고 썼다. 그런 다음 숫자 위에 낙서처럼 크게 빨간색으로 'X'자를 그렸다. 몇 주 후 그들은 원 안에 386이라는 숫자를 추가했다. 286 위에 'X'자가 그려진 386 프로세서 광고판은 386이 286과 같은 가격에 더

[그림 3-2] 인텔의 286 X 캠페인과 e가 아래로 처진 로고

많은 이점을 제공한다는 사실을 홍보했다. 카터의 팀은 이런 광고 캠페인과 함께 판촉도 진행했다.

출퇴근하며 인텔이 '빨간 X'라고 명명한 이 광고판을 본 사람들은 고개를 갸우뚱했지만 기업의 최고정보책임자CIO와 IT 매니저들은 거기에 담긴 메시지를 제대로 받아들였다. 곧이어 덴버 지역에서 386 프로세서의 매출이 늘기 시작했다. 뒤이은 시장조사 결과 고객들이 6주간 진행된 이 캠페인의 영향을 받아 실제로 구매 계획을 바꿨다는 사실이 드러났다.

마침내 인텔의 마케팅 책임자가 된 카터는 실험을 성공시킨 덕분에 그로브가 약속한 500만 달러 중 남은 자금으로 미국 내 다른 10개 도시로 캠페인을 확대했다. 당시 인텔의 관리자들은 소비자에 대한 직접 마케팅에 상당한 의구심을 품고 있었다. 일부 관리자들은 인텔의 가장 인기 있는 제품에 빨간 X자를 그리는 것이 전달하는 상반된 메시지를 우려했다. 다른 관리자들은 낙서처럼 보이는 빨간 X자를 꺼렸다. 카터는 당시 상황을 회고했다. "다행히 우리의 빨간 X자 캠페인은 덴버뿐 아니라 다른 도시들에서도 성공을 거뒀다. 테스트를 완료할 무렵 회사는 흥분 상태가 되었다."

인텔 인사이드 프로그램

카터의 빨간 X자 캠페인의 대성공으로 기업의 IT 매니저들은 인텔의 새 386SX에 대한 정보를 수집하고 자사 컴퓨터를 신속하게 286에서 386으로 교체했다. 그러나 법률적 문제와 같은 여러 가지 난관들도 속속 등장했다. 1980년대 말 인텔은 386 프로세서와 486 프로세서가 법의 보호를 받는 등록상표로서 다른 회사는 사용할 수 없는 것이라고 생각했다. 그러나 미국 법원이 등록상표가 아니라는 판결을 내리면서 경쟁자들도 이것을 자유롭게 쓸 수 있게 되었다. 이로 인해 새로운 마케팅 프로그램이 필요하게 되었다.

PC 구매자들에게 새로운 프로세서가 갖고 있는 이점을 정확히 전달하기 위해서는 인텔이 모든 브랜드 자산을 모호하고 보호받지 못하는 프로세서 번호에서 회사 자체로 이전하는 동시에 그 이름에 대한 인지도를 높이는 것이 중요했다. 인텔은 첨단기술을 개발하고 성능과 안정성을 보증하는 데 상당한 투자를 했다. 이 회사는 좀 더 강력한 브랜드를 구축해 소비자에게 이런 사항들을 알리고 스스로를 차별화할 필요가 있었다.

당시만 해도 반도체회사가 최종 사용자에게 직접 마케팅을 한다는 것은 새로운 발상이었다. 인텔은 컴퓨터 제조업체들 사이에서는 널리 알려져 있었지만 PC의 '뇌'인 인텔 프로세서는 최종 사용자들에게 거의 알려지지 않은 상태였다. 매스컴은 인텔과 같은 순수한 기술 기업이 프록터앤드갬블, GM, 맥도날드와 같은 리그에서 성공할 수 있을지 의문을 제기했다. 심지어 회사 내의 많은 사람에게도 새 계획은 무리인 것처럼 보였다.

두 번째 문제는 개인용 컴퓨터의 핵심 구성품이라 해도 프로세서는 컴퓨터의 구성품일 뿐이라는 사실이었다. 이 구성품을 PC 구매자에게 효과적으로 마케팅하려면 컴퓨터 제조업체와의 협력이 중요했다. 프로세서의 중요성에도 불구하고 컴퓨터에 내장되어 있는 이상 PC를 구매하기 전에는 사용자가 어떤 프로세서가 내장되어 있는지 알기 어려웠다.

카터와 그의 팀은 효과적인 소비재 마케팅 기술을 연구했고, 뉴트라 스위트, 테프론, 돌비처럼 완성품에 구성품이나 구성요소를 공급하는 유명 기업들이 사용하는 전술을 분석했다. 또한 다양한 마케팅 실험에 착수했으며, 컴퓨터산업에서 브랜드화된 구성품 프로그램을 전개하기 위한 방법을 구상하기 시작했다.

이 전략의 핵심은 소비자가 인텔이라는 브랜드를 신뢰하도록 만들고 업계 리더이자 마이크로프로세서의 선구자가 만든 프로세서가 내장된 컴퓨터를 구매하는 것이 어떤 가치를 갖는지를 알리는 것이었다. 인텔은 광고대행사인 달린스미스앤드화이트(이하 'DSW')의 제안에 따라 새로운 광고 슬로건을 만들었다. 그것은 "인텔, 내부의 컴퓨터Intel, The computer inside"이라는 것이었다. 인텔은 이 슬로건을 사용해 프로세서가 얼마나 중요한 역할을 하는지 알리는 동시에 인텔을 '안전, 선도적인 기술, 안정성'과 연계시킨다면 추종자가 늘고 소비자의 신뢰가 강화될 수 있을 것이라고 판단했다. 그 결과 인텔 기반 PC에 대한 새로운 견인 효과가 창출될 것이었다. 최종 구호는 '인텔 인사이드'였다.

인텔은 마이크로프로세서의 중요한 역할을 알리는 데 성공했지만 그것이 제 효과를 발휘하기 위해서는 구성품으로서 프로세서의 지위 문제도 해결해야 했다. 1991년에 카터는 인텔 인사이드 협력 마케팅 프로그램을 시작했다. 이 프로그램의 핵심은 인센티브 기반의 협력 광고 프로그램이었다.

인텔은 제조업체가 프로세서를 구매한 비용에서 1퍼센트를 떼어내 협력 광고 기금을 조성했다. 모든 컴퓨터 제조업체들에게 제공된 이 프로그램을 통해 그들은 인텔 로고를 포함하는 PC의 인쇄광고 비용을 충당했다. 컴퓨터 제조업체의 입장에서 인텔 로고를 추가하면 광고비용을 아낄 수 있을 뿐 아니라 컴퓨터 시스템이 최신 기술로 구동된다는 점을 보증할 수 있었던 것이다. 이 계획은 1991년 7월 처음으로 실행에 옮겨졌는데 그해 말까지 300개의 PC 제조업체가 이 프로그램에 참여했다. 결과는 대성공이었다.

인텔은 협력 광고 프로그램을 진행한 후 자사 로고를 소비자에게 설명하기 위해 세계적인 인쇄광고 캠페인을 단행했다. 1992년 초 인텔은 속도와 성능 그리고 저렴함을 강조하는 첫 TV광고를 선보였다. 조지 루카스가 이끄는 특수효과 전문회사 ILM이 제작한 이 광고는 최첨단 특수효과를 이용해 개인용 컴퓨터의 내부를 훑은 다음 캠페인을 하는 당시의 신제품인 i486 프로세서를 비췄다.

DSW가 1991년에 청구한 광고비용을 보면 인텔의 기업 광고 계정은 1,480만 달러 규모로 추정되었다.[7] 1990년부터 DSW와 일하기 시작한 인텔은 그전에는 샌프란시스코에 있는 치아트데이모조와 9년간 일했는데, 광고대행사 교체 당시 인텔의 기업 광고 계정의 가치는 1,000만 달러로 추정되었다.

1996년 3월, 인텔은 1억 달러 규모의 글로벌 광고 사업을 통합해 DSW의 지분을 상당 부분 인수한 유로RSCG라는[8], 파리에 근거를 둔 대행사에 모두 일임한다고 발표했다.[9] 유로RSCG는 세계적 계정 관리와 소비자 광고 카운슬링 서비스를 준비하고 있었다. 도쿄에 있는 덴쓰는 3,000만 달러로 추정되는 계정과 함께 일본 대행사로 계속 남고,[10] 유로RSCG는 유럽과 남미의 계정을 인수할 계획이었다. 또한 유로RSCG의 자회사인 홍콩의 볼파트너십은 계속 인텔의 아시아 태평양 대행사로 남기로 했다.

인텔의 글로벌 광고 담당 이사인 르윈스는 이렇게 설명했다. "DSW는 우리의 브랜딩 활동을 훌륭하게 이끌어왔으며, 그 창의적 에너지를 계속 제공받을 수 있게 되어 기쁩니다. 퍼블리시스는 유럽에서 대행사로서 뛰어난 능력을 발휘해주었습니다. 그러나 사업의 세계화로 인해 국제적인 역량이 필요해졌으며, 이제 하나로 통일된 글로벌 전략을 개발할 수 있게 되었습니다."[11]

TV는 인텔 인사이드 프로그램의 메시지를 소비자에게 전달하는 데 특히 효과적이었다. 인텔은 화려한 TV광고를 내보내면서 로고와 함께 다섯 음의 멜로디를 들려주는 독특하고 인상적인 3초짜리 동영상 징글을 선보였다. 1995년부터 시작되어 이제는 전 세계인에게 친숙해진 이 멜로디는 수백만 소비자들에게 인텔에 대한 긍정적인 이미지를 심어주었다.

이런 마케팅에 대한 투자는 펜티엄프로 프로세서의 화려한 출시에 힘입어 소비자에 대한 점유율을 높임으로써 성과를 나타내기 시작했다. 이 광고가 거둔 성과는 매우 놀라웠다. 카터는 이렇게 말했다. "무엇보다 인텔 인사이드 프로그램 때문에 업계 전반에 걸쳐 훨씬 더 많은 광고가 제작되었다고 생각합니다. 이 점은 PC 수요를 늘리는 데 도움을 줬습니다. 광고가 갖는 힘을 아시는 분은 쉽게 이해하시겠지만 인텔 인사이드 프로그램 덕분에 좀 더 많은 사람이 PC가 주는 혜택을 알게 되었다고 할 수 있습니다."

마스터 브랜드로의 도약

이후 인텔은 브랜드 자산 구축에 자원을 집중시켰다. 1993년 초에는 '인텔 아웃사이드Intel Outside'라는 슬로건과 함께 마이크로프로세서의 구조와 비슷한 기하학적 패턴을 활용한 스포츠 의류 라인과 신학기 의류 라인을 선보였다. 인텔은 1994년 2분기 동안 펜티엄프로 마이크로프로세서 광고에 1,500만 달러가 넘는 돈을 썼다. 그리고 '인텔 인사이드' 캠페인에는 3년간 3억 달러가 넘는 자금을 투입했다. 펜티엄만 해도 판촉 지원에 이전의 모든 제품에 할당된 것의 세 배인 1억 5,000만 달러의 예산이 책정되었다. 광고 예산의 절반가량은 유럽과 미국에서의 TV광고에 사용되었다.[12]

1990년대 말 인텔의 이 프로그램은 모두에게 성공한 것으로 인정받았다. 인텔의 혁신적인 마케팅은 PC의 인지도를 높이고 소비자 수요를 촉진하는 데 큰 기여했다. 이런 변화는 PC가 비즈니스, 오락, 교육 도구로 자리매김해 더 많은 가정에서 구입하도록 유도하는 효과를 일으켰다. 인텔은 이런 전자혁명을 위한 피뢰침이 되었다. 〈애드버타이징에이지*Advertising Age*〉에 따르면 1997년 미국 슈퍼볼 경기 휴식 시간에 인텔의 '버니 피플Bunny People' 캐릭터는 춤을 추며 텔레비전 화면에 등장해 호황기를 맞은 PC산업의 특별한 아이콘으로 부각되었다. 그리고 6년 후, 20여 년 동안 PC 사업을 해온 인텔은 세계적인 기업으로 대중의 인식 속에 자리 잡았다. 인텔의 브랜드는 세계적으로 널리 알려졌고 그 이름은 컴퓨터산업과 동의어가 되었다.

인텔 인사이드 프로그램은 계속 진화하는 한편 인텔의 기술 리더십, 품질, 안정성을 홍보하는 유산을 지켜나갈 것이다. 이는 1990년대에

데스크톱 컴퓨터 구매자들에게 그랬던 만큼 오늘날의 온라인 사용자와 고가 서버 구매자들에게도 중요한 의미를 갖는다. 인텔 인사이드 캠페인의 결과 인텔 프로세서의 인지도는 1992년에 가정용 PC 구매자의 약 22퍼센트에서 2년 후 80퍼센트 이상으로 증가했다.[13]

1994년에 브랜딩 권리는 직접적인 경쟁자들 사이가 아니라 공급사슬을 따라 결정되었다. 최대 PC 제조업체이자 인텔의 주요 고객인 컴팩은 자신들이 큰 고객임을 앞세워 인텔 프로세서의 가격 할인을 요구하는 한편 인텔 인사이드 로고 부착을 거부했다. 컴팩은 가격 경쟁력을 유지하기 위해 인텔의 경쟁자들이 만든 저렴한 프로세서를 사용하기 시작했다. 에카드 파이퍼Eckhard Pfeiffer 컴팩 CEO는 인브랜드가 완성품 브랜드보다 우선시된다고 주장하면서 인텔이 광고 캠페인을 통해 의도적으로 컴팩의 기반을 약화시킨다고 비난했고 이로 인해 두 회사 사이의 불화가 대외적으로 드러나게 되었다.[14]

그러나 2002년에 인텔 인사이드 프로그램은 1,000개가 넘는 PC 제조회사가 로고를 표시하는 세계적인 규모의 협력 마케팅 프로그램이 되었다(총 2,700개 컴퓨터 제조회사가 사용 허가를 받았다).[15] 인텔과 다른 기업들은 1991년에 인텔 인사이드 슬로건을 선보인 후 40억 달러가 넘는 돈을 광고에 쏟아부었으며, 인텔 브랜드는 세계 10대 브랜드 순위에 자주 모습을 드러냈다.[16]

그리고 마침내 이 성공적인 접근방법은 구성품 개발의 마지막 단계에 이르렀다. 인텔은 인브랜드의 피에스코 효과가 최대한으로 발현되는 단계에 진입한 것이다. HP가 컴팩을 인수한 후 인텔 브랜드를 사용하는 좀 더 큰 윈도우 기반 PC 제조업체는 찾아볼 수 없었다.

인브랜딩 개발을 시작할 당시 인텔은 IBM, 히타치, 모토로라, 지멘스와 경쟁했으며 완성품 제조업체의 도움을 받아 이름을 알렸다(1단계). 그리고 인텔 인사이드 캠페인을 통해 기업의 인지도를 높였다. 인텔 인사이드 협력 마케팅 프로그램이 가져다준 놀라운 결과 덕분에 돌파구가 마련되었다(2단계). 이후 몇 년간 인텔은 컴퓨터 제조업체로부터 받은 신뢰를 '상환'했다(3단계).

2005년 6월 6일, 스티브 잡스는 샌프란시스코에서 열린 애플 개발자 회의에서 매킨토시의 프로세서를 IBM 파워PC에서 인텔 프로세서로 바꾼다는 사실을 공식적으로 발표했다. 저가 모델부터 시작해 2007년 중반에는 모든 매킨토시에 인텔 프로세서가 사용되었다. 이

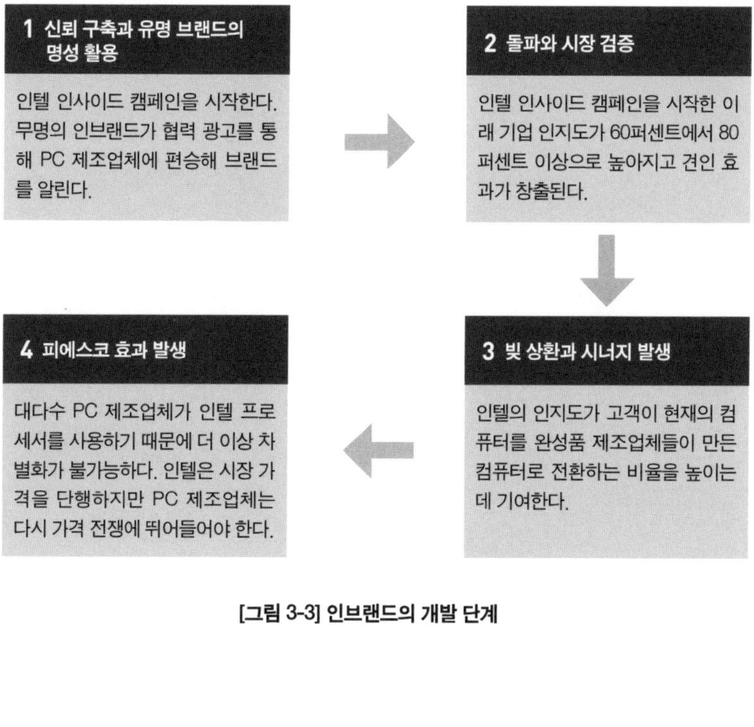

1 신뢰 구축과 유명 브랜드의 명성 활용

인텔 인사이드 캠페인을 시작한다. 무명의 인브랜드가 협력 광고를 통해 PC 제조업체에 편승해 브랜드를 알린다.

2 돌파와 시장 검증

인텔 인사이드 캠페인을 시작한 이래 기업 인지도가 60퍼센트에서 80퍼센트 이상으로 높아지고 견인 효과가 창출된다.

3 빚 상환과 시너지 발생

인텔의 인지도가 고객이 현재의 컴퓨터를 완성품 제조업체들이 만든 컴퓨터로 전환하는 비율을 높이는 데 기여한다.

4 피에스코 효과 발생

대다수 PC 제조업체가 인텔 프로세서를 사용하기 때문에 더 이상 차별화가 불가능하다. 인텔은 시장 가격을 단행하지만 PC 제조업체는 다시 가격 전쟁에 뛰어들어야 한다.

[그림 3-3] 인브랜드의 개발 단계

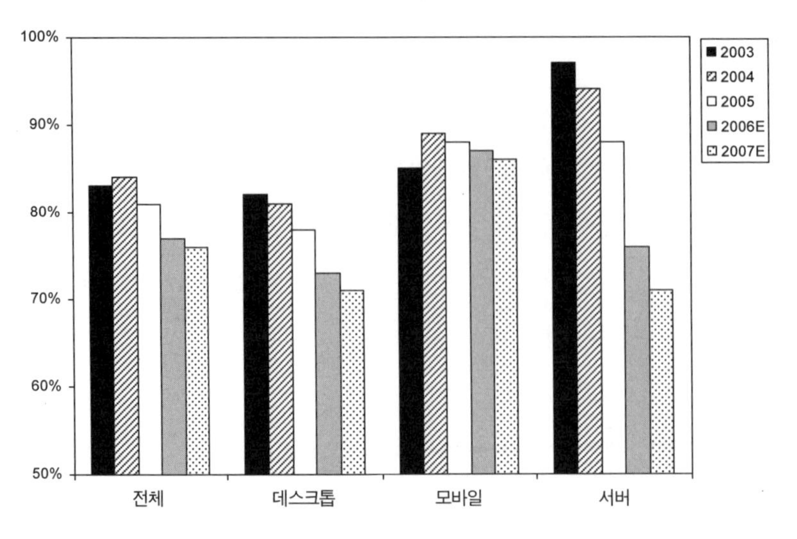

[그림 3-4] 인텔 프로세서의 부문별 시장점유율

런 변화는 경쟁 구도와 차별화 가능성을 무너뜨린 최후의 일격이었다. 이처럼 피에스코 효과가 발생하자 인텔은 브랜딩 전략을 바꿀 필요가 있었다. 인텔 프로세서의 부문별 시장점유율을 통해 이런 사실을 알 수 있다([그림 3-4] 참조). 인텔 경영진은 대응책을 강구하기 시작했다.

마침내 인텔은 마케팅 패러다임을 바꾸기로 결정한다. 이런 변화는 새 CEO인 오텔리니와 그가 삼성에서 스카우트한 최고마케팅책임자CMO인 에릭 김Eric Kim이 구상한 것이었다.[17] 인텔은 '도약Leap ahead' 이라는 새로운 슬로건과 함께 마스터 브랜드로 거듭나기 위한 첫걸음을 뗐다. 인텔은 소니, 노키아, 삼성, 모토로라 같은 뛰어난 기술 브랜드들처럼 기술만으로는 살아남을 수 없다는 사실을 깨달았다. 일단 시장을 장악했다면 사용자에게 어떤 혜택을 제공할 수 있는가가 무엇보다 중요했다. 컴퓨터의 용도는 끊임없이 변하며 해마다 수억 명이 디지털 세계에 첫발을 들여놓는다. 이에 따라 기술이 고객을 위해 할 수 있는 일을 훨씬 단순하고 명확하게 알릴 필요가 있다.

인텔 인사이드 브랜딩은 기술에 대한 사람들의 신뢰를 얻는 데 성공했지만 인텔을 단지 소비자의 머릿속이 아니라 가슴에 담게 할 만큼 강력한 감정적 유대관계를 맺지는 못했다. 에릭 김은 이 혁신은 인텔이 기여한 바를 잘 알리고 청중과 강력한 감정적 유대를 맺으며 시장에서 인텔의 전반적인 지위를 강화해줄 것이라고 말했다. 인텔의 새로운 마스터 브랜드 개념이 목표하는 것은 최종 사용자와의 관계를 발전시키는 것이었다. 에릭 김은 출범식에서 단지 실리콘을 만드는 것이 아니라 사람들의 삶을 개선할 수 있도록 최선을 다하겠다고 말했다.

새로운 접근방법은 인텔의 사업 방향과 전략에 지대한 영향을 미쳤다. 2006년 이후 마케팅 분야를 중심으로 2,000명이 넘는 외부 관리자들이 고용되었고, 9만 8,000명의 직원들 중 대다수가 타깃 시장별로 구분된 신규 사업부에서 새로운 직무를 맡게 되었다. 인텔은 개인용 컴퓨터시장에 국한하지 않고 소비자가전, 무선통신, 의료를 비롯한 여러 신규시장에 진출해 사업을 확장했다. 또한 인텔은 DVD, 게임기, 휴대전화 같은 소비자가전을 이용해 엔터테인먼트시장에 진출하고자 시도했다. 그 외의 다른 시장도 검토 목록에 올랐으며, 애플, 노키아, 삼성, 구글, 리서치인모션과의 전략적 제휴도 진행 중이었다.

새로운 사고에는 새로운 뇌가 필요하다

인텔은 여전히 인브랜드이지만 단계적으로 폐기될 펜티엄 제품군

[표 3-1] 2008년 인텔의 주요 재무 수치

(2008년 12월 27일 기준 3년 수치, 단위: 100만 달러, 주당이익 제외)

항목	2008년	2007년	2006년
매출액	**37,586**	**$ 38,334**	**$ 35,382**
매출원가	16,742	18,430	17,164
매출총이익	**20,844**	**19,940**	**18,218**
연구개발비	5,722	5,755	5,873
판매비와 관리비	5,458	5,417	6,138
구조조정 및 자산감손비	710	516	555
영업비용	**11,890**	**11,688**	**12,566**
영업이익	**8,954**	**8,216**	**5,652**
지분법순이익(순손실)	(1,380)	3	2
기타자산투자순이익(순손실)	(376)	154	212
순이자 외 기타 비용	488	793	1,202
세전영업이익	**7,686**	**9,166**	**7,068**
잠정 세금	2,394	2,190	2,024
당기순이익	**5,292**	**$ 6,976**	**$ 5,044**
주당이익	**0.93**	**$ 1.20**	**$ 0.87**

을 대신해 제품 라인업을 바꿀 계획이다. 펜티엄 제품군은 소비재 브랜드로서 좀 더 편리한 삶을 위해 소개되었다. 신제품으로는 우선 개선된 마이크로프로세서와 완전한 칩셋 그리고 보드 블레이드 서버blade server에 뒤이은 완성품이 있다. 이 사실은 인텔이 자사 고객을 지원하면서 마침내 그 시장을 잠식할 것임을 뜻한다. 하지만 쉬운 일은 아닐 것이다. 2006년에 인텔은 매출액과 세전영업이익EBIT이 17.61퍼센트 감소한 상황에서 상당한 투자를 해야 했다. 그러나 2007

[그림 3-5] 인텔의 새 로고와 애플 로고 안에 합성된 인텔 로고

년에는 다시 군건한 입지를 다졌으며 미래에 대한 전망이 밝아졌다. [표 3-1]은 인텔의 주요 재무 수치를 보여준다.

인텔은 사업과 브랜드 방향의 전반적인 변화를 상징하기 위해 처진 e가 들어간 로고를 인텔 이름 주위에 동그라미가 그려진 로고로 바꾸었다. 또한 유명한 인텔 인사이드 슬로건도 '도약'으로 바꿨다. 새 슬로건이 뜻하는 바를 포함해 이 모든 변화를 전 세계 소비자에게 알리는 데 드는 비용은 결코 적지 않으며, 재브랜딩과 조직적 변화를 꾀하는 데도 엄청난 투자가 필요할 것이다. 그러나 중요한 것은 회사가 브랜딩에 얼마나 많은 돈을 쓰느냐보다 얼마나 현명하게 쓰느냐라는 사실을 명심해야 한다.

최근 인텔은 인터브랜드가 선정한 세계 브랜드 순위에서 갈수록 뒤로 밀려나고 있다. 2000년에 5위를 차지했던 인텔은 2008년에는 7위로 떨어졌으며 브랜드 가치(309억 달러)의 4퍼센트를 잃었다. 장기적인 목표는 브랜드 가치를 높이는 것이다. 그러나 인텔은 미래를 위해 인브랜딩 전략에서 마스터 브랜드 전략으로의 전환이 기대하는 결과를 낳을지 그리고 기존 고객업체들이 그 일을 방해하지는 않을 것인지에 대해 스스로에게 질문을 던져볼 필요가 있다. 마케팅 공세와 향후 3년간 26억 달러가 넘는 광고비용을 들인다 해도 많은 일들이 그들이 의도한 대로 전개되지 않을 수 있다. 모든 브랜드 관리와 마찬가지로 인텔에게 가장 중요한 것은 계획한 바를 제대로 실천에 옮기는 것이다.

인텔은 회사 내부적으로 마케팅에 좀 더 많은 노력을 기울일 수 있는 여건이 갖춰진 상태다. 오텔리니는 최초의 비엔지니어 출신 CEO이며, 현재 최고마케팅책임자가 있지만 최고브랜드책임자CBO까지 고용할 가능성이 높다. 그러나 이런 전환이 성공을 거두게 하는 것은 컴퓨터산업 밖에서 성공한 적이 별로 없는 회사로서는 몹시 어려운 일이다. 닛산이나 애플 혹은 텍사스인스트루먼트처럼 사업 방향의 전환에 성공한 기업들에게는 대개 변화를 촉진하는 데 위기가 필요했다. 그러나 뛰어난 리더는 때로 위기가 없어도 사업 방향을 전환하는 데 성공할 수 있다.

SUMMARY

- 인텔의 인브랜딩 전략은 작은 규모의 프로그램에서 시작되었다.
- 시장조사 결과와 즉각적인 매출 증가가 프로그램을 확대했다.
- 회사 내부 사람들을 설득하는 것은 시장에서 성공하는 일만큼 중요한 일이었다.
- 마케팅 커뮤니케이션에 자금을 투자하는 것은 시장에 대한 투자로 간주되었다.
- 마케팅 실험과 지속적인 조정이 마케팅 커뮤니케이션을 더 나은 방향으로 이끌었다.
- 협력 마케팅 프로그램의 도입은 그에 대한 엄청난 규모의 투자를 불러일으켰고 가치사슬 내에서 서로가 더 긴밀한 관계를 형성하도록 만들었다.
- 환경변화를 감지하고 수용했으며 그에 따라 마케팅 개념을 수정했다.
- 인브랜딩 개념의 적용은 유례없는 사업의 성공을 불러왔으며 산업구조를 변화시켰다.
- 성공이 검증된 구상이 있다고 해도 지속적인 변화가 필요하며, 새로운 사고에는 새로운 두뇌가 필요하다.

INGREDIENT BRANDING

CHAPTER 4

어떻게 가치를 더하는가

INGREDIENT BRANDING

많은 산업에서 여타의 제품들과 다른 특별한 제품 제공물을 만드는 것은 매우 어려운 일이다. 확산과 일용품화를 비롯한 여러 요소들이 기업의 이윤을 감소시키며, 지속적이고 가치 있는 브랜드 개발을 저해하는 다른 위협적인 요소들도 있다. 이 문제를 극복하는 방법이 바로 제품이나 서비스에 포함된 어떤 구성요소를 강조하거나 혹은 자사의 제품이나 서비스를 다른 제품이나 서비스의 구성품으로 홍보하는 인브랜딩이다.

존 켈치 하버드경영대학원 교수는 인브랜딩의 네 가지 조건을 다음과 같이 정리했다.[1]

1. 구성품이 대개 특허권 보호를 통해 고도로 차별화되어 완성품의 품질을 돋보이게 한다.
2. 구성품이 완성품의 기능적 성능 면에서 중심적인 역할을 한다.
3. 범주가 비교적 새롭거나 고객이 자주 구매하지 않거나 선택지들 사이에 인지된 차별화 정도가 낮을 경우 완성품의 브랜드화가 제

대로 이뤄지지 않는다.

4. 완성품은 부품시장에서 별도로 판매되기도 하는, 복수의 기업들이 공급하는 구성품으로 복잡하게 조합된다.

이 조건들은 이름 없는 브랜드에 대한 신뢰 구축으로 이어질 수 있다. 인브랜딩의 인기는 갈수록 높아지고 있지만 성공적으로 적용하기 위해서는 사전에 인브랜딩 및 공동 브랜딩 선택지들을 철저하게 분석하는 것이 중요하다. 3M, 듀폰, 바이엘을 비롯한 섬유회사, 식품회사, 화장품회사처럼 다양한 산업에서 이 개념을 받아들이고 있다. 심지어 국가들도 브랜드에 대한 강화된 인식을 활용해 제품의 원산지를 홍보하고 있다.

한 브랜드가 인브랜딩 협력에 관여하는 경우 다양한 역학이 작용하며 고객에게 직접 노출된다. 또한 협력업체들과 두 브랜드가 가진 브랜드 에센스brand essence 사이의 결합이 고객에게 타당하게 비쳐져야 한다. 인브랜딩의 경우 일시적인 공동 브랜딩과 달리 정확한 역할을 바탕으로 관계가 형성된다. 이런 관계에서 구성품 공급업체와 완성품 제조업체의 선택에는 제약이 따른다. 시장에 직접 진출할 수 있는 기회가 주어진다면 구성품 공급업체는 이를 가장 먼저 선택할 수 있을 것이다.

여기서 세계적인 알로에베라 제품 공급업체인 알로에코퍼레이션의 사례를 소개하겠다. 이 회사는 1988년에 설립되었으며 제품을 직접 마케팅했다. 그들은 2007년에 자사 제품을 식품회사들에게 구성품으로 판매하는 비즈니스 대안을 찾았지만 인브랜딩 프로그램을 선택하지는 않았다. 알로에코퍼레이션은 시장에 투자하는 것이 자신들에게

[그림 4-1] 케이블앤드와이어리스의 인브랜딩 옵션

벅찬 일이라고 생각했다.

하지만 통신회사인 케이블앤드와이어리스의 생각은 달랐다. 그들은 고객업체들이 최종 고객에게 자사 제품이 어떤 성능을 갖고 있는지 보여줄 수 있는 다양한 브랜드 로고와 함께 여러 가지 보증 옵션을 제공하는 마케팅 커뮤니케이션 프로그램을 고안했다. 예를 들어 고객업체는 케이블앤드와이어리스에 의한 구동powered by, 네트워킹networked by, 호스팅hosted by 등을 선택할 수 있다([그림 4-1] 참조).

브랜드를 왜 창조하는가

"우리는 현재 관심경제attention economy 속에 살고 있다. 당신이 제공하는 구성품이나 브랜드로 소비자의 관심을 사로잡는다면 돈을 벌 수 있을 것이다."[2] 영양보충제 전문가인 셰인 스탈링Shane Starling은 이 말을 통해 인브랜딩을 비롯한 모든 브랜딩의 기본 원칙과 목표를 간명하게 제시한다. 그는 공급업체와 완성품의 성공은 브랜드가 이끌어낼 수 있는 관심에 달려 있다고 전제한다. 그렇다고 브랜드 관심도의 증가를 유일한 성공 요소로 간주해서는 안 된다. 공급업체에게 브랜드에 대한 개인 및 기업 고객의 관심도 증가는 경쟁업체와 그 제품들로부터 스스로를 차별화할 수 있는 기회를 제공한다.

최근까지 고객에 대한 초점은 다음 단계인 시장에서 인접하거나 근접한 단계, 다시 말해 B2B 부문에서 사업을 영위하는 고객에게로 향했다. 그러나 이제는 오로지 제품 개선이나 혁신을 통해 혹은 추가적인 서비스 지원이나 좀 더 빠르고 안정적인 전달을 통해, 아니면 좀 더 낮은 가격을 통해 어떤 수준이든 제품 차별화를 달성하는 것은 사실상 불가능한 일이다. 상위 단계 제품에 대한 고객의 수요(즉 인접한 완성품 제조업체를 뛰어넘어 공급업체나 상위 단계에 이르는 최종 고객의 수요)가 시장에서 지니는 영향력은 공급되는 많은 제품이 성능 특성과 범위 그리고 품질 면에서 차별화를 꾀할 수 없도록 만들었다. 브랜딩은 브랜드 하우스house of brands(다양한 개별 브랜드를 활용해 마케팅을 하는 기업을 말한다. 기업은 개별 브랜드를 선전할 뿐 전면에 나서지 않는다 - 옮긴이) 개념을 바탕으로 공급업체가 자신과 자사 제품을 지속적으로 차별화할 수 있는 방법을 제공한다.

인브랜딩의 브랜드 개념을 설명하기 전에 먼저 판매 전략을 고민할 때 브랜드가 갖는 중요성과 기능 그리고 브랜드가 궁극적으로 회사에 어떤 가치를 더하는지 밝히고자 한다. 글로벌 기업들 중에는 브랜드 가치가 시가총액의 50퍼센트 이상을 차지하는 기업도 있다. 이는 브랜드가 기업의 가치 창출 과정에서 핵심적인 역할을 하는 성공 열쇠임을 의미한다.[3]

가치의 창조

리처드 링스바일러Richard Linxweiler 포르츠하임대학 교수는[4] 브랜드 창조는 기본적으로 기업의 마케팅부서와 경영진의 임무라고 말했다. 브랜드 창조 과정에서 시장을 향한 모든 내부의 생산 활동이 이뤄지며 마케팅부서의 주된 목표는 제품을 브랜드로 전환하는 것이다. 기업들은 이를 위해 갖가지 마케팅 도구를 활용한다. 결국 브랜드는 제품에서부터 가격, 유통, 커뮤니케이션 정책에 이르는 전체 마케팅 활동의 총체다.

왜 제품으로부터 브랜드를 창조하는 일이 필요할까? 이 질문에 답하기 위해 브랜드를 고유한 브랜드명이나 상징의 도움을 받아 제품의 성능 특성과 품질을 설명해주는 해석의 실마리라고 생각해보자. 강력한 브랜드는 해당 제품을 다른 제품과 구별해주고 고객에게 시장에서의 독특하고 고유한 지위를 의미하는 고유판매제안unique selling proposition을 하게 된다.[5]

[표 4-1]은 브랜드가 제공하는 추가적인 기능들을 보여준다. 브랜드의 구별 기능은 자사의 제품과 서비스를 다른 회사의 그것과 차별화할 뿐만 아니라 시장에서 회사가 차별적인 위치에 자리하도록 돕는다. 신뢰와 품질 기능은 고객의 구매 결정을 보증한다. 인식, 지향, 투명성 및 보장 기능은 다양한 제품 단계에서 고객에게 길을 안내한다.

가치의 전달

인브랜딩에서 브랜드의 개별 기능들은 완성품 제조업체에게 마케팅하는 제품에 대해, 브랜드가 소비재에 대해 만족시키는 것과 동일

[표 4-1] 브랜드의 기능

기능	설명
구별 기능	브랜드는 회사의 제품과 서비스를 다른 회사의 그것과 차별화해 준다.
신뢰 기능	브랜드는 기술 및 연구 측면의 진화와 연계해 제품의 품질을 보증한다.
품질 기능	브랜드는 특정한 제품이 다른 회사의 비슷한 제품과 동일하거나 혹은 그보다 나은 속성을 지녔음을 보증한다.
인식, 홍보, 원산지 표시 기능	브랜드는 제품이 인식되고 인지되도록 돕는다.
지향 기능	브랜드는 제안을 분류하고 구매 결정을 내리는 일을 돕는다.
투명성 및 보장 기능	브랜드는 세심하게 관리되므로 소비자를 보호하는 수단이 될 수 있다.

한 목적을 만족시킨다. 특히 인식, 홍보, 원산지 표시와 관련된 기능들은 다양한 상위 제품 및 공급업체 구성품들이 완성품의 브랜드에 내재되었음을 보장한다. 이는 성공적인 인브랜딩의 토대가 된다. 구성품 브랜딩이 없다면 인브랜딩과 관련된 모든 브랜드 하우스(즉 복수 브랜드)의 마케팅 접근방법은 고객과의 정서적 유대관계를 형성할 수 없으므로 실질적인 효과를 발휘하지 못할 것이다.

인브랜드가 시장에서 최초의 성공을 거두고 나면 다른 기능들, 예를 들어 신뢰 및 품질 기능과 마케팅 전략 그리고 연관된 상위 제품 제조업체의 활동이 성공의 규모를 키우기 시작한다. 그러므로 이 기능들은 브랜드명 자체가 구매자의 인식과 제품의 성능 역량 및 품질에 대해 긍정적인 발언을 하도록 유도하는 일종의 해석 실마리로 볼 수 있다. 브랜드는 소비자가 사소한 것들에 이르는 폭넓은 시험이나 모든 혜택에 대한 이해가 없더라도 제품을 신뢰하게 하므로 제품이 지닌 모든 가치의 전달 수단이 된다.

브랜드 가치를 결정하는 전형적인 요소에는 제품의 인지도와 이미지, 최종 소비자와의 연관성, 경쟁적 차별화의 정도 등이 포함된다. 특히 이전에는 납품시장에만 제품을 공급하던 구성품 공급업체에게 제품의 브랜드 이미지는 모든 인브랜딩 전략의 성공을 좌우하는 결정적인 요건이 된다.[6]

가치의 개발

익숙한 브랜드가 지닌 가치의 개발 과정을 자세히 들여다보면 그들이 하루아침에 오늘날과 같은 위치에 서게 된 것이 아님을 알 수 있다. 브랜드 가치의 성장은 해당 기업이 엄청난 투자와 오랜 시간에 거친 폭넓은 학습의 결과다. 브랜드 가치는 경쟁자들이 상당한 노력을 기울여야 따라잡을 수 있는 결정적인 경쟁우위를 형성한다. 브랜드가 시장에서 성공적으로 자리 잡으면 공격자들은 자사 제품에 대해 마찬가지로 강력한 브랜드 이미지를 개발하는 데 엄청난 공을 들여야 한다. 또한 오랜 개발 기간과 성공에도 불구하고 브랜드가 불행한 사건들, 예를 들어 화학산업에서의 대형 사고나 식품 오염으로 인해 빠르게 무너질 수 있다는 사실을 간과해서는 안 된다.

이런 잘못들을 줄이고 그것이 브랜드에 미치는 영향을 차단하기 위해서는 모든 브랜드 전략을 장기적인 관점에서 바라볼 필요가 있다. 이는 매우 중요한 일이며 소비재 부문뿐 아니라 산업재 부문에서의 브랜드 개발에도 적용된다. 인브랜딩이 성공을 거두려면 엄청난 인내

와 끈기가 요구된다.[7]

견인 효과를 창출하려면

인브랜딩의 브랜드 구상은 전통적인 소비자 제품이나 완성품과 관련된 브랜드 구상과 크게 다르지 않다. 이에 관련된 제품이 각각 시장의 다른 부문을 겨냥하는 것은 사실이지만 말이다. 그러나 인브랜딩은 브랜드 하우스 마케팅 활동의 주된 목표인 최종 고객에 대한 직접적인 호소를 통해서만 견인 효과를 창출할 수 있기 때문에 두 가지 모두 영업 전략 수단과 활동에서 최종 개인 고객을 주된 목표 집단으로 삼는다.

완성품 제조업체가 공급업체의 직접적인 고객인 경우에도 인브랜딩과 그에 따른 수요 견인을 유도하는 목적은 특정한 공급업체 구성품에 대한 최종 개인 고객의 선호도를 높이는 것이다. 그 결과 상위 제품을 제조하는 고객업체는 정해진 구성품 제조업체가 만든 구성품을 제품에 포함하라는 간접적인 압력에 시달리게 된다.

산업재와 소비재 부문의 브랜드 구상의 핵심은 크게 다르지 않다. 그러나 인브랜딩에서는 먼저 전문성의 폭과 깊이 측면에서 브랜드에 대한 전략적 지향을 정의할 필요가 있다.[8] 인브랜드의 경우 소비재 브랜드의 개발과 달리 브랜드 하우스 마케팅의 발전으로 이전 판매 전략에 새로운 접근방법을 더하기 전에 대부분의 납품 브랜드가 B2B 시장에 이미 오랜 기간 있어왔다는 점에 주의해야 한다.

따라서 인브랜딩의 경우 반드시 기존 제품에 대해 처음부터 완전히 새로운 브랜드를 개발해야 하는 것은 아니다. 대신 인브랜딩 과정에서 브랜드나 제품을 새로운 전략적 방향에 맞추는 데 집중해야 한다. 이 새로운 전략적 방향 하에서 인브랜드는 가치사슬에 속한 다음 단계 완성품 제조업체뿐만 아니라 최종 고객도 겨냥한다.

카르스텐 바움가르트Carsten Baumgarth 독일 HWR대학 교수는 개념의 구조화를 위해 인브랜딩의 브랜드 구상 요소를 목표 단계와 전략 단계 그리고 해당 전략을 실행하는 데 필요한 마케팅 전략 도구라는 세 단계로 나눈 인브랜딩 도표를 만들었다([그림 4-2] 참조). 여기에는 제품 정책, 가격 정책, 커뮤니케이션 정책, 유통 정책 등 마케팅믹스의 다양한 도구들이 포함된다. 그중 커뮤니케이션 정책은 구성품 제조업체의 주된 관심이 커뮤니케이션에 대한 집중적인 노력을 통해 견인 효과를 창출하는 것이기 때문에 인브랜딩에서 가장 중요한 마케팅 도구다.

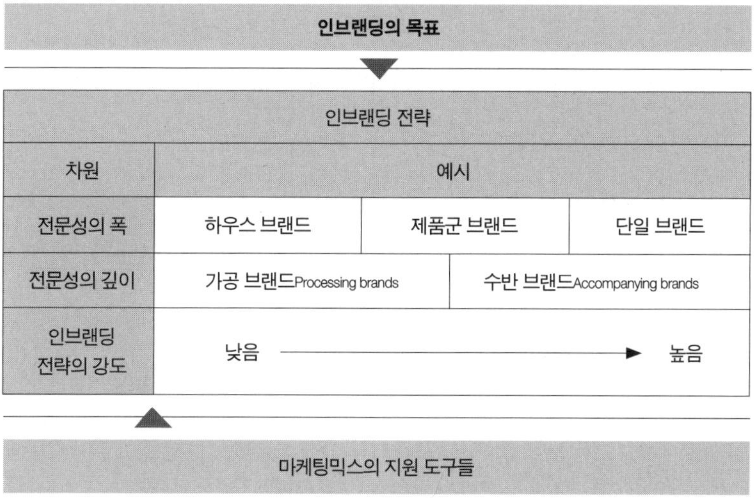

인브랜딩의 목표

▼

인브랜딩 전략			
차원	예시		
전문성의 폭	하우스 브랜드	제품군 브랜드	단일 브랜드
전문성의 깊이	가공 브랜드Processing brands	수반 브랜드Accompanying brands	
인브랜딩 전략의 강도	낮음 ——————► 높음		

▲

마케팅믹스의 지원 도구들

[그림 4-2] 인브랜딩 구상

구성품 공급업체가 인브랜딩을 통해 이루고자 하는 목표는 납품하는 구성품이 무명성에서 벗어나도록 하는 것이다. 이를 통해 브랜드 인지도를 향상시켜 기업의 이익 극대화를 이루고 마케팅 대상 제품이나 구성품의 시장점유율을 높여 경쟁적 차별화를 이루고자 한다.

인브랜딩의 맥락에서 볼 때 브랜드 전략의 일반적인 목표에는 목표 집단의 선호도 창출, 고객의 브랜드 충성도 개선, 판매 침투 잠재력 강화 같은 것이 포함된다. 가격 정책(가격 프리미엄)에서 활용할 수 있는 지렛대를 만들면 다양한 방법으로 시장에 도전할 수 있다. 그러나 이 목표들은 모두 이익을 극대화하고 시장점유율을 늘린다는 실질적인 주요 목표에 종속되며 회사와 제품에 따라 우선순위가 높아지거나 낮아질 수 있다.

단일 브랜드에서 제품군 브랜드로

구성품 제조업체가 인브랜딩의 다양한 목표를 수립하고 정량화했다면 다음으로 할 일은 실행 전략을 세우는 것이다. 우선적으로 할 일은 인브랜딩 전략의 실행 강도와 정확한 범위를 정하는 것이다. 이때 납품할 브랜드가 가진 전문성의 폭뿐 아니라 깊이도 고려해야 한다.

전문성의 폭

개별 인브랜드를 분석해보면 그것이 오로지 단일 제품과만 관련된 것은 아님을 알 수 있다. 브랜드는 다양한 속성을 지닌 여러 제품을 포괄할 수 있다. 이런 경향은 자동차 부문과 컴퓨터 부문에서 가장 두드러진다. 예를 들어 잠김방지브레이크시스템, 전자차체제어프로그램, 빗물감지장치 등 자동차 부문에서 보쉬가 제조하는 구성품들은 매우 다른 속성을 지니지만 모두 보쉬 브랜드가 붙는다. 컴퓨터 부문도 비슷하다. 컴퓨터 부문에서 삼성, HP, 소니 등 대부분의 제조업체들은 컴퓨터든 프린터든 모니터든 모든 제품 브랜드로 자사명을 사용한다.

인브랜딩 전략의 목표를 세웠다면 다음 단계는 해당 브랜드의 전문성의 폭을 정하는 것이다. 이는 브랜드가 포괄해야 하는 정확한 범위와 성능 특성을 규정한다. 브랜드는 이 전문성의 폭에 따라 개별 브랜드, 제품군 브랜드와 패밀리 브랜드, 하우스 브랜드branded house(기업이 곧 브랜드 그 자체를 의미한다. 단일한 브랜드 안에서 수많은 제품이나 서비스가 나누어진다 - 옮긴이)와 복수 브랜드(브랜드 하우스 개념)로 나뉜다. [표 4-2]는 각각의 브랜드 전략의 개요를 정리한 것이다.

개별 브랜드는 소비재산업에서 가장 흔하게 볼 수 있다. 소비재산업에서 대부분의 회사는 익숙한 이름들 뒤로 회사명을 숨긴다. 예를 들어 페레로라는 회사는 누텔라, 듀플로, 지오토, 라파엘로라는 브랜드명을 내세운다. 미스터클린, 헤드앤드숄더, 팸퍼스 브랜드의 뒤에는 프록터앤드갬블이라는 회사가 있다. 젤라인터내셔널이 만드는 위통처럼 B2B 부문에도 몇 가지 예가 있다. 젤라인터내셔널의 제품 영역에는 멀티포어, 퍼마셀, 에스투베어, 실카 등이 포함된다. 또 다른 사례로는 테프론(코팅), 베스펠(씰), 코리안(마감재), 백스시스템(식품 검사) 같은 강력한 제품 브랜드를 가진 듀폰을 들 수 있다.

[표 4-2] 브랜드 전략의 종류

브랜드 전략	설명
개별 브랜드 전략 (단일 브랜드)	회사의 모든 제품이 자체 브랜드명으로 제공된다. 공급업체의 이름은 대개 소비자에게 드러나지 않는다.
하우스 브랜드 전략 (하우스 브랜드)	회사의 모든 제품과 서비스가 회사 브랜드로 같이 묶인다.
제품군 브랜드 전략 (제품 브랜드)	여러 연관 제품들을 하나의 브랜드명으로 마케팅한다. 개별 제품은 전체 브랜드 패밀리의 이미지에서 혜택을 받는다.
복수 브랜드 전략 (브랜드 하우스)	개별 브랜드들이 같은 제품 영역 및 비슷한 세분시장에서 나란히 제공된다.
하이브리드 브랜드 전략 (하이브리드 브랜드)	단일 브랜드 전략과 하우스 브랜드 전략을 결합한다.

하우스 브랜드 전략의 경우 회사의 모든 제품과 서비스가 회사 브랜드로 한데 묶인다. 대표적인 예로는 자동차 제조업체(포르쉐, BMW, 폴크스바겐), 컴퓨터 및 소프트웨어 제조업체(델, SAP, HP, IBM, 마이크로소프트), 기계 제조업체들이 포함된다. 독일 오스터부르켄 시에서 다양한 산업을 위한 자동전달시스템을 만드는 중소기업인 아조의 경우 하우스 브랜드 개념이 명확하게 정의되어 있다.

- 제빵, 시리얼, 양념 등을 위한 브랜드 아조 푸드AZO Food
- 의약품, 유제품, 과자 등을 위한 브랜드 아조 바이탈AZO Vital
- 위생용품, 화장품, 색소, 페인트 등을 위한 브랜드 아조 케미AZO Chemie
- 플라스틱 가공, 합성 등을 위한 브랜드 아조 폴리AZO Poly

제품군 브랜드는 켄드리온이 제조하는 자석 제품 같은 응용 부문에서 찾아볼 수 있다. 예를 들어 자동차 부문에 응용되는 자석 제품은 빈더라는 이름으로, 산업용으로 응용되는 자석 제품은 토마라는 이름으로 마케팅한다.

복수 브랜드는 고도로 포화된 시장에서 쉽게 찾아볼 수 있는 브랜드 형태다. 기업들은 비슷한 세분시장 안에서 서로 다른 브랜드를 제공함으로써 부가가치를 얻기 위해 복수 브랜드를 활용한다. 이 전략을 실행하는 대표적인 기업으로 독일 라르 시에서 산업 부문을 위한 강모steel wool에 락소라는 브랜드명을 쓰는 동시에 가정에서 인기 있는 세척용 패드로 알려진 아브라조라는 브랜드명을 사용하는 오스카 바일을 들 수 있다. 소비재 부문의 경우 세척용품시장과 담배시장에서 서로 다른 브랜드를 사용하는 일이 흔하다.[9] 진일보한 방식으로 브랜드를 관리하고 인수합병을 통해 성장한 기업들은 이 접근방법을 이용해 훌륭한 브랜딩 도구를 얻는다.

스위스 장크트갈렌 주에 자리 잡은 필트록스는 브랜드 하우스 전략을 적용해 유럽의 여러 시장에 있는 자회사를 통해 필터 제품과 다양한 산업에의 적용을 위한 완벽한 솔루션을 판매한다. 필트록스는 다양한 시장에서 전문적인 고객업체들을 위해 서로 다른 브랜드를 선보이는 것을 선호해 의도적으로 같은 브랜드를 채택하지 않았으며 이 브랜드들은 지금도 유지되고 있다.

이런 브랜드 전략의 목표는 개별 시장에서 적어도 하나의 '프리미엄 브랜드'와 하나의 '도전자 브랜드'를 선보이는 것이다. 브랜드 하우스 전략은 시장 내에서 가격에 따른 수평적 차별화뿐만 아니라 수직적 차별화도 허용한다. 또 다른 사례로는 자사의 핵심 부문 중 하나인 압축기 부문에 중국의 저가 브랜드인 리우테크 제품을 통합시킨 아틀라스콥코를 들 수 있는데 이 회사는 결국 리우테크를 인수했다. 특정 회사를 위해 어떤 브랜드 전략이 인브랜딩 목표를 달성하는 데 가장 적합한지 파악하려면 먼저 개별 브랜드 전략에 따른 기회와 위험을 자세히 분석해야 한다.

다른 한편으로 개별 브랜드 전략은 항상 주어진 목표 집단에 초점을 맞추고 브랜드 이미지를 구체적으로 형성하도록 해준다. 반면 많은 개별 브랜드가 마케팅 예산을 공유할 경우 높은 수준의 인지도 달성 가능성이 낮아질 위험이 있다.

회사가 만드는 모든 제품을 단일 브랜드(회사 브랜드)로 묶는 하우스 브랜드 전략을 적용하면 모든 제품이 하우스 브랜드가 지닌 대중적 인지도가 어느 정도인지에 따라 이득을 볼 수 있다. 이는 모든 제품이 공동으로 브랜딩 비용을 나눈다는 것을 뜻한다. 게다가 브랜드가 단일 제품의 수명주기에 결부되지 않으며, 신제품도 하우스 브랜드의 친선 효과로 인해 저절로 홍보가 된다.

그러나 이런 근본적인 기회들을 상쇄하는 몇 가지 위험들이 있다. 예를 들어 하우스 브랜드 전략의 맥락에서는 분명한 제품의 이미지를 형성하거나 개별 목표 집단에 초점을 맞추는 것이 거의 불가능하다. 게다가 하우스 브랜드가 대체재로 꼭 맞는 제품을 편입할 경우 상호 잠식 효과가 발생할 수 있다.

제품 브랜드 전략의 경우 기회와 위험이라는 면에서 하우스 브랜드 전략과 비슷한 상황에 놓인다. 그러나 이 경우에는 제품들을 다른 집단으로 묶을 수 있기 때문에 하우스 브랜드 전략보다 제품의 이미지를 형성하기가 더 쉽다.

이런 모든 브랜드 전략 중에서 인브랜딩에 적합하지 않은 것은 브랜드 하우스 전략과 하이브리드 브랜드 전략이다. 이 전략들은 주로 고도로 포화된 시장에 침투하기 위해 사용된다. 공급업체시장을 자세히 들여다보면 주어진 세분시장의 잠재고객 수가 비교적 많지 않아 매우 쉽게 시장이 포화된다는 것을 알 수 있다. 따라서 공급업체는 시장점유율을 늘리고 대체재가 매출을 잠식하는 잠재적 위험을 피하기 위해 자사 제품을 다른 공급업체들의 제품과 차별화해야 한다.[10]

하이브리드 전략은 종종 기업 인수 시 발생하며 실제로 과도기적인 형태로 간주된다. 기계설비회사인 IWKA 그룹의 경우, 중소기업의 사풍과 함께 시너지 효과, 물량 효과, 중간 규모 기업 구조의 자본력을 자사의 유연성과 창의성 그리고 속도와 한데 결합하고 개별 브랜드들이 나란히 공존하도록 하기 위해 하이브리드 전략을 채택한다. 이를 통해 이 회사는 역동적인 시장에 신속하게 대응할 수 있는 동시에 전세계 고객들과 밀접한 관계를 유지할 수 있다.

인브랜딩을 위해 어떤 것이 올바른 브랜드 전략인지를 한마디로 정의하는 것은 불가능하다. 브랜드 전략의 선택은 무엇보다 산업과 기업 그리고 제품에 따라 서로 큰 차이가 나는 브랜드 구상에서 세운 목표를 바탕으로 이뤄지기 때문이다. 그러나 대부분의 인브랜드는 하우스 브랜드 전략에 따라 구조화되었다. 대표적인 예로는 인텔, 뉴트라스위트, 시마노, 돌비, 테트라팩을 들 수 있다.

많은 구성품 제조업체들이 하우스 브랜드 전략을 선호하는 이유는 인브랜딩 전략을 실행하기 전에 이미 기업이미지CI 개념 안에 제품 브랜드를 통합했기 때문이다. 구성품을 위한 모든 개별적인 브랜드 전략은 B2B 부문에서 가격 정책과 제품 정책이 주도적인 역할을 한다는 점을 감안할 때 자금과 시간 측면에서 상위 제품 제조업체의 큰 헌신을 요구한다.

반면 하우스 브랜드 전략에는 기존 브랜드가 갖고 있는 가치의 도움을 받으며 신제품을 출시할 수 있다는 추가적인 이점이 있다. 이는 하우스 브랜드 접근방법이 품질 표시 기능까지 덧붙여 제품의 성능 특성을 자세히 알리기 전에 이미 최종 고객의 신뢰를 얻을 수 있다는 뜻이다.

브랜드를 다루는 미국 책들은 잠재적 브랜드 전략을 브랜드 관계 스펙트럼의 형태로 제시하는 경우가 많다. 한편으로는 제품 브랜드를 서브 브랜드와 보증 브랜드endorsed brands로 나누어 구분하며 다른 한편으로는 상위 범주에서 훨씬 큰 차이점을 찾아볼 수 있다. 또한 수많은 혼합 형태의 브랜드가 나타날 수 있다는 사실이 밝혀졌는데 이들을 하이브리드 브랜드라 부른다.[11]

전문성의 깊이

브랜드의 범위와 역량의 정도를 알려주는 전문성의 폭과 달리 전문성의 깊이는 마케팅에 대한 다양한 단계 혹은 하우스 브랜드의 접근방법 안에서 브랜드의 영역을 구분짓는다.

바움가르트는 '수반 브랜드accompanying brands'와 '가공 브랜드processing brands'로 이를 명확하게 구분한다. 수반 브랜드란 계속 응용되면서 하위 제조품에 사용되는 생산재 브랜드를 가리킨다. 바꿔 말하면 수반 브랜드는 가치사슬의 모든 단계에서 사용되며 궁극적으로 커뮤니케이션을 통해 최종 고객에게 알려진다. 가공 브랜드의 경우 각 생산 품목의 브랜드는 한 시장 단계 혹은 해당 시장 안에서 인접한 단계에만 적용된다. 이 경우 완성품에서는 해당 구성품에 대한 브랜딩이 이뤄지지 않는다.[12]

따라서 전문성의 깊이는 인브랜딩 전략의 강도를 정의한다. 대부분의 기업들은 인브랜딩 전략을 실행할 때 높은 수준의 경쟁력을 달성하기 위해 전문성의 깊이 측면에서 수반 브랜드로 브랜드를 자리매김한다는 점에 유의해야 한다. 이는 그것이 최종 고객을 상대로 원하는 수준의 수요 견인 혹은 견인 효과를 달성하는 유일한 방법이기 때문이다. 다만 납품하는 구성품에서 완성품에 이르는 포괄적 브랜딩의 금융비용이 공급업체에 위협이 될 수 있다. 중소기업 부문에서 인브랜딩 전략의 성패를 결정하는 것은 결국 최종 개인 고객의 브랜드 인지도와 수요 수준이다.

마케팅 커뮤니케이션 전략

인브랜딩 전략의 목표를 달성하려면 다양한 영업 도구를 동원해야 하는데 여기에는 우선 마케팅믹스의 표준 도구들이 포함된다. 앞에서 인브랜딩 전략을 성공적으로 실행하기 위해서는 다양한 마케팅믹스 활동들이 어떤 형태를 취해야 하고 어떤 도구가 하우스 브랜드 마케팅의 목표를 가장 효과적으로 뒷받침하는지 설명했다.

과거에는 제품 및 가격 정책이 B2B 제품의 마케팅 전략을 좌우했지만 인브랜딩 활동은 주로 커뮤니케이션 정책에 초점이 맞춰진다. 제품 브랜드는 올바른 커뮤니케이션 정책을 통해 최종 고객에게 알려짐으로써 자사 제품에 대한 선호와 수요를 창출한다.

커뮤니케이션 정책의 표준 도구에는 다음과 같은 것이 있다.[13]

1. **광고**: 업계 전문지와 일반 잡지 광고, 라디오광고와 TV광고, 옥외광고 여기에 포함된다.
2. **직접 소개**: 제품에 관심을 갖고 있는 하나 이상의 단체에게 제품을 직접 소개한다. 대표적인 예로 영업 프레젠테이션과 박람회를 들 수 있다.
3. **판촉 및 이벤트**: 소매 매장에서의 제품 진열과 특별 할인 그리고 특별 광고 캠페인 등을 통해 매출을 늘리기 위한 단기적인 구매 인센티브의 형태를 띤다.
4. **홍보**: 기업의 사회적인 이미지와 사회 참여 활동이 포함된다.

인브랜딩 접근방법은 커뮤니케이션 정책에 초점이 맞춰지지만 마케팅믹스에서 활용할 수 있는 다른 도구들을 무시해서는 안 된다. 브랜드를 위해 최선의 커뮤니케이션을 달성하는 방법은 이 모든 도구들의 사용을 신중하게 조정하는 것이다.

완성품 브랜드와의 협력

인브랜딩을 위해 영업 도구로서 커뮤니케이션 정책을 사용할 경우 몇 가지 해결해야 할 문제가 있다. 예를 들어 포괄적으로 사용된 구성품에 대한 고유한 브랜딩이 고객에게 제대로 전달되지 않아 시장의 다음 단계에서 브랜드가 부정확하게 인식될 수 있다. 이 경우 라벨이나 부착물 혹은 스티커를 통해 가공 제품이나 완성품이 해당 인브랜드를 포함한다는 사실을 알려야 한다.

또 다른 문제는 브랜드가 보장하는 혜택의 신뢰 정도와 관련이 있다. 이런 문제가 생기는 이유는 인브랜드가 주로 완성품의 한정적인 부분만을 구성하며, 완성품의 전체적인 혜택은 모든 구성품의 상호작용을 통해서만 분명하게 인식되기 때문이다. 따라서 소비자의 머릿속에서 인브랜드가 높은 가치를 지닌다고 해도 다른 구성품과 개별적인 생산 과정이 완성품의 성능과 품질을 저해해 실질적인 혜택을 왜곡할 수도 있다.

이런 문제에 대응하기 위해 기업들은 제품의 장점을 최종 고객에게 직접 알리고 강력한 완성품 브랜드와 긴밀한 관계를 맺어야 한다. 예를 들어 뉴트라스위트는 제품의 혜택을 소비자에게 직접 알리기 위해 미국 전역의 수백만 가정에 뉴트라스위트로 단맛을 낸 껌을 나눠주었다. 인텔은 인브랜딩 전략을 처음 시작했을 때 IBM이나 컴팩 같은 강력한 PC 브랜드와의 연합광고에 초점을 맞췄다. 인텔은 이들 브랜드를 자사의 브랜드와 한데 묶음으로써 완성품뿐만 아니라 인브랜드의 이점에 대한 인식과 신뢰도를 크게 높일 수 있었다.

수직 통합된 커뮤니케이션은 구성품 제조업체가 커뮤니케이션 전략을 펼치는 데 있어 또 다른 문제에 부딪히도록 만든다. 완성품 제조업체는 복수 단계 마케팅 혹은 하우스 브랜드 전략 하에서 인브랜드에 대한 다른 정보나 그것이 주는 혜택을 알릴 수 있다. 이런 일이 일어나는 것을 막기 위해 구성품 제조업체는 커뮤니케이션 내용에 영향을 미치고 그를 좀 더 잘 관리할 수 있도록 완성품에 대한 홍보비용을 분담할 수 있다.[14] 이에 대해서는 다음 장에서 인텔의 사례를 통해 자세히 설명하겠다.

홍보비용 분담

컴퓨터 프로세서 제조업체인 인텔이 실시한 인텔 인사이드 캠페인은 세계적으로 널리 알려진 성공적인 인브랜딩 사례다. 인텔 인사이드 캠페인 성공의 주춧돌 중 하나는 인텔이 자체적으로 개발한 차별화된 홍보비용 분담 시스템이다. 인텔은 이 접근방법 덕분에 완성품 제조업체를 통한 자사 브랜드의 커뮤니케이션에 영향력을 행사해 인텔과 소니, HP, 델 등 컴퓨터 제조업체가 최종 소비자에게 자사 브랜드와 제품에 대해 같은 내용을 알리도록, 즉 같은 멜로디를 들려주도록 유도할 수 있었다.

홍보비용 분담 시스템의 주춧돌은 컴퓨터 제조업체가 인텔 인사이드 캠페인에 참여하도록 유도하는 물질적 수단을 통해 마련된다. 한마디로 컴퓨터 제조업체는 인텔 인사이드 로고를 커뮤니케이션과 브랜드 전략활동에 통합할 때마다 소위 '인텔 인사이드 달러'를 받았다.[15] 컴퓨터 제조업체의 홍보비용에 대한 실제 분담률과 의존도는 [표 4-3]을 참조하기 바란다.

인텔은 홍보비용 분담 시스템을 통해 최종 고객이 브랜드에 대한 수직적 커뮤니케이션을 전반적으로 분명하게 인식하도록 만들 수 있

[표 4-3] 인텔의 홍보비용 분담률 결정 요소

결정 요소	설명
마이크로프로세서 구매량	홍보비용 분담률을 결정하는 가장 중요한 요소는 구매량이다. 주문한 마이크로프로세서가 많을수록 PC 제조업체가 받는 '인텔 인사이드 달러'도 늘어난다
마이크로프로세서의 세대 및 유형	완성품 제조업체가 PC 광고에서 제공하는 프로세서의 세대 및 유형이 홍보비용 분담률을 결정한다. 새로운 프로세서의 출시를 뒷받침하기 위해 신형 인텔 프로세서는 일반적으로 더 많은 '인텔 인사이드 달러'를 준다
완성품 제조업체 홍보 수단의 유형	완성품 제조업체가 협력에 기반한 광고를 하기 위해 제품과 인텔 프로세서를 알리는 홍보 수단도 홍보비용 분담률에 영향을 미친다

었다. 인텔이 구축하고 지속적으로 개선한 이 시스템은 결과적으로 큰 성과를 거뒀다.

외부에서 거둔 효과가 브랜딩 활동에 어느 정도 영향을 미쳤는지를 판단하기는 어렵다. 다만 인텔은 매우 엄격하게 성과를 측정하고 소비자 인지도 확대에 지속적으로 투자하기 때문에 상당한 영향을 미쳤을 것이라고 추정할 수 있다. 이 사례를 비롯해 많은 사례들은 브랜딩이 2BB 부문에 속한 기업에게 이익과 주주가치를 창출하는 효과적인 도구라는 점을 증명해준다. 물론 혁신과 제조 효율성 같은 다른 요소들도 주주 가치를 창출할 수 있다.

코펜하겐경영대학원의 라스 오네무스Lars Ohnemus와 중국유럽국제공상학원[16]의 페르 옌스터Per Jenster는 뉴욕증권거래소와 유럽증권거래소에 상장된 1,700여 개에 달하는 기업들을 조사해 브랜딩이 기업의 성공을 좌우하는 요소라는 점을 증명한 바 있다.

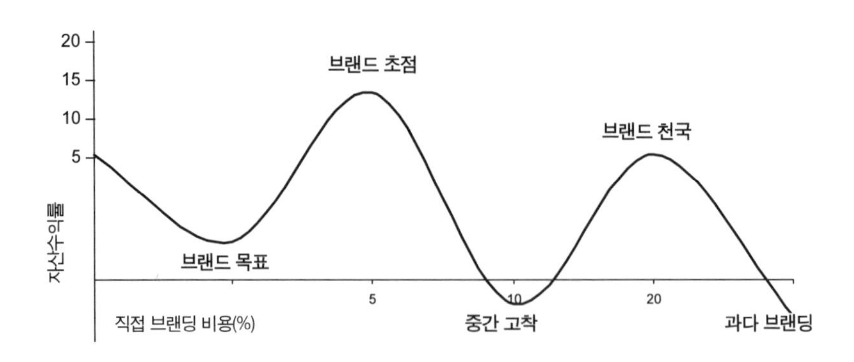

[그림 4-3] 단순화한 W곡선

그들의 연구는 기업의 전략적 브랜딩 위치를 브랜드 목표brand aspiration, 브랜드 초점brand focus, 중간 고착stuck in the middle, 브랜드 천국brand heaven, 과다 브랜딩over branding의 뚜렷한 다섯 단계로 구분되는 W자 곡선으로 나타낼 수 있음을 밝혔다([그림 4-3] 참조). 인텔은 현재 브랜드 천국 단계에 있지만 인브랜드를 개발하는 동안 두 개의 골짜기를 지났다. 이런 발견은 브랜드의 현재 위치와 가능한 개발 범위를 알려준다.

이 연구는 또한 전략적인 브랜딩이 일반적으로 주주들에게 5~7퍼센트 더 높은 이익을 안긴다는 사실을 보여주었다. 따라서 이사회를 비롯한 경영진이 체계적으로 회사의 전략적 브랜딩 위치를 파악하고 브랜딩에 대한 투자가 주요 경쟁자를 상대로 어떤 성과를 내는지 평가하고 점검하는 것은 매우 중요한 일이다. 브랜드에 대한 투자는 전략적 개발의 일환이다. 시장 지배력을 가진 강력한 브랜드는 좀 더 높은 프리미엄을 얻거나 혹은 매출을 늘리는 데 활용될 수 있다.

경영진은 어떤 환경에서 어떤 경로를 선택할 것인지 결정해야 한다.

두 방향으로 움직이는 것은 매우 어려운 일이다. 전략적 우선순위와 투자 역량에 따라 시장점유율 증가나 현금흐름 창출을 선택할 수 있다. 이런 대안들은 세심하게 평가해본 뒤에 실행에 옮기는 것이 바람직하다.

S U M M A R Y

- 인브랜딩은 브랜드 만연을 극복할 수 있는 중요한 방법이다.
- 인브랜딩의 실행은 견인 효과를 창출하는 데 주된 초점이 맞춰진다는 점을 제외하면 일반 브랜드 관리와 같은 원칙을 따른다.
- 브랜드를 가치 전달 수단으로 활용하기 위해서는 의식적인 노력이 필요하다.
- 다양한 브랜드 전략이 있지만 많은 인브랜드는 단일 브랜드로 출발하며 대개 제품군 브랜드 전략으로 옮겨간다.
- 마케팅 커뮤니케이션은 인브랜딩 마케팅믹스에서 필수적인 부분이다. 복수 단계 커뮤니케이션을 하고자 할 경우 다양한 참가자들을 통합해야 한다.
- 유통사슬에 속한 협력업체와 홍보비용을 분담하는 것은 적절히 실행할 경우 고객 충성도 개선으로 이어질 수 있는 검증된 전략이다.

CHAPTER

5

경쟁 없는 신 시장을 찾아서

INGREDIENT BRANDING

인텔이 인브랜딩 개념을 적용해 큰 성공을 거둔 후 컴퓨터산업의 많은 구성품 제조업체들이 이 대열에 동참했다. 그들은 전략을 수정하고 자사 제품의 성능과 그것이 다른 제품과 어떤 차이를 갖고 있는지를 최종 고객에게 홍보하기 시작했다. 거기에는 각각 CPU, 메인보드, 그래픽카드 제조업체인 AMD, MSI, ATI, 엔비디아 같은 브랜드가 포함된다. 이 기업들은 PC 제조업체들과 협력 계약을 맺고 자사 브랜드의 로고를 컴퓨터에 노출시키는 데 성공했다. 또한 그들은 소매업체와 최종 소비자들에게 자사의 구성품이 우월하며 차이를 만든다는 점을 납득시켰다.

그러나 컴퓨터에 노출시킬 수 있는 브랜드 수에는 한계가 있다는 점을 고려해야 한다. 현재 PC에서 찾아볼 수 있는 주요 구성품 브랜드 로고는 프로세서, 그래픽카드, 운영체제 소프트웨어의 로고가 있다. 이 구성품들이 컴퓨터의 성능(프로세서, 그래픽카드)이나 사용자 친화성 내지 안전성(운영체제 소프트웨어)에 큰 영향을 미치기 때문이다.

신 시장을 개척하는 전략 캔버스

기업들은 자신들만의 원칙에 근거한 전략적 결정을 통해 포지셔닝과 차별화 그리고 사업 성장을 이룰 수 있다. 성공적인 인브랜드에 꼭 필요하다고 밝혀진 원칙들은 프랑스 인시아드INSEAD 교수인 르네 마보안Renee Mauborgne과 김위찬이 《블루오션전략*Blue Ocean Strategy*》[1]에서 설명한 개념과 비슷하다. 그들은 성공적인 기업은 저가 제품 제공업체도, 틈새시장 공략업체도 아니라는 사실을 증명했다. 그들이 제시한 '블루오션' 개념은 전통적인 비즈니스 통념과 시장세분화를 거부하고 새로운 방식으로 가치를 찾을 것을 제안한다. 인브랜딩은 게임의 규칙을 바꿈으로써 새로운 시장 영역을 창출하는 한 가지 방법이다.

갈수록 사업 환경이 악화되면서 주주와 경영자는 블루오션 전략처럼 좀 더 정교하게 초점이 맞춰진 렌즈를 통해 전략적 시야를 확보해야 한다. 그러나 블루오션은 대부분의 경우 미지의 영역이다. 전략적 사고의 초점은 대부분 경쟁 기반의 레드오션 전략에 대한 것이었다. 인텔은 블루오션 전략이 얼마나 큰 보상을 가져다주는지 보여주었다. 이 밖에도 주위를 둘러보면 돌비, 리얼텍, 라이크라, 고어텍스, 테프론, 노멕스, 나노텍스, 쇼트 세란, 자이스, 시마노처럼 경쟁자가 없는 시장 영역을 창출하기 위해 뛰어든 브랜드들을 찾을 수 있다.

모든 산업은 시간이 지나면 누가 고객인지, 누가 경쟁자인지, 어떤 시장이 자신들의 것인지 등을 정의할 수 있게 된다. 그러나 이런 정의들이 한계로 작용하기도 한다. 시장을 정의하는 경직된 벽은 기업의 성장을 가로막으며, 더 많은 업체들의 진입은 치열한 경쟁을 불러일으킨다.

인브랜딩은 전통적인 비즈니스 통념을 깨고 브랜드의 범위를 재정의해준다. 그것이 성공적으로 이뤄지면 브랜드가 출혈 경쟁에서 벗어난 거대한 미개척 시장을 확보할 수 있다. 따라서 레드오션의 거대 기업들조차 앞지르기 어려운 지속 가능한 경쟁우위를 확보할 필요가 있다. 그를 위해서는 산업의 속성과 브랜드를 위한 전략적 선택지들을 이해해야 한다.

훌륭한 경영대학원의 교수들은 이미 이 선택지들을 연구해 놀라운 성과를 거뒀다. 하지만 불행하게도 그들의 분석은 대부분 이미 수년 전에 이뤄졌으며 브랜딩의 영향력을 고려하지 않았다. 1980년대에 톰 피터스Tom Peters와 밥 워터맨Bob Waterman은 전 세계의 기업들을 분석해 《초우량기업의 조건*In Search of Excellence*》[2]을 출간했는데 이 책은 고객의 필요를 이해하고 지속적으로 제품을 제공하는 데 초점을 맞추고 있다. 10년 뒤 짐 콜린스Jim Collins는《성공하는 기업의 8가지 습관*Build to Last*》[3]에서 같은 길을 따랐으며,《좋은 기업을 넘어 위대한 기업으로*Good to Great*》[4]에서는 치밀한 분석을 통해 어떤 기업들은 도약하고 다른 기업들은 그렇지 못한 이유를 설명했다. 그는 이런 분석들을 통해 특별한 결론을 이끌어냈는데 이는 인브랜딩 기업에도 적용된다. 그러나 콜린스는 선별한 요건에 브랜딩 측면을 함시키지 않았다. 이제 우리는 브랜드 관리[5]가 또 다른 기업 성공의 도구라는 사실을 잘 알고 있다.

지금부터 마보안과 김위찬이 고안한 이른바 '전략 캔버스Strategy Canvas'를 활용해 전략적 차별화와 혁신 기회를 시각화하고자 한다. 전략 캔버스는 현재 경쟁 상황이 어떤지 보여주는 진단 도구일 뿐 아니라 아직 발견되지 않은 혁신 기회를 파악하기 위한 기획 도구이기도 한다. 전략 캔버스는 매우 간결한 형식에 상당한 양의 정보를 압축한다. 수평축은 업계가 경쟁하고 투자하는 구성품들의 목록과 고객 가치를 창출할 수 있는 잠재적 영역을 의미한다. 수직축은 개별 경쟁자가 각 요소에 투자하는 정도를 가리킨다. 자사 및 경쟁사들의 현재 성과를 표시한 뒤 점들을 이어 각 기업의 가치곡선을 나타내는 일련의 선을 그리면 전략 캔버스가 완성된다.

전략 캔버스는 혁신 기업에게 세 가지 이점을 가져다준다. 첫째, 자사의 전략과 경쟁사의 그것이 수렴하는 영역, 다시 말해 모두가 사업 운영 방식에 대해 동일한 정설이나 일련의 전제를 따르는 영역을 신속하게 파악할 수 있게 해준다. 둘째, 자사의 전략이 경쟁사의 그것과 크게 다른 분기 영역을 보여준다. 마지막으로 혁신과 경쟁적 차별화를 위한 '여백'이 주는 기회를 파악할 수 있게 해준다.

전략 캔버스는 또한 자사가 고객 가치를 창출하기 위해 무차별적인 접근방법을 취했는지 여부를 점검할 수 있게 해준다. 전략 캔버스에서 자사의 그래프가 일부 영역에서는 높고 다른 영역에서는 낮아 갈지자를 그린다면 전략기획팀이 나서서 문제를 해결해야 한다는 뜻이다. 사우스웨스트항공이 대표적인 사례다. [그림 5-1]은 사우스웨스트항공이 친근한 서비스와 속도, 잦은 운항 횟수라는 세 가지에 집중해 다른 항공사는 물론 자동차를 비롯해 경쟁관계에 있는 운송수단과 스스로를 차별화하는 데 성공했음을 보여준다.

매우 간편하고 훌륭한 기획 도구인 전략 캔버스를 통해 우리는 여러 가지 사항을 파악할 수 있다. 산업의 핵심 요소들과 현재 상태, 자

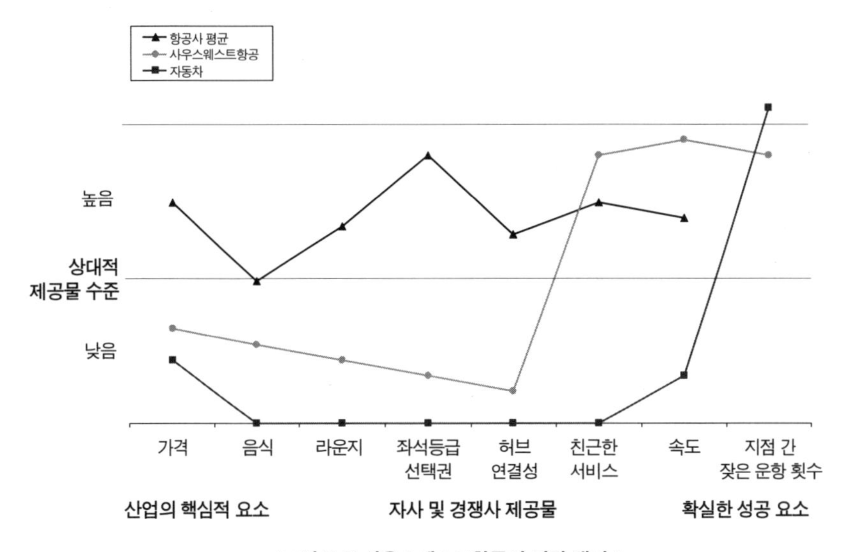

[그림 5-1] 사우스웨스트항공의 전략 캔버스

사 및 경쟁사의 제공물, 제품 · 서비스 · 인식에 있어서의 명확한 성공 요소와 제품 · 서비스 · 인식 · 전달에 있어서의 성공 요소가 그것이다.

우리는 여러 산업의 전략 캔버스를 작성하고 성공적인 인브랜딩의 조건에 따라 취할 수 있는 전략적 선택지들을 자세히 살피고자 한다. 지금부터 인브랜딩 전략이 자동차산업, 섬유산업, 유리산업, 감미료산업의 공급업체들에게 얼마나 적절하고 타당한 접근방법인지 논의할 것이다. 이제까지 각 산업에서 이뤄진 진전을 간략하게 정리하고 인브랜딩이 어떤 기회를 가져다줄 수 있는지 살펴보겠다.

자동차산업: 고객에게 직접 다가가라

자동차산업은 세계적으로 주도적인 산업 부문 중 하나로 세계경제와 국가경제에서 핵심적인 역할을 한다. 예를 들어 2007년 자동차산업의 전체 매출은 약 3,500억 유로였으며, 전체 제조업 고용의 약 6퍼센트, 전체 제조업 생산의 약 7퍼센트, 국가 국내총생산GDP의 약 10퍼센트를 차지했다. 그러나 글로벌 금융위기와 자동차산업의 몰락으로 상황이 크게 변했다.[6] 글로벌 경쟁이 심화되면서 제조업체의 마진이 줄었고 설비 과잉이 발생했으며 통합 압력이 계속 높아졌다. 그에 따라 대다수 자동차 제조업체들은 비용 절감 조치를 단행해야 했다.[7] 주주 가치 강조, 소비자 기대감의 상승, 산업 전반에 걸친 빠른 신기술 도입에 따른 심각한 영향은 완성품 제조업체들에게 새로운 과제를 안겨주었다.

완성품 제조업체들이 직면한 비용 및 성능 압력이 공급업체에 직접 전해지면서 자동차 제조업체들뿐만 아니라 공급업체들도 어려워진 시장 여건 속에서 고전을 면치 못하고 있다. 그 결과 글로벌 경쟁, 신기술, 소비자 행동의 새로운 패턴, 규제완화 같은 요인들이 변화하는 시장의 현실에 적응하기 위한 자동차산업의 구조적 변화를 거세게 요구하고 있다.

컨설팅회사 액센츄어는 〈자동차 2010*Auto 2010*〉라는 보고서에서 자동차산업에서 구조적인 변화를 불러올 네 가지 요인을 제시했다.[8] 첫째는 새로운 경쟁이다. 통신, 금융서비스, 오락 같은 다른 산업의 공급업체들이 부품 공급업체, 제조업체, 판매업체와 더불어 미래의 경쟁자로 등장할 것이다. 둘째는 제조업체가 갖춰야 할 새로운 요건인 서비스다. 자동차 제조업체들은 향후 높은 고정비 부담으로 자동차의 개발, 생산, 통합, 조립을 업계 내외의 전문업체에 위탁하게 될 것이다.

이는 판매 및 생산 위주의 기업 전략(추진 전략)에서 고객의 필요와 서비스에 대한 집중 전략(견인 전략)으로의 전환이 필요하다는 사실을 암시한다. 셋째는 공급업체의 기술 전문성과 생산력이다. 현재의 경제 상황은 자동차 제조업체들이 가혹한 비용절감의 부담을 공급업체에게 전가하도록 강요한다. 그에 따라 자동차 제조업체는 연구개발, 생산, 조립 같은 활동을 아웃소싱하고 생산 혁신과 자동차 성능에 대한 책임을 공급업체에게 떠넘기게 될 것이다. [그림 5-2]는 머서매니지먼트컨설팅이 실시한 연구에서 자동차 핵심 모듈에서 공급업체의 부가가치가 차지하는 비중이 커지고 있음을 보여준다.[9] 마지막으로 실행 도구로서의 인터넷이다. 인터넷은 시장 투명성[10]을 높이며 기업 간 거래와 자동차 판매 과정에서 갈수록 그 중요성이 커지고 있다.

이런 구조적 시장 변화가 어떻게 공급업체를 위한 인브랜딩 성공에

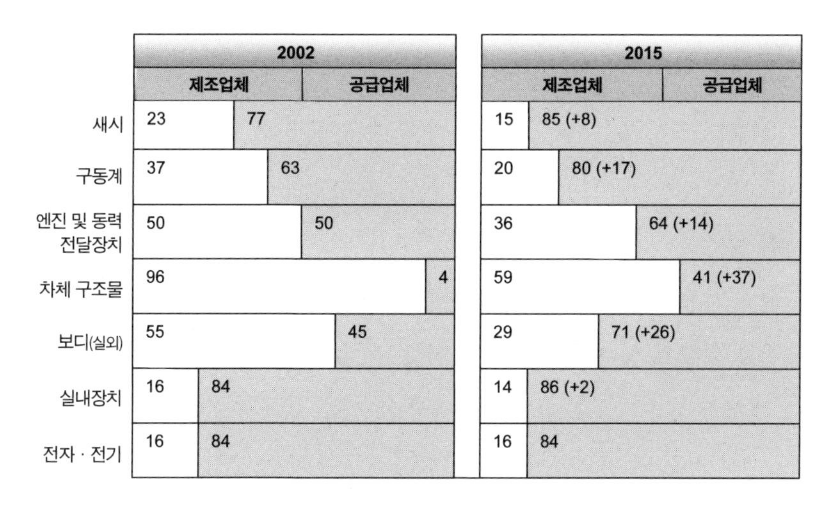

[그림 5-2] 완성품 제조업체와 구성품 공급업체의 부가가치 비중

긍정적인 영향을 미치며, 어떤 요소들이 결정적인 역할을 하는지에 대해서는 다음 장에서 자세히 살펴보겠다.

제품 지향에서 고객 지향으로

헨리크 새틀러Henrik Sattler 함부르크대학 교수가 1999년에 실시한 연구는 비물질적 자산으로서 브랜드 가치가 전체 기업 가치에서 차지하는 비중이 최대 56퍼센트에 이른다는 사실을 보여주었다. 그의 최근 연구는 이 현상의 중요성을 입증해 보인다.[11] 새틀러의 연구 결과는 기업 성공의 핵심 요소로서 브랜딩의 중요성을 여실히 보여준다. 기업의 위상을 제고하고 폭넓은 수용력을 부여해 가격 프리미엄과 판매 촉진, 높은 시장점유율과 장기적인 고객 충성도를 가져다준다는 면에서 새틀러의 발견은 자동차산업에 시사하는 바가 매우 크다.

그러나 현재의 경제 상황과 커지는 기술의 호환성은 자동차 제조업체와 그 브랜드가 제품을 차별화하는 것을 더욱 어렵게 만든다. 승용차와 다른 차량들은 기술적 사양과 품질 면에서 매우 유사하다. 게다가 브랜드 이미지는 어려운 경제 상황 때문에 구매 결정 요소로서 얼마간 중요성이 줄어든 것이 사실이다. 사람들이 우선시하는 요소는 가격 대비 가치 같은 것이다.

현재 자동차 브랜드들은 비슷한 성능 사양과 품질을 제공한 나머지 갈수록 차별화 능력을 잃어가고 있다. 이에 따라 제조업체들은 브랜드 정책과 브랜드 관리를 전략적으로 수정할 수밖에 없는 상황에 처했다. 머서매니지먼트컨설팅의 이사이자 자동차 전문가인 랄프 칼름바흐Ralf Kalmbach는 브랜드 차별화가 제품 지향에서 기술적 차이가 아니라, 제조업체가 제공하는 정비 서비스나 할부 서비스를 비롯한 고객 경험에 기반한 고객 지향으로 옮겨가는 추세가 나타날 것이라고 내다본다. 이런 구조적 변화는 달라진 영업 및 서비스 구조로 뒷받침될 것이다. 예를 들어 유럽의 새로운 규정은 독립적인 복수 브랜드를 가진 판매업체가 한 장소에서 서로 다른 브랜드의 자동차들을 판매하는 것을 허용한다. 이런 조치는 브랜드 차별화를 더욱 약화시킬 것이다. 산업 구조에 생긴 이런 변화로 이득을 보는 쪽은 주로 브랜드들에 대한 공급업체다.

완성품 제조업체의 시장 지배력

세계화는 자동차산업의 구조를 크게 변화시켰으며 자동차 제조업체의 시장 지배력을 강화시켰다. 이런 추세는 자동차 제조업체들이 공급업체들에게 전가하는 비용 압력의 증가에서 뚜렷하게 나타난다. 많은 자동차 제조업체들이 공급업체 수를 줄이고 있으며, 공급업체에게 원래 있던 곳에서 납품단지supplier parks로 옮길 것을 요구한다. 납품단지에서는 많은 공급업체들이 제조업체를 별 모양으로 둘러싸고 있기 때문에 자동차 생산 절차가 크게 단순화된다.

또한 연구개발과 같은 기업 활동들을 아웃소싱하는 바람에 비용 절감 압력이 크게 증가해 전체 공급산업이 합병 위기에 내몰리게 된다. 공급업체들은 사업 위험을 평가하기 위해 사실상 시스템 통합업체로서 높은 수준의 비용을 감당하면서 구성품을 조립해 전달하는 1급 공급업체가 될지 아니면 비용 압력에 굴복해 2급 공급업체(구성품 제조업체)가 될지를 결정해야 하는 기로에 놓여 있다.

구성품 브랜드의 소비자 인지도

인브랜딩 전략은 완성품 제조업체와 경쟁자를 상대로 기업의 장기적인 입지를 강화하는 한 방법이다. 공급업체가 완성품의 75퍼센트를 책임진다고 해도 소비자는 그 사실을 거의 알지 못한다는 점에 주목해야 한다. 그런 면에서 매출액 기준 세계 15대 자동차산업 공급업체 가운데 유일하게 보쉬 브랜드만 자동차 구매자들에게 친숙하다는 사실은 그다지 놀랍지 않다. 발레오, ZF프리드리히스하펜 같은 브랜드는 자사 구성품이 자동차의 성능에 핵심적인 기여를 함에도 불구하고 크게 알려지지 못했다.

공급업체의 구성품은 브랜드의 무명성 때문에 언제 대체될지 모르는 위험에 처해 있다. 이 점을 고려할 때 브랜드의 지위와 평판을 높이는 것은 공급업체에게 매우 이로운 일이다. 그러나 지금까지 공급업체의 마케팅 도구와 활동은 기업의 영업 전략을 뒷받침하기 위한 제품 및 가격 정책에 한정되었다. 현재 브랜드 가치를 강화하기 위해 취할 수 있는 가장 중요한 조치는 마케팅믹스에서 커뮤니케이션 정책의 비중을 높이는 것이다. 소비자가 브랜드와 그것이 주는 이점을 인식해야 제품의 대체를 막는 데 영향을 미치는 장기적인 견인 효과가 발생한다.

자동차산업에 속한 25개 인브랜드 가운데 대다수는 이 새로운 마케팅 개념이 만들어진 미국에서 생겨났다. 유럽 구성품 공급업체들은 최근에서야 인브랜딩 개념을 적용하기 시작했다. 많은 기업이 실행하고 있는데도 불구하고 지금까지 소수만이 인브랜딩 개념을 활용한다고 밝혔을 뿐이며, 대다수는 실제로 인브랜딩 원칙들을 잘 알지 못한다. 자가 인브랜드로는 GM의 노스스타가 있다. GM는 고객들에게 노

스스타의 고성능 엔진이 자사의 캐딜락을 무시무시한 질주 도구로 만들 수 있음을 보여주었다.[12]

인브랜딩 개념을 적용하는 것은 대부분 제품 수명주기의 후반, 특히 성장과 성숙 단계에서였다. 구성품 공급업체들은 매우 신중하게 최종 사용자에 대한 커뮤니케이션을 실시하며, 대규모 완성품 제조업체와 갈등을 겪지 않기 위해 노력한다. 완성차 제조업체의 힘과 브랜드 인지도는 시장에서 매우 강력한 영향력을 행사한다. 그런 까닭에 갈등은 구성품 제공업체와 완성품 제조업체의 마찰을 초래할 수 있다.

많은 경우 최종 브랜드 보유업체가 연구개발 작업을 지원한다. 최종 제품의 기능에 중요한 역할을 하는 복잡한 구성품들을 통해 다양한 개념의 인브랜드가 성공적으로 출범했다. 하위 단계 기업의 지원은 미미한 수준이지만 가치사슬에서 차지하는 부가가치가 늘어나면서 구성

[그림 5-3] 대표적인 자동차산업 공급업체의 인브랜드 로고들

품의 입지는 더욱 확고해진다. 그 결과 레카로 자동차 시트나 브렘보 브레이크처럼 구성품의 브랜드 경쟁력이 강화될 수 있다. 새로운 인브랜딩 개념으로 부상하는 기업들은 대개 중간 규모의 기업이며 커뮤니케이션 예산이 제한적이지만 일부는 최근 몇 년간 큰 이익과 성장을 이뤘다.

브랜드 인플레이션

인브랜딩 개념을 적용할 때 공급업체가 고려해야 하는 몇 가지 위험이 있다. 인브랜딩을 실행하려면 상당한 시간과 자금을 투자해야

[표 5-1] 매출액 기준 세계 상위 15대 자동차산업 공급업체

(단위: 100만 달러)

순위	회사	2008년 매출
1	보쉬Bosch	39,006
2	덴소Denso	33,213
3	마그나슈타이어Magna Steyr	26,067
4	브리지스톤Bridge Stone	23,356
5	미쉐린Michelin	22,664
6	델파이오토모티브시스템스Delphi Automotive Systems	22,024
7	아이신세이키Aisin Seiki	21,982
8	존슨컨트롤스Johnson Controls	21,887
9	콘티넨털Continental	21,078
10	굿이어GoodYear	19,664
11	포레시아Faurecia	17,359
12	리어Lear	15,995
13	지멘스Siemens(VDO+오스람)	15,184
14	ZF 그룹ZF Group	14,915
15	티센크루프ThyssenKrupp	14,893

한다. 우선 최종 고객과 커뮤니케이션을 해야 할 필요가 있다. 대다수 중소기업들은 어느 정도 확실하지 않으면 그에 투자할 수 없다. 제품 결함의 책임 소재를 분명히 하는 것은 또 다른 문제를 일으킨다. 개별적인 결함이 발생하면 유명한 공급업체 브랜드는 자동차 브랜드 이미지에 타격을 받지 않고자 하는 많은 완성품 제조업체들에게 추궁을 당할 수 있다. 게다가 공급업체의 책임이 아닌 제품 결함이나 품질 문제도 공급업체의 브랜드 이미지에 부정적인 영향을 미칠 수 있다.

이런 점에서 제조업체도 공급업체와 마찬가지로 위험에 처하기 마련이다. 완성차 제조업체에게는 공급업체 구성품의 결함이나 품질 문제가 자동차 이미지에 부정적인 영향을 미칠 수 있다. 그러나 자동차 제조업체들이 가장 우려하는 것은 자동차를 둘러싼 익히 알려진 브랜드 인플레이션이다. 자동차의 구조와 성능은 지나치게 많은 공급업체 구성품들에 의존하는데 이들 구성품은 모두 인브랜딩의 대상이다. 그 결과 제조업체의 브랜드가 약화되거나 희석될 수 있다. [그림 5-4]는 자동차에서 브랜드 인플레이션이 어떤 식으로 일어나는지 보여준다.

따라서 다음과 같은 질문을 던져볼 필요가 있다. 다양한 구성품의 수를 감안하면 고객이 자동차를 고를 때 실제로 특정한 공급업체 브랜드에 집중할 수 있을까? 고객은 자동차를 선택할 때 개별 구성품에 어떤 식으로 우선순위를 부여할까?

포르츠하임대학 연구팀은 2004년에 실시한 연구[13]에서 83명의 실험 참가자들을 대상으로 주요 자동차산업 공급업체에 어느 정도의 친밀감을 느끼는지를 조사했다. 결과는 보쉬를 아는 응답자는 90퍼센트였고, 콘티넨털과 레카로를 아는 응답자는 66퍼센트였다. 가장 덜 알

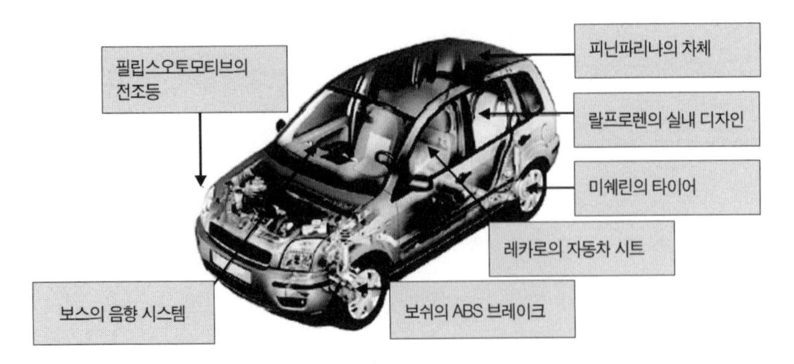

[그림 5-4] 인브랜딩으로 굴러가는 자동차

려진 브랜드는 델파이(21퍼센트)와 TRW오토모티브(12퍼센트)였다. 남성 응답자들은 여성 응답자들보다 공급업체들을 더 잘 알고 있었다. 인상적인 점은 남성과 여성의 브랜드 친숙도 차이가 레카로와 헬라의 경우에 가장 컸다는 것이다. 개별 기업의 경우 친숙도의 성별 차이는 30퍼센트 이상이었다.

이 연구를 통해 우리는 많은 응답자가 특정 제조업체의 구성품을 내장한 자동차에 기꺼이 돈을 더 쓸 용의가 있다는 사실을 확인할 수 있다. 48퍼센트의 응답자가 "특정 제조업체가 만든 구성품을 내장한 자동차에 돈을 더 쓰겠습니까?"라는 질문에 "그렇다"라고 답했다. 물론 고객 부류에 따라 차이가 있긴 했다. 가격에 민감한 소비자의 경우 돈을 더 쓰겠다는 비율은 42퍼센트였다. 반면 브랜드 선호도가 강한 소비자의 경우 이 비율이 59퍼센트까지 높아졌다. 자동차산업의 주요 공급업체에 대한 성별 친숙도는 [그림 5-5]를 참조하기 바란다.

이런 경험적 발견은 세계 최대 자동차산업 공급업체인 보쉬의 접근 방법을 뒷받침한다. 보쉬의 사례는 최종 고객을 대상으로 한 마케팅

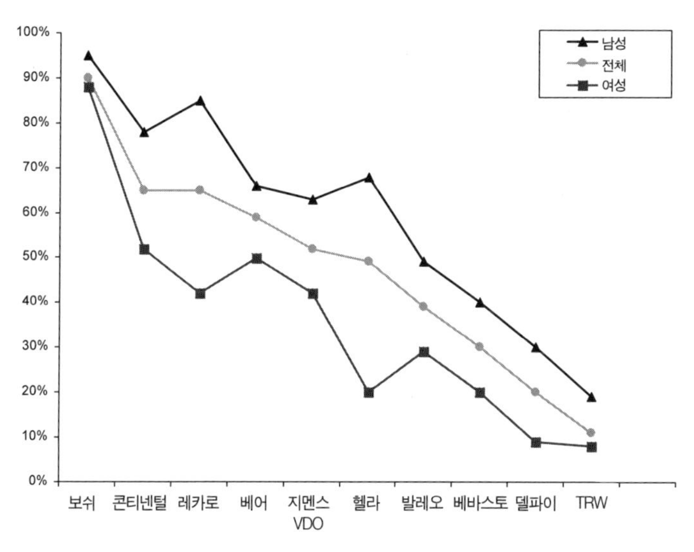

[그림 5-5] 자동차산업 공급업체에 대한 소비자 친숙도

커뮤니케이션 투자가 실제로 결실을 맺었음을 증명해준다. 2005년에 보쉬는 ESP 브레이크 시스템 출시 10주년을 기념하는 행사를 가졌다. ESP를 상표로 등록하는 데 성공한 보쉬는 매우 구체적이고 집중적인 마케팅 커뮤니케이션을 할 수 있었다. 예를 들어 소개 동영상이 중국 TV에서 방영되었고, 독일에서는 판매시점관리POS 활동을 실시했다. 미국에서 커먼레일 연료분사 시스템 같은 다른 제품에 대한 판촉 캠페인도 진행했다.

인브랜딩을 위한 기회는 주로 구성품 공급업체와 완성품 제조업체 사이의 긴밀한 협력이 필요한 개발 집약적 구성품에서 찾을 수 있다. 많은 구성품은 이런 수준의 협력을 요구하지만 앞서 살핀 것과 같은 조건이 여기서도 적용된다. 즉 공급업체의 제품이 좀 더 가시적이고 명확하고 두드러지고 매력적이며, 최종 고객이 특수 장비를 선택

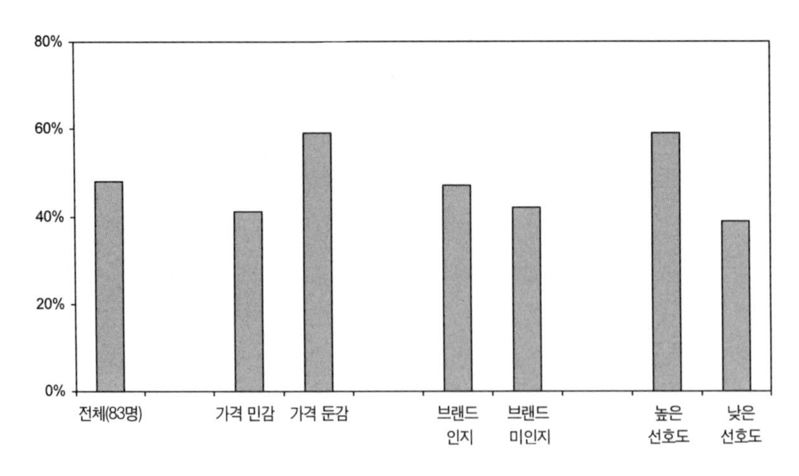

[그림 5-6] 자동차에 내장된 인브랜드에 대한 소비자 투자 의향의 정도

할 수 있는 폭이 넓을수록 구성품 마케팅과 인브랜딩의 전망이 밝아진다.[14] [그림 5-6]은 가격 및 브랜드에 대한 소비자 인식과 선호도에 따라 자동차에 내장된 인브랜드에 돈을 더 지불하고자 하는 의향의 정도를 보여준다.

보스의 더 나은 소리 만들기

"어떻게 자동차를 공연장처럼 만들 것인가?"라는 질문을 바탕으로 한 보스의 제품 전략은 인브랜딩 개념을 실천에 옮긴 좋은 예다. 보스는 선도적인 자동차 제조업체들과 협력해 맞춤형 고품질 음향 시스템을 개발한다. 보스의 음향 시스템은 개별 자동차 모델에 맞게 설계되어 공장에서 장착된다. 구성품은 최적의 위치에 놓이며 최고의 스테레오 음향을 낼 수 있도록 전자기기들이 제대로 조율될 때까지 수회에 걸쳐 측정을 반복한다.

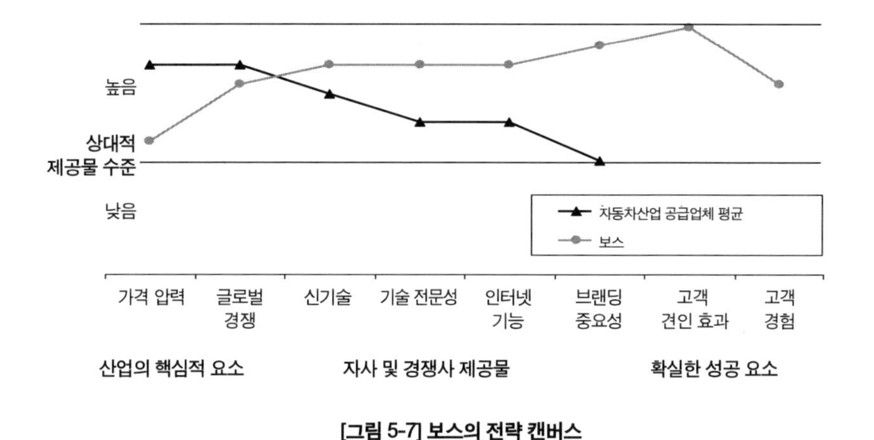

[그림 5-7] 보스의 전략 캔버스

보스는 전략 캔버스에서 독특한 모습을 보여준다. 이 회사는 높은 혁신과 서비스 제공물을 통해 자사를 차별화한다. 또한 브랜드의 중요성을 염두에 두고 최종 사용자와의 커뮤니케이션을 통해 견인 효과를 일으킨다. 보스는 다른 제품 제공물의 도움을 받아 고객의 경험을 창출함으로써 전문적인 사용자들에게 브랜드를 알리고 스스로를 다른 자동차 오디오 시스템 공급업체와 차별화한다([그림 5-7] 참조).

최고의 성능으로 승부하는 브렘보

브렘보는 고성능 자동차용 브레이크 시스템을 제작하는 고유한 노하우를 통해 최고의 품질과 최신 기술을 제공함으로써 세계시장을 선도한다. 고성능 스포츠 차량과 고급 세단 차량들은 당연히 브렘보를 선택한다. 브렘보의 기술은 현재 유럽과 미국 그리고 일본에서 생산되는 최고급 차량들의 따라잡을 수 없는 수준의 고성능을 보장한다.

브렘보는 모든 업무 단계를 포괄하고 최첨단 브레이크 디스크를 찾는 제조업체들이 자사를 이상적인 협력업체로 간주하도록 유도하기 위해 생산 과정을 수직 통합하는 것으로 유명하다. 브렘보는 자체 주조소에서 작업공정을 완성함으로써 생산주기의 최적화를 위한 빈틈없는 시너지 효과를 일으킨다. 연구개발 단계에서는 정적 안락감 테스트, 도로 주행 테스트, 시험대에서의 동적 테스트를 비롯한 여러 단계의 테스트를 거친 뒤 최종적으로 제품의 정의와 성공적인 마케팅에 이른다. 놀랍게도 브렘보는 인브랜딩 개념을 적용하고 있음에도 불구하고 어떤 발표에서도 이를 언급하지 않는다.

2009년 초에 브렘보 브레이크는 처음으로 현대자동차 신형 제네시스 쿠페(경주용)의 2리터 및 3.8리터 모델의 표준 장비로 선정되었다. 많은 스포츠 차량 및 고급 차량도 페라리 F1 공급업체인 브렘보의 브레이크를 장착한다. 브렘보의 고성능 브레이크는 자동차 애호가들이 즐겨 찾는 2차 제품이다. 브렘보가 장착되는 차량으로는 알파 로메오 159, 아우디 A8, 랜드로버 레인지로버, 닛산 Z350로드스터, 메르세데스 맥라렌SLR 외 다수가 있다.

브렘보는 1961년에 설립되어 자동차 부품시장용 이탈리아산 브레이크 디스크를 제조했다. 4명의 창업자를 포함해 28명이 모여 사업을 시작한 이 회사는 현재 브렘보는 6,000여 명에 이르는 임직원을 두고 있으며, 그중 9퍼센트 이상이 연구개발에 종사하는 엔지니어와 제품 전문가다. 세 개 대륙에서 사업을 운영하고 11개국에 공장이 있으며, 스웨덴, 프랑스, 미국에 영업 본부를 두고 70개국에서 제품을 판매한다.

브렘보는 다른 브레이크 제조업체들과 달리 지속적으로 고객과 접촉한다. 이 회사는 자동차경주 애호가들과 개조 차량 부품시장에 제

[그림 5-8] 브렘보의 제품

품을 제공하면서 커뮤니케이션을 시작했다. 자동차 경주, 특히 세계 최고 자동차 경주대회인 포뮬러원Formula 1 참여는 많은 사람의 관심을 이끌어냈다. 현재 브렘보는 인기 게임에 등장하는 자동차와 모터바이크에도 장착된다. 이 게임들에 등장하는 다양한 차종은 브렘보가 여러 종류의 자동차경주에 참가하는 튜닝 팬들에게 하나의 평가 기준으로 자리 잡았음을 말해준다.

브렘보는 완성품 제조업체의 자동차에 로고와 특유의 빨간색을 고스란히 드러내는데 이는 매우 드문 경우로 고객들에게 매우 높은 평가를 받고 있다. 2008년에 브렘보는 자동차 전문지인 〈아우토 모터 운트 슈포르트*Auto Motor und Sport*〉가 실시한 조사에서 3년 연속 소비자들이 선호하는 브레이크 시스템 제조업체로 선정되었다. 지난 20년간의 엄청난 성장률은 브렘보가 사용한 마케팅 개념이 성공했음을 말해준다. 이 회사는 분명 인브랜딩의 모든 측면을 활용하지만 공식적으로는 인브랜딩이라는 용어를 쓰지 않는다.

중요한 것은 교육 프로그램 같은 B2B 마케팅과 완성품 제조업체의 최종 고객에게 직접 침투하는 B2C 마케팅을 구분하는 일이다. B2C 마케팅은 공급업체에게 여전히 여러 가지 문제를 일으키지만 갈수록 꼭 필요한 일이 되고 있다. 보쉬의 사례는 공급업체 인사이드를 위해 필요한 여건이 조성되지 않았더라도 최종 고객을 직접 상대할 수 있음을 보여준다. 어떤 경우든 공급업체의 브랜드는 기업의 정체성 확립, 효과적인 브랜드커뮤니케이션, 공급업체와 제조업체 각각의 목표를 달성하기 위한 협력을 통해 앞으로 나아갈 수 있다.

섬유산업: 고품질 브랜드로 승부하라

인브랜딩이 없는 섬유산업은 상상할 수조차 없으며 섬유 제품은 살아가는 데 꼭 필요하다. 우리는 일반적으로 피부에 닿는 부드러운 느낌, 내구성, 기능성 같은 섬유 제품의 품질을 매우 중시한다. 인브랜딩 전략을 적용하는 제조업체들은 실제 구입 시점에서 핵심 구성품 뒤에 자신들이 있음을 분명하게 밝힘으로써 이런 소비자의 기대에 부응한다. 미국에는 가장 많은 인브랜드와 가장 진보한 경영진들이 있다. 전 세계 섬유 인브랜드의 80퍼센트 가까이가 미국에 있으며, 해당 기업들은 이 개념을 사용한다는 점을 스스럼없이 밝힌다. 완성품 제조업체의 수가 많고 공급업체의 제품을 사용하는 방법이 다양하므로 구성품 공급업체가 어떤 역할을 하는지 숨기거나 꾸밀 필요가 없는 것이다.

지금까지 완성품 제조업체가 자체 인브랜드 개발에 착수한 예는 찾아볼 수 없다. 대부분의 인브랜드는 제품 수명주기 초기에 제품의 개발과 함께 생겨났다. 현재 활동하는 인브랜드 중 다수는 이미 20년 넘게 시장에 존재해 성숙 단계에 접어들고 있지만 여전히 인브랜딩 개념을 활용한다. 이들 브랜드는 소유자가 바뀌었기 때문에 혹은 바꾸었음에도 불구하고 여전히 성공을 거두고 있다. 이들은 다양한 미디어를 활용해 최종 사용자에 대한 커뮤니케이션을 실시하고 있으며 마케팅 커뮤니케이션에 상당한 예산을 투입한다. 차별화의 기반을 구축하려면 구성품의 기능이 뛰어나야 하는 까닭에 업계는 꾸준히 혁신적인 섬유를 개발하고 있다.

최종 제품을 전달하기까지 가치사슬에서 훨씬 더 많은 단계를 거쳐야 하는 하위 기업들은 구성품 공급업체의 노력을 크게 지원하지 않는다. 또한 고도로 파편화되고 지역화된 소비자시장은 완성품 제조업체가 인브랜드를 집중 지원하는 것을 허용하지 않는다. 일부는 큰 이익률과 엄청난 성장률을 가져다준 높은 인지도 덕분에 사실상 지원이 필요하지 않다.

이들 인브랜드가 직면한 문제 중 하나는 피에스코 효과의 덫에 빠질 우려가 있다는 점이다. 예를 들어 고어텍스는 성장 속도를 조절하는 가운데 확고한 협력 기반을 마련하기 위해 인브랜딩 협력업체를 제한하고 배타성을 유지한다. 시장이 성숙해질수록 또 다른 과제들이 등장할 것이다.

트레비라의 철저한 브랜드 테스트

[그림 5-9]는 세계적으로 유명한 섬유산업 인브랜드들의 로고를 나열한 것이다. 그중 하나가 1956년에 설립되어 사명을 브랜드로 만

[그림 5-9] 섬유산업 인브랜드의 로고들

들고 최종 고객에게 구성품을 품질 사양으로 제시해온 트레비라다. 트레비라는 원래 훼히스트의 한 사업부였다가 1998년에 분사했으며 지금은 인도의 석유화학회사인 릴라이언스의 소유가 되었다.

유럽의 주요 폴리에스터 섬유 제조업체 중 하나인 트레비라는 독일, 벨기에, 덴마크에 생산 시설을 두고 있다. 전 세계 섬유업계가 그들의 고객이지만 트레비라의 핵심 활동은 여전히 유럽에서 이뤄진다. 트레비라의 제품 영역은 폭넓은 용도로 쓰이는 섬유들로 구성된다. 여기에는 고품질 의류, 스포츠웨어, 방풍성 및 내후성 의류, 가정용 내염 직물, 커튼, 플리스 소재, 침구가 포함된다.

1952년부터 훼히스트 소유가 된 트레비라는 1954년 말에 당시 아직 미성숙했던 인조섬유시장에서 엄청난 혁신이라 할 수 있는 폴리에스터 방적사를 만들기 시작했다. 이 회사는 처음에는 독일시장에 디올렌이라는 브랜드를 달고 페라이니히테 글란츠토프파브리켄(나중에

'엔카'로 바뀜)와 함께 새 섬유를 출시했다. 그리고 1956년 초에 처음으로 '트레비라'라는 이름으로 연속사continuous thread를 생산했다. 당시 새로운 섬유의 생산량은 5,000톤에 그쳤지만 1996년에 구조조정이 이뤄질 무렵에는 세계적으로 100만 톤을 넘어섰다. 훼히스트 폴리에스터 사업부는 덴마크에서 에른스트미칼케와 카즈네켈만을 인수해 사업을 확장했다(현재 '트레비라네켈만'으로 바뀜). 1987년에는 아메리칸 셀라니즈가 추가되었고 재합병된 후 훼히스트의 인조섬유 사업부는 구벤을 인수했다.

1970년대의 섬유 위기 이후 섬유산업은 일용품에서 점차 특수 기능 섬유와 실로 초점이 이동했다. 여기에는 가벼운 섬유와 플리스 소재를 만드는 데 사용되는 마이크로필라멘트, 겉옷과 정장에 사용되는 저보풀 섬유, 신축성 실, 자동차산업과 위생용품을 위한 부직포 및 기술적 응용 제품이 포함되었다. 이 제품들은 모두 가치가 높고 필수적이며 맞춤형으로 소량 생산되었다.

트레비라의 개별 제품 브랜드는 로고 디자인이 모두 같다. 이들 브랜드는 오로지 특정한 서브 브랜드와 관련이 있는 색상으로 표기된 이름으로 다른 서브 브랜드들과 구별된다. 트레비라 브랜드는 어디서나 찾아볼 수 있기 때문에 어떤 최종 제품을 구매하든 최종 고객이 쉽게 알아보게 된다. 트레비라의 고객업체인 방적사 및 섬유 제조업체들이 광고 목적으로 트레비타 로고 사용을 허락받으려면 브랜드 합의문에 서명해야 한다. 예를 들어 섬유 제조업체가 트레비라의 서브 브랜드인 내염 소재 트레비라CS에 대한 사용 승인을 얻으려면 소재 샘플을 제출해 화재 테스트를 거쳐야 하는데 이때 소재는 100퍼센트 내염 트레비라로 제작되어야 한다. 그 외 다른 트레비라 브랜드를 사용하려 할 때도 반드시 소재 샘플 테스트를 받아야 하며, 소재는 정해진 최소 수치 이상의 트레비라 폴리에스터를 함유해야 한다.

소재가 테스트를 통과하면 최대 5년 동안 트레비라 브랜드를 사용할 수 있다. 섬유 제조업체는 직물에 트레비라 브랜드 라벨을 붙이고 광고에 쓸 수 있는 권리를 얻는다. 트레비라는 각 브랜드에 대해 전시물, 브로슈어, 스티커, 다양한 제품 태그와 소재 구성과 관리기호를 보여주는 맞춤형 박음 라벨을 제공한다. 섬유 제조업체는 브랜드 사용권을 의류 제조업체나 섬유 도매업체 등 고객업체에게 넘겨줄 수도 있다. 이 회사들도 트레비라와 브랜드 합의문에 서명한 뒤 트레비라 브랜드와 자사 제품을 홍보하기 위한 광고물을 사용할 권리를 얻는다.

트레비라의 브랜드 전략이 가져다주는 핵심적인 혜택은 트레비라 브랜드를 이용해 가공업체 제품을 경쟁 제품과 차별화함으로써 트레비라 제품이 동일하거나 혹은 대체 가능하게 보이는 일을 피할 수 있는 것이다. 소비자는 친숙한 브랜드가 만든 섬유 제품의 구성품이 갖는 가치를 인정한다. 특히 의류의 경우 이름 없는 제품보다 브랜드 제품을 선호한다. 스포츠웨어, 침구, 실내 장식품, 커튼 같은 최종 제품을 생산하는 제조업체들은 이런 소비자의 선호도를 고려해 브랜드화된 구성품을 사용하고자 한다.

트레비라는 고품질 기능성 섬유에 대한 수요를 충족시키기 위해 노력한다. 이런 수요는 유럽 전체에 존재하기 때문에 폭넓은 인지도를 확보할 수 있다. 트레비라는 지속적인 브랜드 및 서브 브랜드 활용 전략을 통해 소비자에게 신뢰감을 심어주는 이미지를 구축했으며 브랜드와 회사의 긍정적인 성격을 부각시켜 제품이 감성적인 호소력을 불어넣었다.

트레비라는 직접적인 고객인 방적사 및 섬유 제조업체를 타깃으로 인쇄광고를 한다. 감각적이고 현대적인 광고를 유럽 관련 업계지에 실어 다양한 서브 브랜드를 홍보하면서 개별 제품의 핵심 이점을 소개해 가공업체들의 관심을 끈다. 최종 소비자, 판매업체, 가공업체와 고객업체와 함께 제작한 인쇄광고를 통해서만 직접적으로 접촉한다.

트레비라는 복수 단계 마케팅 개념에 맞춰 섬유의 가치사슬 전반에 걸쳐 협력업체들에게 최고의 지원을 아끼지 않는다. 예를 들어 사용자들이 다양한 검색 조건을 통해 트레비라 제품을 가공하고 활용하는 모든 기업의 주소를 검색할 수 있는 온라인 데이터베이스를 제공한다.[15]

최종 고객에 대한 트레비라의 직접적인 커뮤니케이션은 전적으로 연합광고에 한정된다. 이는 브로슈어, 매장 견본, 우편주문 카탈로그 등을 통한 지속적인 노출을 통해 고객의 브랜드 인지도를 높이는 것을 목표한다. 영업인력은 이런 목표 달성을 위한 최선의 판매 지원을 받는다. 고객을 대하고 트레비라 하이테크 섬유의 이점을 알리는 일은 전적으로 제품에 대한 수요를 늘려야 하는 영업인력의 몫이다.

이는 트레비라가 매우 긴 가치사슬의 첫 번째 고리이기 때문이다.[16] 먼저 트레비라 섬유로 실을 잣고, 직조회사가 천을 짠 다음, 날염회사가 날염을 하며, 필요할 경우 섬유 제조업체가 가공이나 바느질을 해 마침내 매장에서 최종 소비자 앞에 진열된다.

견인 전략의 맥락에서 모든 하위 생산 단계와의 커뮤니케이션은 매우 복잡하다. 트레비라는 가치사슬의 가공 및 판매 단계를 광고와 커뮤니케이션을 위한 가장 중요한 목표로 인식하고 그를 최종 고객을 겨냥한 홍보보다 더 중시한다. 트레비라가 모두를 아우르는 인브랜딩으로 향하는 일반적인 트렌드를 받아들인다면 최종 고객과의 좀 더 집중적인 커뮤니케이션이 이뤄지게 될 것이다.

심파텍스, 다른 브랜드를 강하게 만드는 브랜드

심파텍스테크놀로지스(이하 '심파텍스')는 기능성 의류 및 액세서리에 사용되는 하이테크 구성품을 전문적으로 생산한다. 이 회사는 다양한 방법으로 여러 가지 특성과 기능을 통합한 제품을 개발해 단 하나의 제품이 아니라 보호와 안락감의 정도가 다른 여덟 개의 제품을 제공한다. 개별적으로 설계된 제품들은 모두 통기성이 뛰어나고 방풍 및 방수 기능을 지니며 열 반사, 습기 제거와 같은 기능들을 갖고 있다.

독일 기업인 심파텍스는 1980년에 설립되었다. 합성섬유산업의 성장이 주춤했던 1980년대 초반 당시 누구도 심파텍스가 수많은 응용 제품을 가진 제대로 된 브랜드 제품으로 거듭날 것이라고 예상하지 못했다. 초기에 심파텍스는 이미 개발된 제품인 코폴리에테르에스터로 만든 폴리머 생산에 집중했다. 이 제품은 한때 식품산업에서 셀로판 포장지보다 더 친환경적인 대안이 될 것이라며 기대를 모았다. 그러나 심파텍스는 방수 및 방풍 폴리머에 대한 폭넓은 연구를 실시해 비다공성non-porous 구조를 가진 멤브레인membrane(얇은 막을 옷감에 접착시키는 방식 - 옮긴이)을 생산한다는 혁신적인 구상을 하기에 이르렀다.

무게가 일반 편지지 한 장(80그램)과 같으며 두께는 0.01밀리미터인 멤브레인은 그 자체만으로는 가공이 어렵다. 이에 따라 가치사슬의 다음 단계는 멤브레인 복합 소재이자 운반 소재인 래미네이트를 생산하는 것이다. 결과적으로 래미네이트가 아니라 멤브레인만을 자체 생산하기로 한 심파텍스의 결정은 옳았던 것으로 드러났다. 아웃소싱을 통해 여러 전문업체들의 지식을 활용하고 협업할 수 있었기 때문이다.

래미네이트를 처음으로 만든 회사는 플루케였으며 현재 심파텍스는 플루케 그룹 산하에 있다. 플루케 연구소는 이런 제품이 의류산업에 추가적으로 어떤 혜택을 가져다주는지 분명하게 파악했다. 그 결과 섬유 기술 개발부서와 협력해 첫 심파텍스 재킷을 개발하게 되었다. 심파텍스는 1986년 일상적으로 입을 수 있는 재킷으로 중요한 돌파구를 열었다. 이후 심파텍스 브랜드는 유럽에서 기능성 의류 및 액세서리와 동의어가 되었다.

그러는 사이 한쪽에서는 마케팅 개념이 개발되고 있었다. 인브랜딩을 위해서는 완성품에 브랜드를 불어넣어 사람들이 그를 알아볼 수 있도록 해야 했다. 이를 위해 이 회사는 '심파텍스'라는 이름을 선택하는 한편으로 지속적으로 조금씩 바뀌었지만 지금까지 의류에서 기능을 표시하는 이미지인 파란 삼각형을 디자인했다.[17] 이런 유형의 브랜딩은 브랜드를 친숙하고 알아보기 쉽게 만든다. 또한 품질과 연계되기 때문에 재킷에 붙은 삼각형 로고는 제조업체가 요구하는 더 높은 가격을 정당화한다.

심파텍스의 마케팅 개념은 상표를 둘러싼 모든 마케팅 활동을 관리하는 브랜드군pool of brands이라는 아이디어를 토대로 한 것이다. 마케팅 활동을 위한 자금은 주로 멤브레인에서 나온 수익으로 충당했다. 이제 심파텍스는 고유의 브랜드 이미지를 선보일 수 있는 위치에 있었다. 판매업체들은 그런 마케팅 개념에 긍정적인 반응을 보이면서 최종 소비자에게 신제품을 제값을 하는 고급 제품으로 소개했으며 그 결과 모든 관련자들이 이런 성공적인 마케팅 개념으로 이득을 볼 수 있었다. 심파텍스 브랜드의 명성과 이미지는 급격하게 상승했고 그것은 경쟁자와의 차별화를 강화하는 데 크게 기여했다.

심파텍스는 일련의 비즈니스 개발 프로그램을 운영하고 있다. 이 회사는 브랜드 마케팅과 홍보에 더해 제품별 정보 패키지, 심파텍스 라이트박스, 기능성 신발 모델 같은 효과적인 고품질 장식용 소재를 폭넓게 제공해 협력업체들이 제품을 판매하면서 통일된 이미지를 알릴 수 있도록 돕는다. 심파텍스는 '다른 브랜드를 강하게 만드는 브랜드'라는 슬로건을 내걸고 소매업체들과 공동으로 대대적인 매장 캠페인을 벌이고 소매업체와 영업인력에 대한 교육을 실시한다.

또한 매장에서 박람회장, 인쇄광고에 이르기까지 소비자에게 노출되는 모든 곳에서 폭넓고 통합된 대중적 이미지를 유지하기 위해 노력한다. "2004년에 심파텍스는 자사와 협력업체에게 지속적인 성공을 가져다주면서 화려하게 돌아왔다"라는 메시지가 담긴, 구체적인 타깃 고객을 겨냥한 광고들을 업계 전문지에 싣는다. 그리고 독일의 유명 백화점에서는 홍보 캠페인이 연중 실시된다.

심파텍스는 소재 가공업체들에게 라이선스를 부여하는데 여기에는 두 가지 장점이 있다. 첫째, 라이선스를 통해 협력업체가 마케팅 프로그램에 참여하고 연합광고로 이득을 보도록 해준다. 둘째, 소재 가공업체가 엄격한 가공 지침을 준수해 심파텍스의 삼각형 로고와 관련이 있는 품질을 보증하도록 만든다. 이는 성공적인 인브랜딩의 핵심 요건 중 하나다. 모든 제품 단계에 적용되는 이 품질보증 체계는 유럽 섬유시장에서도 매우 진보적인 것으로 평가된다. 이는 또한 최종 고객에게 지속적으로 고품질을 보증하는 효과를 발휘한다. 심파텍스는 단기간에 브랜드 인지도가 70퍼센트에 이르는 기업으로 거듭났다.

유럽에서 멤브레인 소재 의류는 하나의 역할모델로서 고객과 브랜드 사용업체에게 모두 우수한 품질을 제공해야 한다는 무거운 책임을 진다. 이에 따라 심파텍스는 모든 생산 단계별로 제품을 관리한다. 제조업체는 분무 시험, 마모 시험, 모사 보행, 압력 시험 등 폭넓은 테스트를 실시한다. 또한 강우기를 이용한 강화된 동적의류강우 테스트 dynamic garment rain test를 실시하고 피부모형 테스트도 거친다. 심지어 매장에서 제품 샘플을 구매해 품질 요건을 충족하는지 테스트하기도 한다. 이는 심파텍스의 특별한 마케팅 전략에 필수불가결한 요건인 일관된 품질과 가치를 보증하는 유일한 방법이다.

[표 5-2] 심파텍스의 브랜드 가치

심파텍스		브랜드 가치
시장점유율	신발	24.0%
	재킷	45.0%
친숙도 (등급별)		67.7%
만족도		98.0%
보유율		27.0%

적극적인 마케팅과 소비자 지향적인 혁신 경영은 심파텍스가 가진 철학의 핵심이며 회사가 큰 성공을 이루도록 만든 원동력이다. 심파텍스에서 고품질을 연상하고 그 브랜드를 신뢰하는 고객들은 이 브랜드가 표시된 기능성 의류를 적극적으로 찾는다(견인 효과). 그 결과 브랜드화된 구성품을 함유하지 않은 차선 의류는 외면당한다. 소매업체는 판매를 위해 설득을 하지 않더라도 파란 삼각형 로고가 있는 의류를 비슷한 무명 제품보다 더 높은 가격에 팔 수 있다. 심파텍스는 일관된 품질과 끊임없는 개선을 위한 노력을 상징한다.[18]

고어텍스의 높은 평판과 진보된 기술

심파텍스의 치열한 경쟁자는 고어텍스다. 이 브랜드를 보유한 고어는 1958년에 미국 델라웨어 주 뉴어크에 윌버트 고어Wilbert Gore와 제네비브 고어Genevieve Gore가 설립했다. 뒤이어 이들 부부의 아들이자 화학공학자인 밥 고어Bob Gore도 불소중합체를 함유한 제품을 개발해 오늘날 세계시장을 선도하고 있는 고어에 합류했다.[19] 밥 고어는 프라이팬 코팅재, 우주복, 인공심장판막 등에 사용되는 폴리테트라플루오로에틸렌PTFE을 늘려 전혀 새로운 성질을 지닌 매우 단단한 미소공성micro porous 소재인 플루오로폴리머를 개발했다. 오늘날 이 소재는 '고어텍스'라는 상표로 전 세계에서 판매되고 있으며 이를 소재로 수천 개의 신제품이 개발되었다.

미국, 스코틀랜드, 독일, 일본에서 제품을 생산하는 고어는 고어텍스라는 브랜드로 다양한 제품을 개발하고 있다. 대표적으로 혈관수술 · 심장수술 · 구강수술 · 신경외과수술에 사용되는 의료용 삽입물,

포장용 방적사 · 치실을 비롯한 플루오로폴리머 섬유, 산업용 여과장치 · 환기장치 등 멤브레인 제품, 전자기기를 위한 발전된 유전체 소재 등을 꼽을 수 있다.

1969년에 고어는 섬유산업에 혁신을 일으키고 아웃도어 의류라는 전혀 새로운 시장을 창출한 제품을 출시한다. 바로 고어텍스 멤브레인이다. 멤브레인의 핵심적인 특징은 물방울보다 2만 배 작지만 수증기 분자보다 700배 더 큰 구멍들이다. 멤브레인을 옷감의 외피나 안감에 바른 고어텍스는 영구적인 방수 및 방풍 기능뿐만 아니라 환기성이 매우 뛰어나다.

고어텍스 멤브레인은 개발을 멈추지 않고 끊임없이 새로운 용도를 발굴하고 있으며 그 결과 지금도 기능성 의류가 시장에서 성공을 거두는 데 중추적인 역할을 한다. 고어가 도입한 시장 모델은 인브랜딩이었다.[20] 그러나 고어는 전형적인 인브랜드보다 시장에서 훨씬 더 많은 것을 이뤘다.

고어는 섬유 및 의류시장에서 현재의 선도적인 지위에 오르기까지 먼 길을 돌아왔다. 고어는 사람들이 동등한 권리를 가진 팀에서 가장 창의적으로 일할 수 있다는 확신을 바탕으로 격자 조직을 만들었다. 이 조직 모델은 동료들 사이의 헌신, 책임감, 직접적인 의사소통이 성공을 일궈내는, 평등한 위계질서를 가진 작은 단위들로 구성된다.

고어의 격자 조직 모델은 네 가지 원칙을 가지고 있다.[21] 첫째 모든 동료는 자신의 기술을 개발할 '자유'가 있다. 둘째, 모든 동료는 상사의 명령을 따르는 것이 아니라 자발적으로 '헌신'한다. 셋째, 모든 개인은 모든 행동에 '공정성'을 기한다. 마지막으로 관계자나 전문가의 동의가 있어야 회사의 성공과 명성, 재정적 생존에 영향을 미치는 중요한 결정이나 행동에 참여할 수 있다.

고어의 사업 활동은 여전히 PTFE 가공을 바탕으로 하고 있다. 이 회사는 2009년과 2010년 여덟 번째로 〈포브스*Forbes*〉가 선정한 '미국에서 일하기 좋은 100대 기업'에 선정되었다. 영국에서는 2005년에 이어 두 번째로 〈선데이타임스*The Sunday Times*〉가 뽑은 '최고의 회사'로 선정되었으며, 〈파이낸셜타임스*Financial Times*〉와 독일 〈캐피털*Capital*〉이 뽑은 최고 고용자 부문에서 모두 10위 안에 들었다.

1989년에 제시한 '확실한 방수 기능을 보장합니다guaranteed to keep you dry'라는 약속은 고어의 사업 모델에서 중요한 전환점이 되었다.[22] 그때까지 고어는 주로 중간재, 즉 기능성 직물을 파는 일에 주력했지만 이때부터 최종 소비자를 상대로 의류나 신발에 함유된 고어텍스 제품의 기능성을 직접 책임졌다.[23] 유럽 섬유산업이 극심한 불황을 겪고 있을 때 고어는 사업 모델을 전환했다. 불황으로 인해 시장의 구매력이 줄어들었고 최소한의 마진 혹은 손실로 이어지는 매출 감소와 비용 증가 압력으로 서유럽의 직물업계는 동유럽으로 생산 시설을 옮기거나 인원을 줄여야 했다.

소비자에 대한 고어의 포괄적인 품질보증은 가치사슬의 상위 생산과 하위 생산의 관계에 근본적인 변화를 일으켰다. 고어는 협력업체에 라이선스를 발급했고 인증받은 생산 시설에만 가공을 허용했다. 고어는 가치사슬 전반에 걸쳐 기능성 직물인 자사 구성품의 품질과 성능에 대한 소비자의 인식에 관심을 집중한다. 이런 노력에는 제품에 대한 약속을 실천하기 위한 의류와 신발의 구체적인 디자인 및 생산 수단 개발이 포함된다. 또한 가치사슬의 모든 단계에 포괄적인 테스트 기술이 적용된다.

고어텍스의 품질보증제도가 성공을 거두는 데 영향을 미친 결정적인 요소는 소비자가 매장에 진열된 최종 제품에서 그 브랜드를 인식할 수 있다는 것이다. 검은색과 황금색 다이아몬드 및 고어텍스라는 글자가 들어간 브랜드 라벨이 그것을 가능하게 만든다. 소비자는 최종 제품에서 볼 수 있는 세련된 디자인과 글자가 들어간 칼라 태그를 보고 고어텍스 소재를 즉시 알아볼 수 있다. 그 결과 제품과 관련해 가공업체, 소매업체, 소비자가 모두 인브랜딩 전략의 혜택을 누린다. 기능성 의류의 생산에 사용되는 구성품도 이 전략의 일환이다. 고어는 원자재 공급업체와도 매우 긴밀한 협력관계를 유지해 원자재의 속성을 개선하고 고어텍스 래미네이트를 지속적으로 최적화한다.

전문적인 디자인도 브랜드 명성을 유지하는 데 핵심적인 역할을 한다. 고어는 디자이너 및 전 세계의 패션디자인스쿨과 협력해 새로운 유행을 창조하고 시장에 혁신을 선보인다. 예를 들어 1990년대 말 아크테릭스는 고어텍스 소재를 토대로 혁신적인 아웃도어 의류 디자인을 개발했다. 미니멀하면서 기능적인 디자인은 업계의 성장을 견인하는 신선한 자극제가 되었고, 산악스포츠 세계에 새로운 혁신을 불러일으켰다.

고어텍스 제품의 홍보에는 폭넓은 네트워크가 활용된다. 고어텍스 제품은 다양한 형태로 전 세계에서 판매되며 산악 등반, 하이킹, 스키, 모터사이클, 수상스포츠, 골프는 물론 일상생활을 위한 의류에서 신발, 장갑 등까지 폭넓게 사용된다. 이런 다양한 활용은 폭넓은 유통과,

고어텍스 멤브레인은 수증기 분자보다 700배 더 큰 구멍들이 수증기를 쉽게 배출하기 때문에 환기성이 뛰어나다.

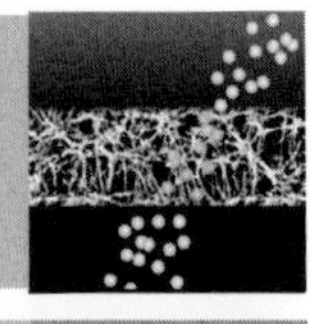

고어텍스 멤브레인은 물방울보다 2만 배 작은 구멍들이 물을 막아주기 때문에 방수성을 갖는다.

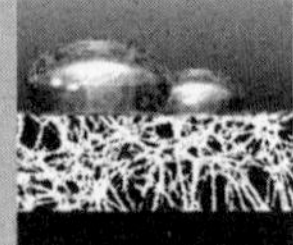

고어텍스 멤브레인은 늘어난 멤브레인의 복잡한 구조가 바람을 막아주기 때문에 방풍성을 지닌다.

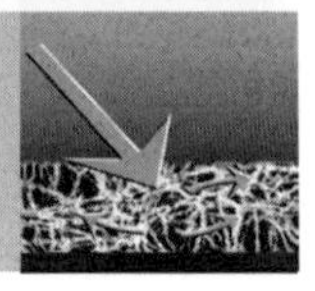

[그림 5-10] 고어텍스 멤브레인의 원리[24]

실질적인 비즈니스 관계를 맺지는 않더라도 긴밀한 관계를 유지하는 소매업체와의 협력으로 이어진다. 고어는 광범위한 시장에 진출한 덕분에 홍보 자료와 다양한 전시를 통해 매장에서 고어텍스 제품을 광고할 수 있다. 매스컴과 스포츠 전문가들도 홍보 네트워크의 일부로 고어텍스 브랜드의 평판을 높이는 데 도움을 준다.

고어는 모든 사업 동료가 스스로를 개발하고 성장할 권리를 가진다는 원칙에 따라 설립되었다. 이 혁신적인 기술 기업의 성공은 수치가 말해준다. 2004년과 2005년에 고어는 약 18억 달러의 매출을 기록했고, 세계적으로 45개 지역에서 7,300명의 직원들을 고용했다. 독일에서도 세 지역에서 전기제품, 의료제품, 원단, 산업재 등 네 개의 사업 부문에 1,100명 이상의 직원들을 고용하고 있다.

독일 〈슈테른*Stern*〉이 2004년에 19개 산업에 속한 800개의 브랜드를 대상으로 실시한 브랜드 이미지 조사에서[25], 고어텍스는 노키아에

이어 고객과의 정서적 유대관계가 돈독한 것으로 나타났다. 따라서 현재 대다수 선도적인 의류업체가 고어텍스를 쓰는 것은 그다지 놀라운 일이 아니다.

고어텍스의 핵심 특성은 네 가지로 정리할 수 있다. 첫째, 완성품의 품질에 대한 인식을 개선하는 데 영향을 미치는 가격 프리미엄을 누린다. 둘째, 인브랜드에 초점을 두고 완성품의 복잡성을 줄여 차별화한다. 셋째, 인브랜딩에 근거한 신뢰를 바탕으로 구매 결정을 단순화한다. 마지막으로 제조업체와의 연합 활동을 통해 광고비용을 절감한다.

수많은 제품이 넘쳐나는 세상에서 사람들은 이미 긍정적인 경험을 한 친숙한 브랜드를 믿고 사고자 한다. 이런 이유로 고객은 인브랜드에 충성하며, 이런 고객 충성도는 다른 제조업체의 완성품과 다른 제품들로 전이된다. 예를 들어 고어텍스 장갑에 만족하는 최종 소비자는 신발을 살 때도 고어텍스로 만든 제품을 살 가능성이 높다.[26] 또 다른 이점은 어디서나 고어텍스 제품을 찾을 수 있다는 것이다. 현재 유럽만 해도 2만 4,000개가 넘는 소매업체가 고어텍스로 만든 제품을 취급하고 있으며 세계적으로 1억 개가 넘는 고어텍스 제품이 판매되는 것으로 추정된다.

혁신은 브랜드의 장기적인 성공에 매우 큰 의미를 갖는다. 1990년대 중반 이후 고어는 새로운 브랜드인 윈드스토퍼 원단과 에어밴티지 단열 원단을 비롯해 시즌마다 적어도 한 개의 신제품을 출시했다. 고어에 대한 높은 평판과 기술적 진보는 브랜드에 확고한 시장 지위를 부여한다. 또한 통합된 커뮤니케이션 과정과 브랜드가 가치사슬에 결부되는 방식은 소비자가 제조업체에 혁신을 요구하고 매스컴이 그에

[그림 5-11] 고어가 보유한 주요 브랜드

대해 보도하도록 만드는 매우 중요한 역할을 한다.

고어텍스 브랜드의 성공에서 핵심적인 사항은 고어가 소비자로부터 직접적인 견인 효과를 얻기 위해 가치사슬에 속한 다른 기업들과 협력한다는 것이다. 이런 견인 효과는 기업을 경쟁자와 전략적으로 차별화하며 브랜드에 높은 시장 지위를 부여한다. 이런 일련의 과정은 지속적인 혁신과 가치사슬의 확고한 결합으로 지속된다. 광고의 경우 고어는 배낭 제조업체인 도이터와 자전거 제조업체인 자이언트 등과 협력한다. TV광고를 이용하는 것은 물론 판촉을 위해 장갑 제조업체들과도 협력관계를 유지한다.[27]

고어는 "우리는 안으로는 연구실에서, 밖으로는 여러분이 사는 세상에서 제품을 테스트합니다"라는 모토로 사업을 운영하고 다양한 스포츠를 후원한다. 현재 고어텍스 브랜드가 가진 힘은 '브랜드 속 브랜드' 개념에 충실한 결과이며 이 개념은 현재 2단계인 돌파 과정에 진입했다. 고객들은 일부러 지목해 고어텍스로 만든 의류나 신발을 찾으며[28] 완성품 제조업체의 이름은 부수적인 것으로 여긴다. 무명의 구성품으로 시작한 고어텍스는 오늘날 브랜드 인격의 위치에 올라섰다.

이제 고어는 인브랜드의 탁월한 우수성을 유지해 최종 고객과의 직접적인 접촉을 활발하게 추진할 필요가 있다. 이는 지난 25년간 섬유산업에서 새로운 혁신과 성장을 반복적으로 이끌어냈다.

현재 기능성 의류시장은 사실상 모든 분야에서 매출 감소와 마진 축소의 어려움에 직면한 산업에서 유일하게 성공을 거듭하고 있는 성장 부문이다. 고어텍스 브랜드는 기업 가치를 순수한 B2B 기업으로서는 달성할 수 없는 수준까지 끌어올렸다. 외부에서 추정한 고어텍스의 가치는 수억 달러에 이른다. 다른 인브랜드 공급업체들은 피에스코 효과를 피하기 위해 필요한 모든 단계를 거쳐야 한다.[29]

인비스타의 라이크라 브랜드 캠페인

섬유산업 인브랜딩의 마지막 사례로 라이크라와, 과거 듀폰이 소유한 스테인마스터 브랜드를 비롯해 여러 가지 브랜드를 보유한 인비스타를 소개하고자 한다. 인비스타와 산하 브랜드들은 2004년부터 기업 가치가 900억 달러 이상인 코흐인더스트리스(이하 '코흐')의 소유가 되었다. [그림 5-12]는 섬유 원단 기업인 인비스타의 인브랜드 로고들을 보여준다.

2008년 초에 선도적인 섬유업체인 인비스타는 "어떤 옷들은 당신의 사랑에 보답합니다"라는 주제로 대표 브랜드인 라이크라를 홍보하기 위한 세계적 캠페인을 시작했다. 이 새로운 캠페인은 인비스타와 런던에 소재한 광고대행사인 폴런이 일 년에 걸쳐 고군분투한 끝에 얻은 결실이었다. 소비자가 옷이 어떻게 움직이고 보이고 느껴지기를 원하는지에 대한 인비스타의 깊은 생각을 설명하기 위해 업계 및 소

[그림 5-12] 인비스타의 인브랜드 로고들

비자를 대상으로 한 캠페인을 단행한 것이다. 이 캠페인은 전 세계에 걸쳐 수많은 매스컴과 온라인 매체를 통해 전개되었다.

인브랜딩 방식과 관련해 새로운 캠페인은 연구 결과로 얻은 소비자에 대한 통찰에 근거해 준비되었다. 이 연구는 정서적으로 강력한 유대관계가 형성돼 있는 브랜드로서 라이크라 섬유에 대한 소비자의 이해가 단순한 신축성 섬유 선택지와 비교할 때, 응답자의 60퍼센트 이상이 라이크라 섬유를 선호하고 세계적으로 90퍼센트의 소비자가 인지하는 결과로 이어졌음을 보여주었다.

라이크라 브랜드 캠페인은 옷이 여성의 외모와 분위기에 어떤 영향을 미치는지를 강조함으로써 라이크라 섬유를 차별화했다. 네 개의 대륙에 걸쳐 실시된 소비자 조사는 이 캠페인이 소비자들이 스스로가 선호하는 옷에 강한 애착을 보이며 그 옷이 어떤 느낌을 주는지를 중시한다는 점을 보여주었다.

인비스타는 이 캠페인을 통해 라이크라 섬유가 패션 및 섬유산업에서 선도적인 기업들이 선택하는 소재라는 사실을 알리고자 했다. 패션 브랜드인 잭포즌, 청바지 브랜드인 트루릴리젼과 제이브랜드, 란제리 아이콘인 라펠라와 샨텔이 모두 "어떤 옷들은 당신의 사랑에 보답합니다" 캠페인의 초기 이미지에 등장했다.

라이크라가 패션 및 섬유산업을 선도하는 숨은 원동력으로 그 역할을 계속하는 동안 라이크라 브랜드는 인비스타가 중국의 TV쇼 〈라이크라 나의 영웅Lycra My Hero〉을 후원하면서 중국의 드래곤TV와 제휴 프로모션을 적극적으로 진행해나갔다. 그 결과 라이크라 브랜드는 중국 소비자에게 옷을 편하게 하는 단순한 섬유 인브랜드보다 훨씬 더 큰 의미를 갖게 되었다. 중국시장에서 라이크라 브랜드는 새로운 패션 트렌드를 주도하면서 패션, 혁신, 창의성의 상징으로 대두되었다.

인비스타는 라이크라 브랜드를 홍보하는 장기적인 전략의 일환으로 중국인들에게 최신 패션 트렌드를 소개하고 현대적인 라이프스타일을 선보이는 혁신적이고 시청률이 높은 TV 프로그램을 후원한다. 이런 모든 마케팅 캠페인은 고객에게 라이크라 브랜드를 각인하고, 라이크라 소재로 만든 옷과 라이크라 로고가 인쇄된 작은 삼각형 태그가 붙은 옷을 구매하도록 유도하는 촉매제가 된다. 이 견인 효과는 라이크라 소재로 만든 옷의 판매를 크게 촉진했으며 더 많은 고객들이 다른 브랜드의 옷보다 라이크라로 만든 옷을 선호하게 했다.

인비스타 인브랜딩 전략과 견인 마케팅 커뮤니케이션은 라이크라와 협력업체 모두에게 큰 수익을 안겼다. 라이크라의 전략 캔버스는 가치 제공물과 성공 요소의 차이점을 명확하게 보여준다.

섬유산업 인브랜드들의 사례는 과밀한 시장에서 인브랜딩이 어떤 혜택을 가져다주는지 분명하게 보여준다. 섬유산업 인브랜드들은 경쟁자들을 따돌리기 위해 고유한 차별화 전략을 활용했다. 비슷한 분야의 다른 기업들이 성공한 섬유회사들을 본받아 인브랜딩 전략을 적용해 시장에서 더 나은 지위에 올라선 경우도 있다. 고품질 제품을 브랜드화해 저가 정책을 고수하던 아시아 섬유회사들을 제치고 경쟁우위를 확보한 터키의 면화업체와 섬유업체들이 그 좋은 예다.[30]

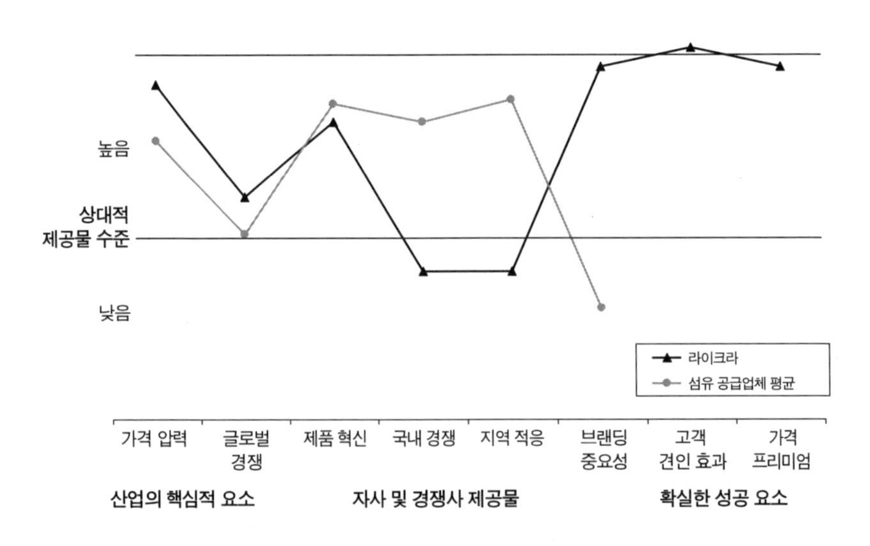

[그림 5-13] 라이크라의 전략 캔버스

■ 유리산업: 차별화 잠재력을 찾아라

인류는 기원전 3500년경부터 유리를 만들기 시작했다. 유리의 핵심 요소인 모래, 탄산칼륨, 석회는 천 년 이상 바뀌지 않았다.[31] 독일 화학자 구스타프 탬만Gustav Tammann은 유리를 과냉된 경화액체super cooled solidified liquid라고 불렀다.[32]

안료와 안정제를 추가하고 다른 생산 및 마감 기술을 사용하면 독특한 속성을 지닌 다양한 유리가 탄생한다. 그에 따라 유리는 다목적으로 활용할 수 있는 소재가 되었다.[33] 수백 가지 종류의 유리가 있고, 수천 가지 유리 제조법이 있다는 점을 감안할 때 유리를 범주화하는 것은 쉽지 않은 일이다. 가장 흔한 분류법은 화학적 구성을 따르는 것이며 용도나 형태에 따라 범주화할 수도 있다.[34]

문제를 단순화하고 과도한 화학적, 과학적 언급을 피하기 위해 우리는 유리산업에서 쓰는 전통적인 분류 기준을 적용하고자 한다. 그에 따르면 유리는 판유리, 마감 및 가공된 판유리, 용기유리, 재활용 및 특수유리, 크리스털 및 유리 식기, 광물섬유로 나뉜다. 이 중에서 크리스털 및 유리 식기는 산업재가 아니라 식탁과 주방에서 쓰이는 최종 제품을 만드는 데 사용되므로 이 책의 내용과 거리가 있다.

전 세계 유리산업의 규모는 2006년에 820억 달러였으며 [그림 5-14]과 같은 제품군으로 구성되었다. 피킹톤 브랜드를 소유한 영국 NSG 그룹과 일본 아사이 그리고 프랑스 생고뱅의 단 세 기업이 유리산업을 지배하고 있다. 이들 대기업이 세계 유리 수요의 약 60퍼센트를 공급한다. 지난 20년간 유리산업은 전 세계 GDP보다 빠르게 성장했으며, 향후 10년간 연평균 4퍼센트 넘게 성장할 것으로 예측된다.

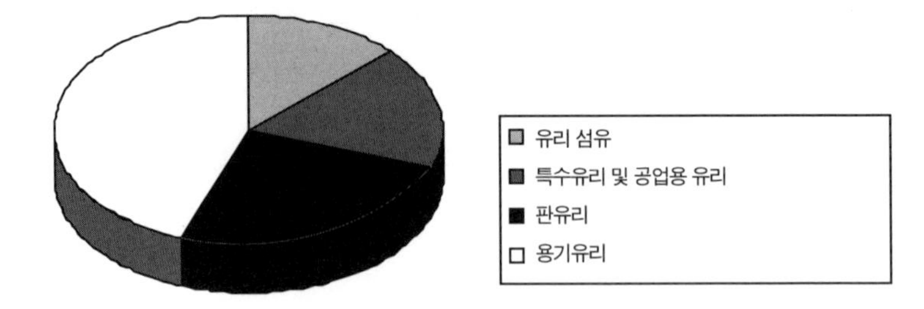

[그림 5-14] 2006년 전 세계 유리 생산 규모

유리는 다양한 용도로 사용될 수 있다는 점에서 매력적인 소재다. 유리를 활용함에 있어 커다란 혁신의 잠재력은 화학적 구성뿐 아니라 상당 부분 새로운 응용 영역의 개발에서 나온다. 유리는 더 이상 단지 저렴한 일상품이 아니며 포노닉스, 나노 기술, 바이오닉스를 비롯한 첨단 기술의 토대를 이룬다.[35]

성공적인 인브랜딩 전략을 위한 핵심 요건은 구성품이 완성품의 중요한 부분을 차지하고 완성품의 성공 및 인지된 품질에 긍정적인 영향을 미쳐야 한다는 것이다. 어떤 방식이든 최종 소비자가 구성품을 보거나 만질 수 있을 때, 혹은 복수 단계 마케팅을 통해 구성품에 근본적인 중요성이 부여되었을 때 인브랜딩 전략을 실행하는 것이 타당하다.[36] 이는 추가적인 브랜딩을 통해 구매자가 실질적이거나 주관적인 부가가치를 경험할 수 있어야 한다는 것을 뜻한다.

또 다른 요건은 인브랜드의 높은 혁신 잠재력 혹은 상대적인 경쟁우위다. 또한 판매 과정과 시장에서 하위 단계의 협력이 없으면 인브랜딩 전략을 실행하는 것이 사실상 불가능하다. 완성품 제조업체는 협력적인 추진 및 견인 전략에 동의해야 하며, 완성품에 인브랜드를 분명하게 표시하고 최종 고객에게 관련된 제품의 혜택을 알릴 의향이 있어야 한다.

여기서는 유리산업 생산량의 75퍼센트 가까이를 차지하는 핵심 분야인 판유리(생산, 마감 및 가공)와 용기유리만을 살펴보겠다. 유리산업의 전 영역을 아우르는 좀 더 포괄적인 분석은 이 책의 범위를 벗어난다.

인브랜딩 가능성이 희박한 판유리와 용기유리 부문

판유리 부문의 경우 유리 혹은 유리를 활용한 제품(가구 유리, 안전유리, 단열 유리, 태양광 유리, 보온 유리, 거울 등)의 핵심 부분이라 할 수 있다. 유리는 일반적으로 높은 혁신 잠재력을 갖고 있다. 유리산업은 끊임없이 새롭고 개선된 소재 구성, 특히 안전유리, 단열 유리, 태양광 유리에 적합한 소재 구성을 찾는다. 일부 선도적인 제조업체들은 자가 청소 유리를 개발하는 데 성공했다. 도저히 불가능해 보이는 이런 성과는 자연의 힘을 활용한 집중적인 연구 결과다. 다른 사례로는 자동차를 위한 도난 방지 유리와 전자공학을 활용한 자동차 유리창의 투명성을 조절하는 전해크롬 유리electro chrome glass가 있다.

그러나 판유리 부문에는 완전히 동일하고 대체 가능한 제품을 생산하는 제조업체들이 매우 많다. 이 경우 완성품 제조업체가 일체 관여하지 않는 가운데 최종 고객을 직접 겨냥하는 인브랜딩 전략, 다시 말해 가공 브랜드 전략에 투자할 가치가 있는지 여부를 신중하게 따져봐야 한다. 예를 들어 인도의 판유리 공급업체들은 2009년부터 2010년까지 공격적인 브랜드 전쟁을 벌였다. 인도 유리산업은 모디가드와 생고뱅 그리고 아사이가 주도한다. 이들 기업의 주장은 소비재산업에 속한 다른 기업들의 주장과 비슷하다. 바로 제품이 근본적으로 같다면 다른 제품들과의 경쟁에서 자사 제품을 돋보이게 하는 유일한 방법은 브랜딩과 이미지를 활용하는 것이라는 주장이다.

테트라팩은 포장산업에서 성공한 인브랜딩 모델로 용기유리 부문에도 적용 가능한 전략 사례다. 용기유리는 종종 제품의 핵심 구성품이 되며 특히 형태, 디자인, 색상 면에서 강력한 혁신 잠재력을 갖는다. 그러나 많은 음료업체들에게 유리로 된 용기는 이미 브랜드 성격의 일부가 되었다. 이 점은 식품, 음료, 화장품산업의 많은 브랜드화된 제품들이 유리 용기만으로도 소비자에게 인식된다는 사실로 알 수 있다. 대표적인 코카콜라와 샤넬 넘버파이브No.5 향수를 들 수 있다.

이런 점들을 고려할 때 용기유리 부문에서 인브랜딩을 실행할 수 있는 가능성은 희박하다. 성공적인 인브랜드를 구축하기 위해 용기유리 제조업체는 차별화에 필요한 잠재력을 갖는 부분을 면밀히 살펴야 할 것이다. 그러나 음료업체가 용기유리가 갖는 부가가치로 이득을 보는 경우는 극히 미미하기에 인브랜드를 개발하는 일에 참여할 이유가 없다. 용기유리 부문의 전형적인 제품인 규격화된 유리병은 차별화에 필요한 잠재력을 갖고 있지 않다. 이 제품은 다른 모든 동일 제품으로 교체할 수 있으며 부가가치를 가져다주지 않는다.

성숙 산업의 브랜딩 전략

인브랜딩 전략의 맥락에서 제조업체들은 단일 브랜드 전략, 제품군 전략, 하우스 브랜드 전략이라는 세 가지 대안 가운데 하나를 선택할 수 있다. 인브랜딩을 체계화하기 위해 이들 개념을 통합하는 것도 가능하다.

[그림 5-15]은 인브랜드를 알리기 위해 정밀 · 특수유리 부문에서 세계적인 기술력을 보유한 독일 기업 쇼트가 관리하는 디자인 요건이다. 쇼트의 기업 브랜드는 관련된 제품 브랜드와 밀접한 관계에 있다. 로고의 원은 '쇼트Schott'라는 이름에 포함된 알파벳 'o'를 나타낸다. 쇼트는 개별 브랜드가 없는 구성품에 대해서는 단지 '쇼트를 사용함'이라는 문구를 쓴다.

상품산업과 유리산업에서 대중에게 친숙한 브랜드는 소수에 불과하다. 쇼트가 보유한, 세라믹유리 제조업체인 세란은 극히 일부 예외에 속한다. 여기서 주목할 점은 브랜드명과 디자인 선택이 사실을 바탕으로 한 객관적인 접근방법을 따른다는 것이다.[37] 많은 브랜드명은 코닝의 파이렉스, 쇼트의 파이란, 생고뱅의 파이로스위스처럼 특정한 유리 제품의 핵심 속성(내열성, 내화성 등)을 반영한다. 그와 관련해서는 다음 장에서 자세히 소개하겠다.

[그림 5-15] 쇼트의 인브랜드를 고려한 포장 디자인

쇼트 세란과 달리 다른 브랜드들은 별도 브랜드로 최종 고객에게 직접 제품을 마케팅하거나 다른 기업에게 브랜드 라이선스를 주기도 한다. 코닝의 파이렉스는 1998년에 월드키친에 소비자 제품 사업부를 매각했지만 파이렉스라는 브랜드명은 그대로 보유하면서 월드키친과 파이렉스 브랜드 주방용품을 생산하는 다른 기업들에게 라이선스를 주었다. 그런 기업의 대표적인 예로 뉴웰러버메이드의 뉴웰쿡웨어 유럽을 들 수 있다. 현재는 유럽, 중동, 아프리카의 경우 2006년 초에 뉴웰러버메이드로부터 유럽 사업부를 인수한 ARC인터내셔널이 파이렉스 브랜드를 보유하고 있다. 뉴웰러버메이드는 1990년대에 코닝으로부터 파이렉스 브랜드를 인수했다.

신중하게 선택한 제품 이미지와 감성은 고객의 공감을 불러일으킬 수 있다. 제조업체들이 방대한 규모의 화학 관련 데이터와 사양 그리고 특성으로 고객을 괴롭히는 유리산업에서도 효과적인 차별화를 이루고 고객이 핵심 경험key experiences을 하도록 유도할 수 있는 것이다. 이런 정서화emotionalization는 인브랜드로 전이될 수 있다.

예를 들어 인도의 판유리 제조업체인 모디가드는 동물왕국과 자연계를 비유한 광고 캠페인을 실시해 회사의 특정한 역량을 판매 포인트로 삼았다면 불가능했을 고객과의 정서적인 연결고리를 만드는 데 성공했다.[38] 생고뱅은 유리의 명징성에 초점을 맞춘 TV광고 캠페인을 펼친 인도 판유리시장의 또 다른 성공 사례다. 이들은 유리의 특성을 자세히 소개하는 대신 순전히 소비자의 감성을 자극해 생고뱅 유리를 광고했다.

어려운 B2B 환경에서 브랜딩은 기본이라 할 수 있으며, 완성품 제

[그림 5-16] 유리산업의 인브랜드 사례

조업체들은 자사의 소매 브랜드를 이용해 제품을 판매하는데 소수의 기업들만이 브랜딩을 고수한다. 우리는 이런 브랜드 여섯 개를 찾아냈다([그림 5-16] 참조).

그중 하나가 앞서 언급한 독일의 유리회사인 쇼트다. 쇼트는 일반적인 산업 패턴을 따르지만 몇몇 경우에는 인브랜딩 개념을 적용해 성공을 거두었다. 고객에게 직접 작용해 수요 견인 효과를 창출하는 브랜드인 쇼트 세란의 브랜드 역사와 접근방법은 6장에서 자세히 설명하겠다. 여기서는 또 다른 사례로 크리스털라이즈드라는 인브랜드를 가진 스와로브스키엘리먼츠(이하 '스와로브스키')를 살펴보겠다.

브랜드들은 특별히 한 나라를 선정해 집중적인 마케팅을 실시하지는 않는다. 그러나 유럽은 유리산업에 속한 기업들이 혁신적인 마케팅 개념을 실행하는 중심지인 것처럼 보인다. 이 중 어떤 기업도 자가 인브랜드 개념을 적용하지 않았다. 유리산업은 수천 년 동안 지속되어왔기에 제품 수명주기의 초기 단계에서 출발한 기업은 단 하나도 없으며 대부분 성숙기에 출발해 혁신을 이룩해왔다.

협력업체로 인해 제품 기능이 크게 개선되거나 혹은 구성품이 복잡해지거나 하지는 않기 때문에 유리산업의 공급업체들이 하위 단계 협력업체로부터 지원받을 수 있는 것은 한계가 있다. 유리산업은 공급업체들에 의존하며 그들의 부가가치는 점점 커지고 있다. 그들은 원자재를 공급할 뿐만 아니라 모듈도 생산한다. 다른 한편으로 그들은 규모와 경쟁력 그리고 업계의 파편화로 인해 완성품 제조업체 브랜드를 압도하는 브랜드 경쟁력을 확보할 수 있었다.

산업의 성숙은 사업에 안정성을 부여하지만 성장률이 크게 향상될 수는 없다. 그런 까닭에 성공적인 브랜딩 개념이 높은 수익률을 창출할 수 있다. 카메라산업의 디지털화와 함께 광학렌즈 생산업체는 유리렌즈를 활용할 새로운 응용 부문을 찾아냈다. 그들은 이 부문에서 경쟁할 수 있는 역량이 없었기 때문에 카메라와 캠코더 등에서 자사 제품을 브랜드화하고 라이선스를 제공했다. 그 예는 [그림 5-16]를 참조하기 바란다.

스와로브스키의 완벽한 제품과 온라인 브랜딩

114년 전에 설립된 스와로브스키는 세계적인 절삭 크리스털 제조업체이자 공급업체다. 스와로브스키의 이야기는 1895년에 창업자인 대니얼 스와로브스키Daniel Swarovski가 전통적인 수작업보다 훨씬 완벽하고 정확하게 크리스털을 절삭할 수 있는 혁신적인 기계를 발명하면서 시작되었다. 그로부터 3년 후 그가 오스트리아 바텐스에 스와로브스키 컴퍼니를 설립한 뒤 완전한 독립 회사로 운영되고 있다. 지금은 4대 및 5대 후손들이 회사를 운영하고 있는데 2008년에는 세계적으로 2만 3,900명의 직원들이 25억 2,000만 달러의 매출을 올렸다.

스와로브스키는 혁신, 트렌드 조사, 창의적 제품, 완벽한 제품을 특징으로 하는 세계적인 인지도를 가진 브랜드다. 이는 모두 창업자인 대니얼 스와로브스키의 불멸의 경영 철학에서 비롯된다. "좋은 것을 끊임없이 개선하라"는 그의 모토와 "크리스털을 이용해 인간에게 기쁨을 준다"는 비전은 지금도 회사를 운영하는 정신의 근간을 이룬다. 스와로브스키는 세계적으로 정교한 기술과 품질 그리고 창의성을 상징한다.

스와로브스키의 제품 영역에는 크리스털 구성품뿐만 아니라 크리스털 모형, 크리스털 보석, 크리스털 장신구까지 절삭 크리스털과 관련된 거의 모든 것이 포함된다. 이 회사는 스와로브스키(보석, 장신구, 시계, 크리스털 모형), 크리스털라이즈드-스와로브스키엘리먼츠(절삭 크리스털 구성품), 인라이튼드-스와로브스키엘리먼츠(원석 혹은 합성 원석), 티롤리트(연마, 절삭, 톱질, 드릴링, 드레싱 공구 및 기계), 스와리플렉스(사고 방지용 반사물), 스와로브스키옵틱(고품질 정밀 광학장비) 브랜드와 함께 관련 분야에서도 선도적인 위치에 있다.

스와로브스키는 한 브랜드로 소비자 및 기업 고객을 모두 공략한다. 크리스털 구성품의 기업 부문은 주요한 B2B 영역 중 하나다. 스와로브스키는 패션, 장신구, 보석, 실내장식, 조명산업에 크리스털 구성품과 반완성품을 공급한다. 10만 가지가 넘는 원석과 폭넓은 조립식 구성품을 보유한 스와로브스키는 자사 제품에 절삭 크리스털을 사용하는 기업들에게 훌륭한 협력업체다.

2006년에 스와로브스키는 기초 절삭 크리스털 구성품 브랜드로 크리스털라이즈드-스와로브스키엘리먼츠를 선보였다. 이는 크리스털 구성품 사업부가 최종 사용자에게 직접적으로 마케팅 활동을 수행한 최초의 사례였다. 스와로브스키는 품질과 진품 여부를 말해주는 가시적인 증거를 요구하는 사람들을 만족시키기 위해 '크리스털라이즈드-스와로브스키엘리먼츠로 제작함'이라는 라벨을 만들었다. 이 라벨은 기초 절삭 크리스털 구성품 제조에 있어 최고의 품질과 완벽성을 보증했다.

오늘날의 복잡한 구매 환경에서 다양한 선택에 직면한 소비자에게 브랜드는 올바른 선택을 했다는 점을 보증해줄 수 있다. '크리스털라이즈드-스와로브스키엘리먼츠로 제작함'이라는 라벨은 스와로브스키의 협력업체와 소비자들에게 품질과 명성의 상징이며 크리스털라이즈드 제품에 매력을 불어넣어주고 부가가치에 대한 추가적인 근거를 제공한다. 또한 스와로브스키의 전통적이고 검증된 핵심 역량인 혁신과 다양성 그리고 제품 및 서비스 품질을 강조해 경쟁 제품과의 차별성을 강화한다.

스와로브스키는 제한된 물리적 브랜딩 가능성 때문에 독자적인 길을 가기로 결정하고 특별한 태그를 디자인했다. 패션용품, 보석, 장신구, 장식용품 등 완성품에 따라 크리스털이 진품임을 증명하는 은색의 고급 금속 태그나 흐릿한 흰색 종이 태그 혹은 스티커를 붙인다. 이 라벨은 소비자에게 완성품을 생산할 때 오로지 크리스털라이즈드-스와로브스키엘리먼츠만을 사용했음을 보증한다. 각 라벨은 공식적인 보증을 위해 스와로브스키가 인증한 고유번호를 갖는다.

크리스털라이즈드-스와로브스키엘리먼츠 인브랜드는 2006년에 글로벌 광고 캠페인과 함께 출범했다. 새로운 인브랜드를 홍보하기 위해 〈엘르*ELLE*〉, 〈보그*Vogue*〉를 비롯한 주요 패션지에 광고가 실렸을 뿐만 아니라 매장에도 홍보물과 포스터 그리고 엽서가 비치되었다.

1995년에 스와로브스키는 창립 100주년을 기념하기 위해 유명 미술가인 앙드레 헬러Andre Heller에게 크리스털 월드를 만들어줄 것을 의뢰했다. 크리스털 월드는 오스트리아 바텐스의 본사 근처에 설치된 작품으로 그곳에서 사람들은 매혹적이고 감각적인 여행을 경험한다. 스와로브스키는 크리스털 월드에서 끊임없이 진화하는 전시회를 열고 때로 특별 문화 행사도 주최했다. 크리스털 월드는 연간 800만 명이 넘는 방문객 수를 기록하면서 오스트리아의 인기 관광지가 되었다.

온라인 데이터베이스를 갖춘 기업 웹사이트의 유일한 혹은 주된 목적이 일종의 온라인 카탈로그 역할을 하는 거라는 잘못된 생각을 갖고 있는 사람들이 있는데 사실은 그렇지 않다. 기업 웹사이트는 브랜드를 알리는 수단도 될 수 있다. 액센츄어가 B2B시장에서 이뤄지는 온라인 구매 결정에 대한 선호도를 조사한 결과 몇 가지 놀랍고도 중요한 사실들이 드러났다. 액센츄어의 보고서에 따르면 서비스, 가격, 다양성이 그 뒤를 잇는 가운데 친숙하고 평판 좋은 브랜드가 온라인 구매자들이 가장 중시하는 요소였다. 또한 B2B 고객의 80퍼센트는 가격을 브랜드보다 덜 중시했다.

가상 세계에서는 만지거나 느낄 수 있는 물리적 제품이 없고, 자주 찾아갈 수 있는 친숙한 매장 건물이 없으며, 차별화하기 어려울 만큼 많은 비슷한 경쟁 사이트들이 있다. 여기서는 중소기업도 서버 공간

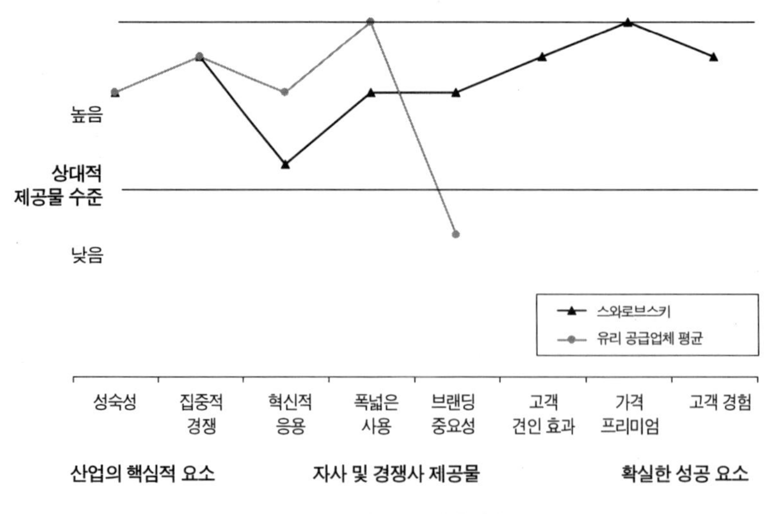

[그림 5-17] 스와로브스키의 전략 캔버스

을 빌려 전문적인 웹사이트를 만들 수 있다는 점에서 규모는 더 이상 중요하지 않으며, 따라서 온라인 브랜딩은 전통적인 접근방법과 달라야 한다.

온라인 브랜딩은 인터넷이 개인과 기업에게 제공하는 두 가지 이점을 이용한다. 그것은 가용 가능한 최신 정보를 즉각적으로 전달하고, 언제 어디서나 거래가 이뤄질 수 있을 정도로 비즈니스 프로세스가 단순하다는 점이다. 단순한 비즈니스 프로세스와 정확한 정보는 모든 온라인 비즈니스의 전제조건이다. 고객의 브랜드 경험의 질을 높이려면 브랜드의 이미지를 결정짓는 다양한 요소들이 항상 제대로 작용해야 한다. 원칙적으로 모든 온라인 거래에서는 고객에게 일대일로 브랜드 경험을 제공할 기회가 생긴다. 이는 표준화된 방식으로 실행해 수백만 명의 방문자가 동일한 이미지를 연상할 수도 있고 맞춤형으로 실행할 수도 있는데, 반드시 맞춤형으로 실행하는 것이 좋다.

〈월스트리트저널*The Wall Street Journal*〉이 구독자를 대상으로 이런 맞춤형 서비스를 제공한다. 사용자는 초기 화면에서 보고 싶은 기사는 물론 콘텐츠와 서비스도 선택할 수 있다. 〈월스트리트저널〉 브랜드가 주는 느낌은 고객이 경험하는 일상의 일부다. 이베이의 경우도 비슷한 온라인 브랜딩 성공 사례라 할 수 있다.

전략적 측면에서 스와로브스키는 대다수 경쟁자와 비슷한 능력을 갖고 있지만 브랜딩으로 기업을 성공으로 이끄는 한편으로 업계의 다른 참가자들과 확실하게 차별화하는 지위를 확보했다.

식품산업: 역 인브랜딩을 시도하라

지난 10년간 식품산업은 식품첨가제 부문을 중심으로 차별화를 위한 토대를 다졌다. 식품산업은 세계 인구가 소비하는 식품 다수를 공급하는 다양한 기업들이 모인 복잡한 글로벌 집합체다. 갈수록 소비자들이 식품 생산 과정에서 멀어짐에 따라 광고와 홍보가 식품에 대한 정보를 전달하는 핵심 수단이 되었다.

가공식품이 주요 제품인 가운데 마케터들은 제품을 개발할 수 있는 무한한 가능성을 누린다. 공급업체의 숫자가 어마어마하기 때문에 소비자의 눈에 띄려면 상당한 노력을 기울어야 한다. 우리는 단지 가치사슬의 다음 단계 고객을 섬기는 전통적인 방식에서 벗어나 제품의 물리적 소비자인 최종 사용자에게 제공물을 마케팅하는 많은 기업과 브랜드들을 찾을 수 있었다. [그림 5-18]은 우리가 선별한 식품 및 식

[그림 5-18] 식품 및 식품첨가제산업 인브랜드 로고들

품첨가제산업 인브랜드들이다.

인공감미료 아스파탐의 브랜딩

인브랜딩의 전형적인 사례 가운데 하나는 뉴트라스위트프라퍼티홀딩스(이하 '뉴트라스위트')다. 그들은 뉴트라스위트라는 인브랜드를 개발해 세계적인 브랜드로 등극했다. 뉴트라스위트 감미료는 1965년에 G.D.설앤드컴퍼니의 연구원인 제임스 슐레터James Schlatter가 발견했다. G.D.설앤드컴퍼니는 1985년에 미국의 다국적 농업회사 몬산토에 인수된 뒤 2000년에 다시 J.W.차일드에쿼티파트너스에 팔렸다. 이 회사는 경영 협력관계를 통해 뉴트라스위트와 함께 식품, 음료, 식품구성품 산업에서 경험을 쌓았다. 현재 뉴트라스위트는 세계적인 명성을 누리며 독립적인 기업으로 운영된다. 관리 및 생산부서가 있는 본사는 미국 시카고에 자리 잡고 있다. CEO인 로렌스 벤자민Lawrence

Benjamin은 2002년 10월부터 회사를 이끌어왔다.

1981년에 뉴트라스위트는 아스파탐 브랜드를 출시하면서 감미료 산업에 혁신을 일으켰다.[39] 뉴트라스위트는 5,000개 이상의 제품에 들어가는 인공감미료인 아스파탐의 브랜드명이다. 현재 아스파탐은 세계적으로 100개 이상의 나라에서 판매되며 2억 5,000만 명의 소비자가 사용하고 있다.

설탕 대용제로 알려진 아스파탐은 일반 설탕보다 200배나 더 달며 그램당 4칼로리에 불과하다. 인체에서 단백질처럼 분해되는 아스파탐은 혈당 수치를 떨어뜨리고 칼로리가 낮아 당뇨병 환자나 다이어트를 하는 사람들에게 인기가 높다. 맛이 설탕과 비슷하다는 점도 사카린이나 시클라메이트 같은 제품과 비교할 때 큰 장점이다. 다만 열 안정성이 낮아 200도 이상의 온도에서 쉽게 분해되므로 제빵이나 제과에는 부적합하다.

대사질환의 일종인 페닐케톤뇨증을 앓는 사람은 대사 작용을 통해 아미노산 가운데 하나인 페닐알라닌을 제대로 분해할 수 없다. 이에 따라 미국 식품의약국FDA은 이 물질을 함유한 모든 식품과 음료에 그 사실을 알리는 라벨을 붙일 것을 의무화했다.[40] 뉴트라스위트는 식품 산업에서 주로 사용되지만 의약품 제조에도 사용된다.[41] 무설탕 식품과 음료, 다이어트 제품들이 주로 뉴트라스위트로 단맛을 낸다.[42]

뉴트라스위트와 코카콜라의 협력관계

코카콜라 라이트의 성공 사례는 1982년에 뉴트라스위트 아스파탐의 출시와 함께 시작되었다. 코카콜라 라이트는 최초의 저칼로리 다이어트 청량음료로서 시장에 성공적으로 안착했다. 지금은 레몬맛 다이어트 콜라, 무카페인 콜라 등 여러 가지 버전들이 출시되었다.

출시되고 처음 4년간 전 세계 감미료 소비량은 연간 73퍼센트가 늘어났다. 미국시장만 해도 연간 증가율이 119퍼센트였으며 2위인 일본은 68퍼센트였고 유럽시장은 다소 느린 연간 9퍼센트씩 성장했다. 그리고 1986년에 감미료시장은 더 이상 폭발적인 성장이 일어나지 않는 수준에 이르렀다. 그럼에도 불구하고 1986년부터 1991년까지 연간 성장률을 계산한 결과 세계시장은 12퍼센트, 미국시장은 9퍼센트, 일본시장은 15퍼센트, 유럽시장은 27퍼센트 성장한 것으로 나타났다.

뉴트라스위트가 1981년에 미국시장에, 일 년 후 세계시장에 출시된 뒤 뉴트라스위트 브랜드는 빠른 성장을 이룩했다. 식품업계는 "무지방, 저칼로리로 당뇨병 환자에게 적합하며 설탕보다 훨씬 달다"는 메시지를 대단히 성공적으로 소비자에게 전달했다. 그 결과 소비자들은 달콤한 제품과 다른 식품 및 음료의 포장에 표시된 구성요소들에 더욱 주의를 기울이기 시작했다. 이는 많은 소비자가 그 제품이 주는 혜택을 발견하고 다이어트 제품을 더 많이 사도록 유도했다. 결과적으로 뉴트라스위트 아스파탐은 맛을 유지하는 저칼로리 식품의 대명사가 되었다.

뉴트라스위트는 그로부터 일 년 후 사업을 확장해 세계시장을 장악하는 전략으로 엄청난 성공을 거뒀다. 곧이어 유럽과 일본이 추격해오자 이 회사는 더 많은 제품을 시장에 투입하기 시작했다. 그들은 당뇨병 환자들을 비롯해 다른 목표 집단의 주의를 끌기 위해 "지방 0퍼센트", "칼로리 40퍼센트 감소", "당뇨병 환자에게 적합" 같은 눈길을 끄는 라벨을 사용했다.

뉴트라스위트의 또 다른 성공 비결은 일찌감치 청량음료 제조업체라는 주요 목표 집단에 집중한 것이었다. 코카콜라는 청량음료시장의 선도업체로서 코카콜라, 환타, 스프라이트, 메조믹스, 네스티, 파워에이드, 쿠, 킨리, 본아쿠아처럼 대성공을 거둔 브랜드에 더해 다이어트 콜라, 레몬맛 다이어트 콜라 같은 다이어트 제품들도 생산한다.

코카콜라는 세계에서 가장 유명한 회사이며 최근 몇 년간 브랜드 가치가 세계 3위권 밖으로 밀려난 적이 단 한 번도 없다. 제조업체로서 코카콜라의 성공은 완성품에 구성품 브랜드명이 명시적으로 표시되지 않은 상황에서도 견인 원칙에 따라 인공감미료 공급업체인 뉴트라스위트[43]에게 연쇄반응을 일으켰다.

목표 집단에 대한 커뮤니케이션 전략과 관련해 새로운 접근방법을 적용함으로써 뉴트라스위트의 잠재력을 더욱 강화하는 것도 가능하다. 예를 들어 뉴트라스위트는 껌 제조업체인 위글리와 브랜드 협력 관계를 맺었다.[44] 다른 한편으로 중학생이나 치과의사 같은 구체적인 목표 집단을 정하고 뉴트라스위트로 단맛을 내 실제로 치아에 좋은 새로운 무설탕 껌 샘플을 무료로 배포했다. 이런 접근방법을 통해 뉴트라스위트는 핵심 사업 영역을 확장할 수 있었으며, 여기서 중요한 것은 뉴트라스위트 브랜드 자체를 강화할 수 있었다는 점이다.

전 세계 감미료시장에 진출해 있는 기업은 소수에 불과하며 그 가운데 약 75퍼센트를 뉴트라스위트가 장악하고 있다.[45] 유럽시장은 다이어트 초콜릿 등 다이어트 제품을 공급하는 캔더럴이 차지하고 있는

데, 이 회사는 뉴트라스위트와 달리 전적으로 구성품 공급업체는 아니다.[46]

한편 미국에서는 화학자들이 새로운 감미료인 스플렌다를 선보였다. 이 제품은 뒷맛이 강하지 않고 같은 정도의 단맛을 내기 위해 설탕의 절반만 넣어도 된다. 그리고 체내에서 흡수되지 않으며 칼로리를 함유하지 않는다. 설탕으로 만드는 유일한 감미료인 스플렌다는 현재 최고 인기 제품으로 부상했다.

스플렌다를 만드는 존슨앤드존슨 산하의 맥닐누트리셔널스는 전형적인 인브랜딩 전략을 추구하면서 높은 가격에 판매한다. 미국에서 스플렌다는 설탕보다 다섯 배 비싸고 영국에서는 더 비싸다. 스플렌다는 유당불내증(유제품에 들어 있는 유당을 분해하는 효소가 결핍되어 유당을 소화하지 못하는 병 - 옮긴이)을 가진 사람들의 삶을 '달콤하게' 만들어 줄 수 있다.

스플렌다는 1976년에 처음 발견되어 오랫동안 충분한 테스트를 거친 화학물질을 이용해 제조된다. 수많은 시럽 제조업체들이 이미 설탕 대신 이 물질을 사용하고 있으며, 청량음료와 카페인음료 제조업체들도 점차 사용량을 늘려가고 있다. 산업 동향 조사 및 컨설팅회사인 데이터모니터의 조사에 따르면 스플렌다는 1999년에는 35개 제품에 사용되었고 2003년에는 573개 제품에 사용된 데 비해 2004년에는 1,436개의 신제품에 사용되었다.[47]

2005년 여름 코카콜라와 펩시는 미국에서 계속 커지는 저설탕 음료시장을 놓고 치열한 경쟁을 벌였다. 당시 펩시는 펩시원을 선보였고 코카콜라는 코카콜라 제로를 출시했다. 코카콜라에서 제공한 정보

[그림 5-19] 인공감미료 스플렌다가 들어간 다이어트 콜라

에 따르면 향후 부분적으로 스플렌다로 단맛을 낸 새로운 콜라 버전들이 다이어트 제품군에 일곱 번째로 추가될 예정이다. 세계 최대 청량음료 제조업체인 코카콜라는 이 신제품이 주로 미국시장을 겨냥한 것이라 말한다. 최근에 이 부문에서 코카콜라의 매출이 감소한 바 있다. 코카콜라는 이제 스플렌다 감미료라는 구성품을 브랜딩하는 전략으로 선도적인 지위를 되찾을 계획이다. 이는 '역 인브랜딩'으로 해석할 수 있는 접근방법이다.

경쟁이 치열하고 집중화된 산업에서 브랜드의 힘

코카콜라와 뉴트라스위트는 다른 많은 식품 구성품 공급업체들과 대비되는 명확한 차별화 전략을 적용한 사례들이다. 식품산업은 매우 다양화되어 있는 반면 경쟁이 치열하고 갈수록 집중화되고 있으며 수익성도 크게 걱정되는 분야다. 또한 옥수수 감미료회사는 계속 이익을 내지만 제분회사는 이익을 내지 못하는 이유가 무엇일까 하는 의문이 생기기도 한다. 인브랜드를 가진 대부분의 회사는 무리에서 벗어나 소비자의 선택을 받는 자리에 서게 되었다.

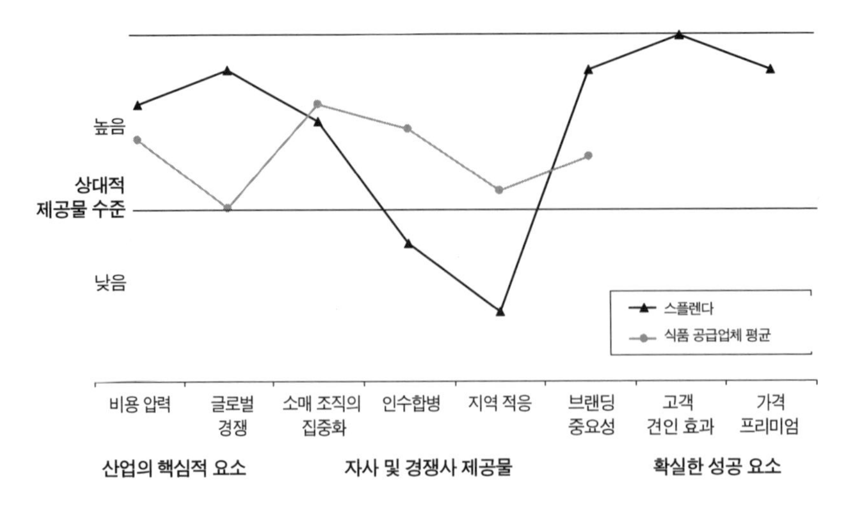

[그림 5-20] 식품 및 식품첨가제산업의 대표적인 인브랜드들의 전략 캔버스

이처럼 경쟁이 심화되고 고도로 집중된 대규모 소매체인의 힘이 점점 커지는 산업에서 단일 브랜드의 역할은 소매업체의 자체적인 그림자나 브랜드에 가려지고 있다. 이들 대규모 조직은 인수합병을 통해 널리 알려진 많은 소비자 제품들을 자체 포트폴리오로 인수하거나 통합했다. [그림 5-20]는 식품 및 식품첨가제산업의 대표적인 인브랜드들의 전략 캔버스를 보여준다.

우리는 지역적, 국가적 여건과 빠른 혁신 속도로 인해 인브랜드 목록에서 22개 제공물을 파악하는 데 그쳤다. 일부 브랜드는 숨기거나 하는 일 없이 적극적으로 인브랜딩 개념을 활용한다. 이들 기업 중 60퍼센트 이상은 인브랜딩 전략들을 모두 실행하지만 이 사실을 공개적으로 발표하지는 않는다. 우리는 완성품 제조업체의 자가 인브랜드도 파악할 수 없었다.

북미 및 캐나다 야생블루베리조합Wild Blueberry Association of North America and Canada은 일반적인 재배 블루베리와의 차별화를 위해 인브랜딩 접근방법을 활용한다. 고급 식품 기획자들에게 야생 블루베리 혹은 저관목성low bush 블루베리는 재배 블루베리보다 더 많은 이점을 제공한다. 야생 블루베리는 좀 더 작고 조밀하며, 좀 더 강한 풍미를 지니고 동결이 매우 잘되며, 폭넓게 사용할 수 있다. 또한 야생 블루베리는 재배 블루베리보다 항산화 기능이 더 뛰어나고 대개 이로운 항산화 물질과 페놀성 화합물을 많이 함유하고 있어 블루베리 제품의 제조에도 폭넓게 활용된다.

인브랜드는 출범한 뒤 보통 최종 사용자를 상대로 집중적인 커뮤니케이션에 나선다. 구성품 공급업체가 식품산업에서 성공하려면 완성품에 어떤 기능을 더해주는가가 매우 중요하다. 소비자가 여러 완성품 제공물에서 발휘되는 기능상의 혜택을 확신할 수 있어야 하기 때문이다.

많은 완성품 제조업체가 이미 존재하는 산업 구조를 보완해줄 수 있는 것은 소수의 구성품 공급업체밖에 없다. 하위 단계 협력업체로부터 많은 지원을 기대할 수 없는 그들은 견인 효과를 창출하려면 마케팅 커뮤니케이션에 상당한 투자를 해야 한다. 이들 인브랜딩 기업 중 일부는 재정적 능력을 갖고 있지만 다른 기업들은 그렇지 않다. 이런 이유로 우리는 이들 구성품 공급업체의 구성품 개발 경로와 성공을 서로 다른 것으로 간주한다.

이와 같이 산업별로 인브랜드들을 분석한 결과를 정리해보면 여러 가지 양상이 나올 수 있지만 결국에는 인브랜딩이 차별화를 이루고 경쟁우위를 유지하는 뛰어난 방법이라는 사실을 발견하게 된다. 인브랜딩은 블루오션에 진입해 정면 대결 없이 다른 공급업체들을 따돌릴 수 있는 한 가지 방법임이 증명되었다.

다음 장에서는 인브랜딩을 좀 더 명확하게 이해할 수 있도록 선별된 사례들을 자세히 설명하겠다.

S U M M A R Y

- 전략 캔버스를 활용해 산업의 핵심적 요소, 자사 및 경쟁사 제공물, 명확한 성공 요소라는 세 가지 영역에서 인브랜드의 이점을 확인할 수 있다.
- 산업별로 인브랜딩 개념의 장점과 단점을 알 수 있다.
- 산업이 크게 일상화되었다 해도 차별화 개념을 발굴해 성공적으로 실행할 수 있다.
- 여기서 살펴본 산업들은 브랜딩을 통한 진보적인 마케팅 혁신이 경쟁 우위를 창출할 수 있는 부문에 속한다.

INGREDIENT BRANDING

CHAPTER

6

인브랜딩 챔피언들

INGREDIENT BRANDING

테프론: 기술로 시장을 지배하다

E.I.듀폰드느무르앤컴퍼니(이하 '듀폰')는 일찍이 인브랜딩 개념을 활용한 회사 중 하나다. 1802년에 이 회사를 설립한 엘뢰테르 이레네 듀폰Eleuthere Irenee du Pont는 프랑스 과학자인 앙투안 라부아지에Antoine Lavoisier와 함께 화약을 연구했다. 북미에 상당한 수요가 있다는 사실을 알게 된 그는 프랑스에서 기계류를 수입해 화약 제조에 나섰다. 이후 사업이 번창하면서 좋은 이미지를 얻게 된 이 회사는 곧 미국에서 주요한 화약 공급업체로 부상했다.

듀폰은 여기서 멈추지 않고 계속 사세를 확장해갔으며 다이너마이트와 무연화약시장에도 진출했다. 오늘날 듀폰은 과학을 통해 세상 모든 사람의 안전하고 건강하며 더 나은 삶을 위해 꼭 필요하고도 지속 가능한 해결책을 제공하고 있다. 전 세계 70여 개국에서 사업을 운영하는 듀폰은 농업, 영양, 전자, 통신, 안전 및 방호, 가정 및 건설, 운송, 의류시장에 혁신적인 제품과 서비스를 제공한다.[1]

창업한 지 200년이 지난 지금도 듀폰은 창업자의 이름을 사명으

[그림 6-1] 듀폰 로고의 초기 버전과 현재 버전

로 사용하고 1909년에 만들어진 타원형의 로고를 쓰고 있다. 듀폰은 1955년부터 〈포천Fortune〉 500대 기업에 선정되었으며 2008년에는 306억 달러의 매출액을 기록하며 81위에 올랐다.

듀폰은 석유 기반 탄화수소를 활용해 큰 성공을 거둔 소재를 다수 개발하면서 폴리머 혁명을 이끌었다. 폴리테트라플루오로에틸렌PTFE 혹은 테프론은 1938년 4월 6일, 미국 뉴저지 주에 위치한 듀폰의 잭슨연구소에서 로이 플루니켓Roy Plunikett 박사가 발견했다. 냉각재 프레온을 활용한 가스를 연구하고 있던 플루니켓과 동료들은 농축된 냉각 테트라플루오로에틸렌 샘플이 즉시 중합되어 백색의 고체 PTFE로 변한다는 사실을 확인했다. PTFE는 무색무취의 가루로 완전히 새로운 특성을 지닌 플루오로폴리머였다. 플루니켓은 PTFE를 발견한 공로로 화학 부문 이사로 승진했다.

이렇게 개발된 PTFE는 1945년에 '듀폰 테프론'이라는 등록상표로 처음 출시되었다. 상대분자 질량이 2,000만 MW(분자 질량)가 넘는 테프론은 초대형 분자 중 하나였다. 테프론은 부드러운 표면을 형성해 어떤 물질이 달라붙거나 흡수되지 않았다. 이런 특성에 힘입어 테프론은 재료가 달라붙지 않도록 처리하는, 조리기구를 위한 특수 코팅제로 사용되었다.

초기에는 맨해튼계획Manhattan Project(제2차 세계대전 중에 이뤄진 미국의 원자폭탄 제조계획을 말한다 - 옮긴이)의 일환으로 군대에서 사용되었다. 듀폰은 제2차 세계대전 이후 새롭게 발견된 이 물질을 민간용으로 활용할 다양한 기회를 얻었다.

듀폰은 1988년부터 테프론을 활용한 신제품을 개발한 과학자에게 연구상을 수여해왔다. 듀폰은 맨해튼 프로젝트 이후에도 지속적으로 연구에 투자했으며 그 결과 1948년과 1962년 사이에 올론Orlon, 데이크론Dacron, 라이크라 같은 섬유들을 개발했다. 또한 1961년부터 계속 사업을 확장하면서 신제품을 개발해왔으며 그 회사에 속한 과학자들은 나일론, 셀로판, 케블라, 노멕스, 타이벡 같은 신소재를 개발했다. 듀폰의 첨단소재는 아폴로 우주 프로그램의 성공에 핵심적인 역할을 했으며, 소비자를 위한 응용 제품들은 크게 칭송받았다.

신소재 개발과 영웅 브랜드 발굴

화학산업이 직면한 과제 중 하나는 경쟁자와의 차별화에 대한 지속적인 압력과 늘어나는 최종 소비자의 요구다. 듀폰은 많은 사람의 삶을 개선한 수많은 혁신을 일으켰다. 과거에 선도적인 화학회사들은 세계시장을 지배한 덕분에 신뢰할 만한 기술을 바탕으로 폭넓은 제품 영역을 제공함으로써 소비자 수요를 충족시킬 수 있었다.

언급해야 할 또 다른 중요한 사실로는 많은 소매체인이 엄청난 영향력을 갖게 되었다는 점이다. 이는 소비재 제조업체들이 이익의 상당수를 마케팅과 광고에 재투자해야 하는 압력을 받는 이유 중 하나다. 다른 한편으로 구성품 공급업체들은 때로 완성품 제조업체들로부터 자체 브랜드를 개발하라는 압력을 받는다. 발달된 매스컴, 특히 인터넷 덕분에 이제는 제품에 대한 기술적인 정보를 누구나 쉽게 찾아볼 수 있다. 고객들은 언제 어디서 살지 결정하기 전에 온라인으로 손쉽게 여러 제품을 비교해볼 수 있으며, 기업들은 고객과 직접 의사소통할 수 있다.

화학산업은 현재 두 개의 유럽 기업, 두 개의 미국 기업 그리고 하나의 일본 기업이 지배하고 있다. 이 기업들은 비슷한 성장률을 보이며 시장 내의 순위는 거의 변함이 없다. 오로지 합병을 선택한 기업만이 더 빠른 성장을 이룩했다. 지난 몇 년간 화학산업은 위태로운 지경에 처해 있었다. 저렴한 가격 구조에 힘입어 아시아 기업들의 시장점유율이 꾸준하게 늘어났다. 이런 변화는 이 부문의 경쟁을 부추기는 결과를 초래했다.

수많은 유럽 기업들은 난관을 극복하기 위해 생산 시설을 유럽 이외의 나라들로 옮겨 비용을 낮추기로 결정했다. 또 다른 가능성은 마케팅이나 인브랜딩 전략에 투자하는 것이었다. 화학산업에서 회사 규모가 가장 크고 가장 많은 이익을 내는 듀폰은 테프론과 라이크라 외에 1,700개가 넘는 브랜드를 등록했다. 듀폰이 개발한 또 다른 인브랜드는 [표 6-1]을 참조하기 바란다.

[표 6-1] 듀폰이 개발한 인브랜드

브랜드명	소재	최종 제품 사례
쿨맥스CoolMax	직물 원단	스포츠 의류
코듀라Cordura	직물 원단	더플, 텐트
코리안Corian	마감재	싱크대 상판
데이크론Dacron	폴리에스터 섬유	의류
케블라Kevlar	브랜드 섬유	안전복, 안전장비
라이크라Lycra	스판덱스 섬유	의류, 스포츠 의류
마일라Mylar	폴리에스터 필름	항공용 경량 소재
스테인마스터Stainmaster	방오성 섬유	카펫
테프론Teflon	수지	조리기구 코팅
타이벡Tyvek	보호재	포장 및 주택 단열용 시트 구조

듀폰의 브랜드 전략은 등록된 상표의 광범위한 혁신과 최종 사용자에게 가져다주는 혜택을 바탕으로 회사가 소비자의 눈에 띄도록 만드는 것이었다. 듀폰은 인브랜드를 구축하는 데 있어 핵심 산업에 속한 다른 어떤 기업보다 큰 성공을 거두었다. 테프론에서 코리안, 케블라, 노멕스에 이르기까지 듀폰은 B2B 및 B2C 영역에서 영웅 브랜드를 만들기 위한 새로운 시장을 개척하는 선도적인 활동을 주도했다. 듀폰은 인텔이 인텔 인사이드 캠페인을 실시하기 훨씬 전에 테프론으로 인브랜딩 개념을 정립했다. 내부 자료에 따르면 1964년에 출시된 테프론은 현재 세계적으로 98퍼센트의 브랜드 인지도를 확보한 상태다.

듀폰은 인브랜딩을 통해 몹시 제한적인 고객업체와 공급업체의 일방적인 관계가 갖는 제약과 위험을 극복했다. 또한 광범위한 혁신을 통해 고객업체들을 새로운 제품 영역과 용도로 안내했다. 듀폰은 제

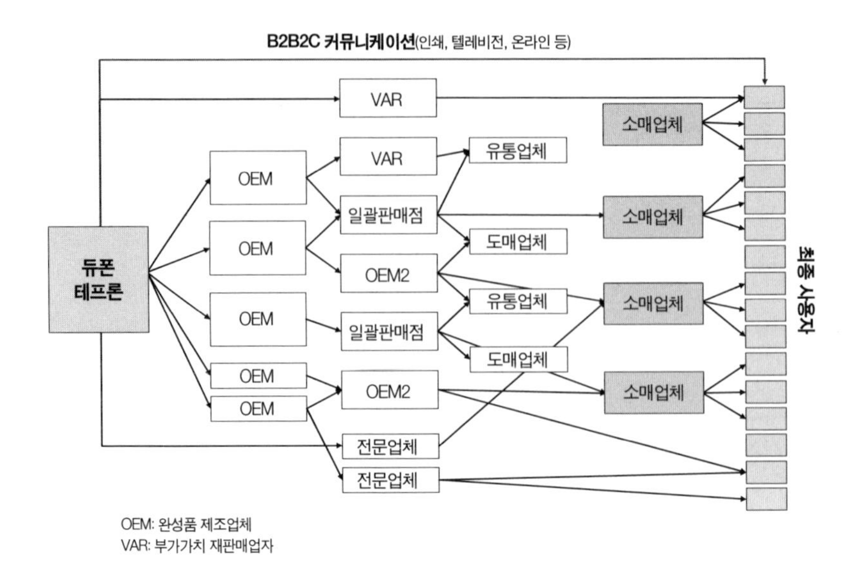

[그림 6-2] 테프론의 인브랜딩 커뮤니케이션

품 개선과 혁신, 추가 서비스, 더 빠르고 안정적인 전달 정책과 더 낮은 가격을 제공함으로써 고객업체들에게 직접적인 이점을 가져다주고 경쟁자들과의 차별화를 이루었다.

듀폰은 또한 기업 브랜드를 홍보했다. 듀폰은 자사의 홍보 문구에 '과학의 기적'이라는 태그라인을 추가한 후 1999년 4월에 〈월스트리트저널〉에 12쪽짜리 광고를 싣고 새 기업 브랜드 이미지를 선보였다.[2] 〈월스트리트저널〉은 듀폰의 새 브랜딩의 핵심 사항을 소개하면서 항공, 농업, 의류, 전자, 제약 부문에서 200여 년에 걸쳐 이룬 제품 혁신의 역사를 부각하고 차세대 혁신을 암시하기도 했다.

같은 해에 듀폰은 "지구를 위해 할 일"이라는 제목의 글로벌 차원의 TV광고 시리즈를 선보였다. 2000년에는 배너 형태가 아닌 마이크로

웹사이트micro website(대형 웹사이트의 일부로 특정 대상을 목표로 정보를 제공하는 웹사이트 - 옮긴이)를 만들어 화학회사 최초로 화학자들을 겨냥하는 온라인 광고를 실시하기도 했다. 많은 제품별 홍보 활동도 이뤄졌다. 테프론의 경우 "테프론-듀폰 독자 생산"이라는 홍보 문구를 만들었다.

테프론이라는 브랜드로 개발된 응용 제품에는 플루오로폴리머 직물 원단, 의약품, 조리기구 등 다양하게 사용되고 있다. 현재 테프론 브랜드로 판매되고 있는 다양한 제품 부문은 [표 6-2]와 같은 브랜드 체계를 구성하고 있다.

듀폰은 2000년 초에 조리기구 제품 부문을 확대해 글로벌 비즈니스로 발전시켰다. 듀폰의 응용 제품은 해당 제품 부문에서 다른 제품

[표 6-2] 테프론의 제품 부문

제품 로고	브랜드	사업 내용
DUPONT Autograph	듀폰 오토그래프 De Pont Autograp	전문 요리사를 겨냥한 브랜드. 이 부문의 조리기구 및 냄비에는 오래 지속되는 특수코팅이 되어 있다.
Teflon Pro Platinum	테프론 플래티넘프로 Teflon Platinum Pro	자주 요리하지 않는 젊은 고객들을 겨냥한 브랜드. 그러나 스테인리스스틸과 알루미늄을 함유해 높은 품질을 선보인다.
Teflon Select	테프론 셀렉트 Teflon Select	요리를 많이 하는 가족을 위한 브랜드. 어른과 아이를 막론하고 전 가족이 요리에 참여할 수 있도록 설계되어 있다.
Teflon Classic	테프론 클래식 Teflon Classic	테프론의 기본 버전이다.

구성품들이 제공하지 못하는 탁월한 해결책을 제시했다. 대표적인 제품으로는 해양용 코팅제 같은 거친 환경을 위한 페인트, 투명 코팅을 입힌 렌즈, 와이퍼 날, 진일보한 카펫 보호제, 윤활제, 스포츠용품, 건강관리용품, 광전지용 유연필름flexible film 외 다수가 있다.

2003년에 듀폰 섬유 및 인테리어 사업부는 전략적인 이유로 '인비스타'라는 별도 사업부로 독립했다. 이 사업부는 2004년에 63억 달러의 매출을 올렸으며 1만 8,000명의 직원들이 매우 다양한 소재를 생산했다. 그해 인비스타는 에너지 기업 코흐에 매각되었다. 듀폰은 응용 제품보다 가치사슬의 하위 단계 활동에 치중한다는 새로운 경영 방향에 맞춰 응용 산업 부문을 계속 보유했다. 폴리에스터 공급업체인 코사의 모회사이기도 한 코흐는 〈포브스〉에 따르면 미국에서 가장 큰 개인 기업이다.[3]

미구 캔자스 주 위치타에 자리 잡은 코흐는 정제 및 화학, 공정 및 오염 관리 설비와 기술, 광물 및 비료, 폴리머 및 섬유, 원자재 및 금융상품 거래와 서비스, 임업 제품 및 소비자 제품에 관련된 기업들을 보유하고 있다. 현재 전 세계 60여 개국에 진출해 약 7만 명의 직원들을 둔 코흐의 매출액은 연간 1,000억 달러 수준이다. 코흐는 장기적인 성공에 초점을 맞추고 가치에 대한 환상보다 실질적인 가치의 창출을 추구한다. 코흐는 인비스타와 함께 라이크라, 스테인마스터, 테프론 브랜드도 함께 인수했다.

인비스타가 참여하면서 듀폰의 인브랜드 관리는 새로운 경지에 올랐다. 인비스타는 혁신을 계속하면서 시장에 어드밴스트 테프론 Advanced Teflon이라는 새로운 소재를 선보였다. 인비스타의 북미 특수 원단 부문 매니저인 리사 프로머Lisa Pfrommer는 어드밴스트 테프론을 사용한 가정용 응용 제품으로 가구 덮개에 쓰이는 세척 가능한 직물을 소개했다.[4] 그녀는 테프론의 브랜드 인지도가 세계적으로 98퍼센트 이상이라고 말했다.

완성품 제조업체들이 테프론 브랜드와 태그를 달려면 세 가지 요건을 충족해야 한다. 첫째, 시바 스페셜티 케미컬스Ciba Specialty Chemicals가 만든 플루오로 화학제품을 도포해야 한다. 둘째, 테프론 섬유보호제로 처리한 섬유에 대한 글로벌 성능 요건을 충족해야 한다. 셋째, 가공업체나 마감업체가 인비스타의 테프론 섬유보호제에 대한 라이선스 계약에 서명해야 한다.

인비스타는 북미에서 다양한 가정용 섬유 및 의류 응용 제품에 테프론이 제공하는 이점을 설명하고 '매일을 편리하게 만드는 방식'을 강조하는 TV 및 인쇄광고를 내보냈다. 2004년부터 지금까지 계속된 이 캠페인은 퀘이커패브릭, 로라애슐리, 아메리칸텍스타일, 루이스빌베딩, 퍼시픽코스트페더, 스프링스를 비롯한 산업 협력업체와의 맞춤형 홍보도 함께 전개했다.

로라애슐리와의 협력관계

인비스타어패럴은 시장에 또 다른 제품을 선보였다. 바로 소파나 쿠션 덮개에 사용되는 새로운 종류의 듀폰 테프론이었다. 기름이나 때가 묻지 않는 고도의 방오 기능을 가진 이 제품은 '테프론 섬유보호제'라 불린다. 2004년 4월부터 테프론 섬유보호제를 사용해온 영국 브랜드 로라애슐리는 고급 가정용품을 전문적으로 생산한다. 특수 소재의 테프론은 섬유에 때가 묻지 않게 하고, 질기고 오래가며, 관리하기 쉽게 한다.

로라애슐리가 테프론 섬유를 사용하기로 결정한 데는 이유가 있었다. 테프론 섬유는 고전적인 스타일과 현대적인 기술의 조화를 상징했다. 로라애슐리의 가정용 섬유 제품 사업부 구매 담당 이사인 머리 스티븐스Meri Stevens는 "테프론 섬유보호제는 가구용 섬유시장에서 우리가 중요하다고 생각하는 두 가지 중요한 혜택인 뛰어난 효능과 관리의 편의성을 제공합니다"라고 말했다. 오늘날 고객들은 세탁기로 빨 수 있고 다림질이 필요 없는 관리하기 편한 섬유 제품을 원하는데 테프론 섬유보호제는 그것을 가능하게 한다.

로라애슐리와 인비스타어패럴의 협력관계는 2003년 9월부터 시작되었으며 테프론 섬유는 그때부터 판매되었다. 인비스타는 테프론 섬유를 광고하기 위해 "매일을 편리하게 만듭니다"라는 캠페인에 700만 유로를 투자했다.[5] 혁신으로 유명하며 라이크라, 스테인마스터, 앤트론, 쿨맥스, 서모라이트, 코듀라, 서플렉스, 탁텔을 비롯해 수많은 성공적인 브랜드들과 협력한 인비스타는 이렇게 말했다. "테프론 브랜드는 소비자로 하여금 관리의 편의성에 대한 약속을 떠올리게 합니다."

인비스타어패럴은 제품 품질을 개선하기 위해 어드밴스트 테프론의 노하우를 활용했다. 이 회사는 테프론이 개발한 섬유를 직물에 접목했다. 이와 같은 제품 및 브랜드 협력관계는 특수 소재의 성격과 테프론 품질에 대한 이미지 덕분에 신제품에 대한 소비자의 인지 가치를 향상시켰다. 직물의 표면은 테프론 특수섬유들의 두께 차이에도 불구하고 매끄럽고 판판하게 느껴졌으며 촉감이 좋고 부드러우며 반들반들한 느낌을 주었다. 인비스타어패럴의 마케팅 팀은 고객들이 촉감이 좋고 관리하기 편한 제품을 선호한다는 사실을 발견했다. 직물회사들은 인비스타가 만든 제품을 통해 최신 기술을 접목시킨 혁신적인 완성품으로 소비자에게 긍정적인 인상을 심어줄 수 있었다.

돌비: 혁신으로 업계를 선도하다

또 다른 성공적인 인브랜딩 사례는 돌비래버러토리스(이하 '돌비')다. 이 회사는 오락산업의 다양한 분야에 진출해 훌륭한 음향 효과를 연출해낸다. 돌비는 1965년에 미국인 레이 돌비Ray Dolby가 설립했다. 1961년에 케임브리지대학에서 물리학 박사학위를 받고 영국과 인도에서 다양한 컨설팅 활동을 한 그는 전자기기 제조회사 암펙스에서 동영상 녹화 시스템을 개발하고 아날로그 카세트 녹음기에서 소음제거 시스템을 개발해 유명해졌다. 처음에 돌비는 음반회사를 위한 전문적인 녹음 시스템을 생산했다. 이 회사는 자사 제공물의 사용과 관련해 당시 카세트 녹음기를 제조하던 기업들을 대상으로 처음에는 오픈릴 테이프에, 뒤이어 1970년에는 카세트 녹음기에 사용을 허가해 주었다.

돌비의 새로운 사양은 녹음 음악을 듣는 고객의 경험에 변화를 불러일으켰다. 분기별로 완성품과 그 출시와 관련해 저렴한 라이선스 수수료가 청구되었으며 이런 구조 덕분에 라이선스업체가 빠르게 늘어났다. 다음 단계는 소음제거 시스템을 집적회로에 통합하는 것이었다. 돌비는 이번에도 시스템을 개발해 제조업체를 지원했으며 라이선스 수수료는 제품이 최종 고객에게 판매될 때만 청구되었다.

돌비의 또 다른 제공물은 사전 녹음된 카세트테이프와 함께 등장했다. 고객들은 돌비 시스템을 사용하지 않는 카세트 녹음기로 음악을 들을 때도 이 카세트테이프를 선호했다. 이 카세트테이프들에는 돌비 시스템 로고가 선명하게 표시되어 있었다.

현재 돌비가 라이선스를 주는 기술에는 아날로그 카세트 녹음기의 소음제거 시스템과 홈시어터 입체음향 기술 이외에 DVD, 디지털TV, 디지털케이블, 위성방송에 사용되는 다채널 디지털 입체음향 포맷인 돌비 디지털이 있다. 최근에 돌비가 거둔 성공은 컴퓨터 칩에 접목한 음향 기술의 개발에서 비롯되었다. 이 부문에서도 동일한 라이선스 발급과 브랜딩 원칙이 적용되었으며, 이의 성장은 많은 소비자가 이런 제품들을 선호한다는 사실을 다시 한 번 증명했다.

이 밖에 돌비는 음향 편집 시스템을 개발하고 영화, 라디오, DVD, 컴퓨터게임, 영화관을 위한 솔루션을 제공한다. 배경 소음이 제거되도록 설계된 돌비의 이 라이선스 기술은 오락산업의 많은 응용 제품에 사용된다.[6] 현재 돌비라는 이름은 고유한 음향 체험의 동의어로서 세계적인 명성을 누리고 있다. 2008년에 돌비는 전 세계적으로 976명의

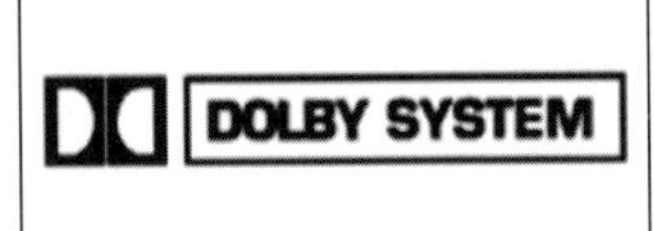

[그림 6-3] 돌비 시스템과 돌비 디지털 로고

[표 6-3] 돌비의 연간 손익계산서

(단위 : 100만 달러)

연도	매출액	매출총이익	영업이익	당기순이익	주당이익 (순이익)
2007. 9	482,0	407,8	186,9	142,8	1,26
2006. 9	391,5	315,5	129,6	89,6	0,80
2005. 9	328,0	247,8	84,1	52,3	0,50

직원들을 고용했고 전년보다 매출이 38.7퍼센트 늘었다. 그리고 2009년의 매출은 약 4억 8,200만 달러였다. 이익률은 29퍼센트가 넘으며, 이익의 80퍼센트는 라이선스 수수료에서 나온다. [표 6-3]은 돌비의 주요 재무 데이터를 보여준다.

돌비 디지털 기술과 모바일 기술

돌비의 본사와 연구소 그리고 생산 시설은 미국 캘리포니아 주 샌프란시스코에 있다. 유럽시장은 런던에서 관할하고 있으며, 뉴욕, 로스앤젤레스, 홍콩, 상하이, 베이징, 도쿄에 사무소를 두고 있다. 돌비는 미국, 유럽, 아시아 지역 규제기관들의 각기 다른 요건을 충족시키기 위해 이곳들을 선택했다.[7] 돌비는 현재 780개의 특허와 770개의 등록상표를 보유하고 있다. 전문적인 사용자와 일반 사용자들 사이에서 이제 아날로그 기술은 디지털 기술로 대체되고 있다.

현재 시장에 나와 있는 대다수 영화와 DVD는 1992년에 처음 소개된 기술로 만들어진 것으로, 이 기술은 새로운 디지털 시대의 시작을 알렸다. 돌비 디지털 기술이 적용된 최초의 DVD는 1997년에 시장에 등장했다.[8] 대표적인 성공 사례로는 영화 〈황야의 마니투Manitou's

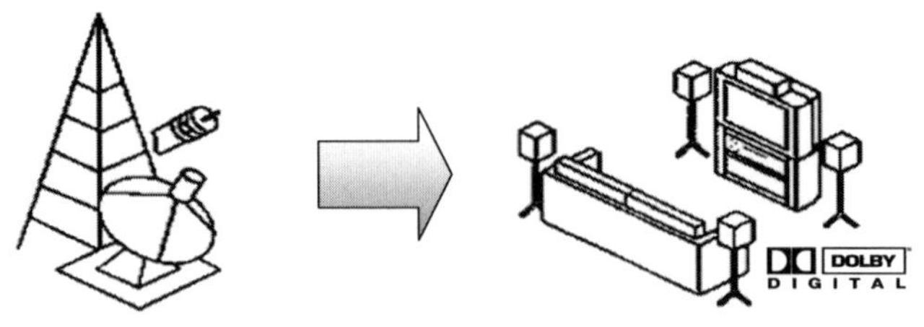

무선통신, 위성, 초단파 전방향 무선통신,
케이블 전송

셋톱박스 내지 디지털 텔레비전 수신기를 통한
디지털 텔레비전 방송

[그림 6-4] 돌비 디지털의 원리

Shoe〉와 〈터미네이터The Terminatoror〉 시리즈가 있으며 여기에는 돌비 디지털 입체음향 기술이 사용되었다. 5.1채널 음향은 직접적이고 또렷하며 매우 현실적인 음향 효과를 연출해낸다. 돌비 생산라인에서 출시된 가장 폭넓게 이용되는 돌비 디지털 기술은 DVD 플레이어, 컴퓨터, 게임기, 디지털TV, 영화 사운드트랙 등에서 폭넓게 찾아볼 수 있다.

소비자들은 돌비 디지털 기술에 더해 영화 음향의 질을 유지시켜주는 돌비 헤드폰 기술도 이용할 수 있다. 돌비 디지털 기술은 게임기 부문도 지배한다. 마이크로소프트 엑스박스, 소니 플레이스테이션, 닌텐도 게임 큐브 등 유명한 게임기는 돌비 디지털 기술을 활용해 비디오 게임 마니아들에게 특별한 시각적 경험을 창출한다. 입체음향을 제공하는 컴퓨터게임은 마치 게임 속에 들어간 듯한 분위기를 연출해 게이머를 다른 세상으로 인도한다.

하드웨어와 소프트웨어 솔루션에 돌비 기술을 이용하는 기업에는 어헤드소프트웨어, 애플, 델, 후지쯔-지멘스, HP, 로지텍, 마이크로소프트, 소니, 도시바 등이 있다.

돌비는 현재 음향 기술로 전 세계 오락산업에서 지배적인 위치를 차지하고 있으며 사실상 최종 소비자를 대상으로 마케팅을 할 필요가 없다. 돌비 웹사이트에서 '오락을 정의하는 기술'이라는 슬로건을 접할 수 있지만[9] 이외에는 자가 마케팅을 위한 노력을 거의 하지 않는다. 돌비 음향 장비를 갖춘 극장들은 영화를 상영하기 전 광고를 통해 관객에게 특별한 음향 경험을 제공한다는 점을 강조한다.

이렇듯 돌비의 기술을 활용한다는 사실을 강조하는 일은 대개 제조업체의 몫이다. 돌비의 이름을 광고에 활용하면 추가적인 혜택을 얻을 수 있기 때문이다. 돌비의 긍정적인 이미지와 기술은 제조업체 브랜드의 이미지와 수익성에 긍정적인 영향을 미친다. 영화 관람객들은 종종 두 개의 D로 표시되는 돌비 서라운드나 돌비 디지털 사운드를 사용한 영화를 선호한다. 돌비 기술을 필수적인 구성품으로 사용하는 라이선스 업체들은 종종 특수한 기술 내지 단지 두 개의 D 로고를 활용해 돌비 하우스 브랜드를 광고한다.[10]

2007년 말 돌비는 휴대전화에서 오락물을 고성능으로 재생할 수

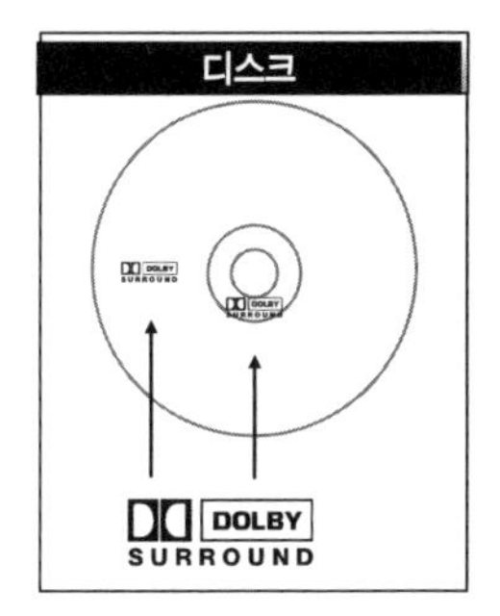

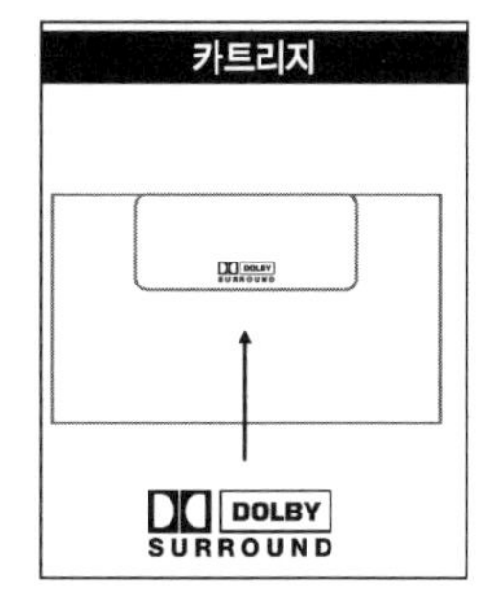

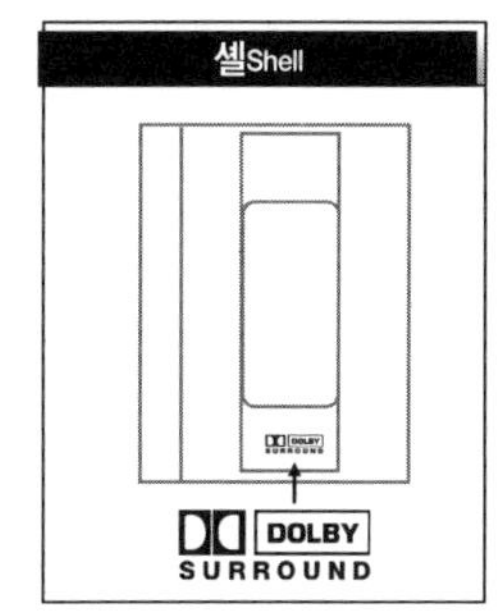

[그림 6-5] 제품별 돌비 로고 삽입 위치

있는 음향처리 기술 플랫폼인 돌비 모바일 기술을 활용한 첫 휴대전화를 일본 NTT도코모가 출시할 거라고 발표하면서 이동통신으로 사업 영역을 확장했다. 조만간 이 시장에서 돌비가 제공하는 경험이 어떻게 뛰어난 음질에 대한 고객의 인식을 변화시키는 보게 될 것이다.

고객에게 직접 접촉하는 마케팅

2001년에 돌비의 초대 글로벌 브랜딩 이사로 임명된 앤디 스미스 Andy Smith는 이전에 인텔에서 마케팅 전략 이사로 일하면서 마케팅과 브랜딩을 주도해왔다. 돌비는 인브랜딩을 기업 전략의 일부로 공식화한 적이 단 한 번도 없지만 세계적으로 인브랜딩의 성공 사례로 알려졌다. 돌비는 돌비의 음향 기술이 영화관을 가든, DVD로 영화를 보든 훌륭한 오락 경험의 핵심 요소라는 점을 잘 알고 있다. 돌비는 견인 효과를 자주 경험했지만 역시 경영 관련 발언에서 이에 대해 언급한 적이 단 한 번도 없다.

돌비 브랜드는 전 세계에 걸쳐 최고의 영화 음향을 대표하는 브랜드로 인식된다. 브랜드에 대한 이런 인식을 수익으로 연결하기 위해 돌비는 홍보용 포스터와 트레일러를 비롯해 다양한 마케팅 프로그램과 자료를 돌비 음향 설비를 갖춘 모든 영화관에 제공한다. 이런 일련의 활동들은 최종 고객에게 접근해 돌비 음향 설비를 갖춘 영화관과 영화산업이 번창하도록 돕는다. 돌비 음향 시스템을 활용해 매우 인상적이고 재미있는 광고 영상이 북미에서 드림웍스와의 협력으로 제작되기도 했다. 이런 방식의 고객에 대한 직접적인 접근방법은 복잡한 제품이나 서비스를 좀 더 효과적으로 마케팅하는 열쇠로서 인브랜

[그림 6-6] 최종 사용자를 대상으로 한 돌비의 영화관 홍보 영상

딩의 힘으로 여겨지는 견인 효과를 창출했다.[11]

돌비의 경우 어떤 완성품이나 서비스 제공업체도 인브랜드를 광고와 포장에 표시하기 위해 자체 브랜드 구축을 양보할 필요가 없었다. 그 이유는 돌비가 네 가지 혜택을 제공하기 때문이다. 첫째는 특허로 보호되고 고도로 차별화되어 전반적인 제품의 품질을 돋보이게 해주는 구성품이다. 둘째는 음향 시스템과 음향 경험을 개선해 완성품의 기능적 성능 면에서 핵심적인 역할을 하는 구성품이다. 셋째는 대부분의 인브랜딩 사례와 달리 돌비가 참여하면 완성품 자체가 효과적으

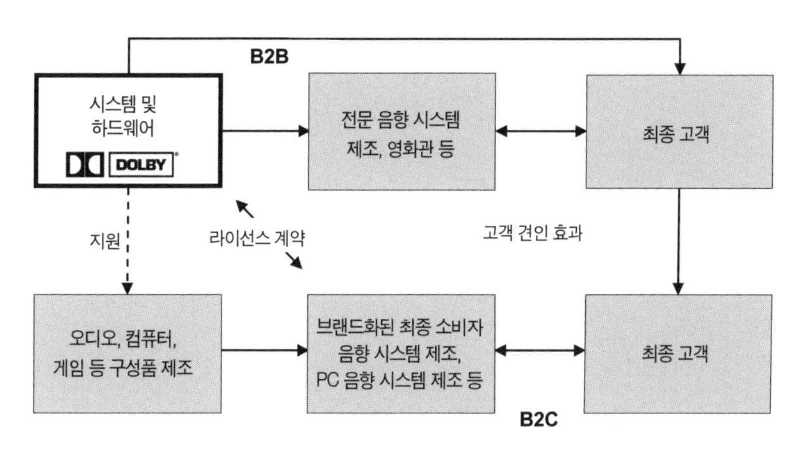

[그림 6-7] 돌비의 사업 모델

로 브랜드화된다. 그러나 돌비가 기술을 적용하는 제품 부문이 변화하고 있으며, 소비자는 오디오 카세트부터 CD, DVD, 휴대기기까지 각 부문에서 돌비로 개선된 성능을 경험하고 있다. 마지막으로 완성품은 구성품을 제부품시장에서 별도로 판매할 수 있는 복수의 기업이 공급하는 구성품들의 조합으로 이뤄진 것이라는 점에서 매우 복잡하다.

테트라팩: 고객 커뮤니케이션으로 차별화하다

"테트라팩, 단순한 용기 이상의 것."

스웨덴의 음식물 포장용기 제조업체 테트라팩의 이야기는 1943년에[12] 루벤 라우싱Ruben Rausing 박사가 경제적이고 위생적인 우유갑을 개발하면서 시작되었다.[13] 테트라팩의 핵심은 혁신적인 기술이었고 사면체tetrahedron는 당시에 전혀 새로운 포장 형태였다. 사면체는 나중에 이 회사의 사명을 정하는 데 결정적인 힌트가 되었다.

라우싱은 종이와 플라스틱으로 구성된 혁신적인 코팅과 상자를 밀봉하는 특수 기술을 발명했다. 1951년에 창립된 AB-테트라팩은 스웨덴의 룬드에서 이 기술을 지속적으로 발전시켰다. 1963년에는 테트라브릭을 선보였고 1965년에는 테트라렉스 포장 개념이 탄생했다. 테트라브릭의 벽돌 모양 포장은 유럽의 화물운반대에 쌓기 위해 특별히 설계된 것으로서 지금도 공간 사용의 효율성이 매우 뛰어나다고 평가받는다.

라우싱은 유럽과 다수의 개발도상국에서 '바로 먹을 수 있는 포장제품'[14]에 대한 수요가 있다는 사실을 발견하고 1961년에 스위스에서 저온살균 우유를 무균 충전하는 포장 시스템을 최초로 선보였다.

이후 1970년대에는 생산을 늘리고 사업 규모를 키웠으며 1990년대 초반에는 글로벌시장에서 확고한 위치를 자리 잡았다. 현재 전 세계 165개국에서 사업을 운영하는 테트라팩은 테트라라발그룹에 속한 세 개의 독립적인 사업 부문 중 하나다.

테트라팩은 현재 판지 포장뿐만 아니라 플라스틱 포장 사업에까지 진출해 있다. 이 회사의 폭넓은 사업 포트폴리오에는 식품 가공 시스템, 포장 소재, 종이갑 및 플라스틱 병 제조, 충진기 및 외부 포장이 포함된다. 한마디로 테트라팩은 식품업체의 개별적인 요구와 제품에 맞는 완전한 시스템을 공급한다. 그러나 포장 기술에 있어 세계시장의 리더가 되는 것은 쉽지 않은 일이었다. 다른 포장재 제조업체들과 생태계 보호단체들은 테트라팩이 무명에서 벗어나 스스로를 차별화하는 과정에서 여러 가지 마찰을 일으켰다. 이에 따라 테트라팩은 1993년에 소비자의 머릿속에 품질과 재활용성에 대한 공감과 신뢰를 심어줄 수 있는 '똑똑한' 캠페인을 시작했다.[15]

캠페인의 첫 단계는 브랜드명을 널리 알려 인지도를 쌓는 일이었다. 이 단계는 정치인과 교사 그리고 언론인들을 겨냥했으며 잡지 광고의 형태로 감성적인 브랜드 광고만을 내보냈다. 주된 목표는 '재활용'이라는 핵심 개념을 알려 제품을 광고하는 것이었다. 독일에서는 아인트라흐트 프랑크푸르트Eintracht Frankfurt 축구팀을 후원해 존재감을 드러내기도 했다.

이런 브랜드 전략은 실시한 지 2년 만에 대성공을 거둬 테트라팩을 종이갑과 동의어로 인식하게 되었다. 그 결과 오늘날 대다수 독일인들은 브랜드명인 줄 모른 채 '종이갑' 대신 '테트라팩'이라는 말을 쓴다.

철저한 테스트를 통한 품질보증

테트라팩이 고객업체와 맺은 협력관계의 특징은 새로운 아이디어에 대한 열린 태도다. 다시 말해 테트라팩은 신제품 개발, 신 시장 개척, 가공, 포장, 마케팅, 음료용기 재활용 등 모든 단계에서 고객업체의 입장에서 식품시장의 트렌드를 수집하고 변화하는 소비자의 요구를 분석한다. 테트라팩은 이 모든 정보를 활용해 고객업체와 함께 적절한 식품용기를 개발한다.

테트라팩 포장 소재는 지속적인 테스트를 거쳐 개발되고 있다. 이를 위해 테트라팩은 독일 슈투트가르트 시에 자체 연구소를 운영한다. 이 연구소에서는 과학자와 기술자들이 장기적인 테스트를 통해 포장 소재와 내용물이 서로 어떻게 반응하는지 살핀다. 예를 들어 식용유가 장기간에 걸쳐 종이갑의 내부 코팅에 어떻게 반응하는지 연구하고 협력을 통해 새로운 포장용품도 개발한다. 테트라팩은 개발 과정에서 대학 및 외부 연구소와도 긴밀하게 협력해 과학과 기술 부문의 최신 트렌드를 파악한 다음 고객에게 전달한다.

요약하면 테트라팩은 전 세계의 공급업체 및 고객업체와 긴밀한 협력관계를 맺고 최종 고객에게 큰 만족을 주기 위한 성공적이고 혁신적인 솔루션과 고품질 친환경 제품을 제공한다.

브랜드 라벨과 태그라인

제품의 라벨은 브랜드를 나타내고 알아보게끔 한다. 테트라팩은 포장 부문에서 품질과 안전의 상징이 된 상표로 자리 잡았다. 이 상표는 처음에는 용기 아래쪽, 뒤이어 측면에 인쇄되다가 지금은 용기 상

[그림 6-8] 테트라팩의 브랜드 로고들

단에 분명하게 인쇄되고 있다.[16] 태그라인으로는 "좋은 것을 보호합니다"라는 문구가 사용된다.

견인 효과와 차별화

테트라팩의 모든 제품은 "용기는 그것을 제작하는 데 드는 비용보다 더 많은 돈을 아낄 수 있도록 해야 한다"는 창업자 라우싱의 원칙에 기초한다. 용기는 더 적은 자원을 사용하고 더 친환경적으로 제조되어 비용 효율성과 환경적 배려 면에서 더 많은 가치를 제공해야 한다는 것이다. 테트라팩 용기는 많은 것을 제공해 제조업체의 제품 가치를 높여준다.

테트라팩은 "테트라팩, 단순한 용기 이상의 것"이라는 또 다른 철학도 갖고 있다. 이는 혁신적인 제품과 시스템을 개발해 비전을 기반으로 경쟁우위를 확보해야 한다는 것을 뜻한다.[17] 테트라팩의 성공적인 차별화 전략은 직접적인 고객업체와 공급업체의 관계에서 브랜드의 대체성을 지속적으로 줄여나간다. 또한 소비자가 구체적으로 테트라팩 용기를 요구하는 견인 효과도 유발한다. 소비자가 테트라팩을 품질과 연계하면서 다른 용기를 거부함에 따라 고객 충성도가 높아지고 경쟁자들이 시장으로 진입할 가능성이 줄어든다.

커뮤니케이션 전략

테트라팩의 전략은 고객업체와의 지속적인 협력과 대화에 크게 좌우된다. 고객업체와 함께 시장에서 제품이 거둘 수 있는 최대의 성공[18]을 추구하는 테트라팩은 완성품 제조업체와의 공동 커뮤니케이션 활동을 매우 중시한다. 예를 들어 프록터앤드갬블은 발렌시나 오렌지주스와 연계해 "테트라팩을 위한 때가 무르익었습니다"라는 내용으로 테트라팩을 광고한다. 음료회사인 아폴리나리스앤드슈웹스는 현재 사일런스 생수를 세계시장의 리더가 만든 테트라 프리즈마 용기에 담는다. 강력한 두 브랜드의 조합에 따른 시너지 효과는 경쟁자들을 압도하는 높은 경쟁우위를 창출한다.[19]

테트라팩은 새로운 음료 개발 단계에서도 제조업체와 협력하는 소위 비즈니스 개발 프로그램을 운영한다. 테트라팩은 제조업체가 시장분석을 통해 소비자 선호도를 파악할 수 있도록 돕는다. 두 회사는 같은 디자인 스튜디오에서 공동으로 제품 용기를 디자인한다. 적절한 용기에 담긴 고객업체의 신제품 음료에 대해 테트라팩은 연합 광고, 소비자 정보, 캠페인 등을 통해 마케팅을 돕는다. 예를 들어 조 클레버 우유 급식 프로그램the Joe Clever school milk program은 아이들에게 몸에 좋고 균형 잡힌 간식을 제공하려는 의도로 만들어졌다.[20] 이 프로그램은 '종이를 만듭시다' 활동의 날을 비롯해 우유 급식과 관련된 여러 가지 흥미로운 행사도 마련했다. 이런 행사들은 재미있고 유쾌한 방법으로 아이들에게 음료 용기가 재활용되는 과정을 보여주는 것을 목적으로 한다.

모두를 위한 파트너십

"시장의 난관을 극복하려면 신념과 상상력 그리고 믿을 만한 협력업체가 필요합니다. 테트라팩, 단순한 용기 이상의 것."[21]

테트라팩은 고객업체를 위한 시스템을 마련하기 전에 구체적인 필요와 요건에 맞게 기술적인 계획을 세운 다음 적절한 포장 시스템을 선택하고 가공 설비, 충진 설비 그리고 포장 소재를 제공한다. 테트라팩은 미국 텍사스 주 호흐하임의 교육센터에서 고객업체 직원들을 대상으로 충진기를 다루는 데 필요한 이론과 실무 기술을 가르친다. 또한 생산이 항상 순조롭게 이뤄질 수 있도록 하기 위해 기술자와 엔지니어들이 24시간 대기한다.

식품시장은 갈수록 글로벌화되고 있다. 테트라팩은 세계적인 영향력을 활용해 견실한 협력업체를 소개하고 글로벌시장에 대한 지식을 제공해 고객업체의 해외 마케팅을 돕는다.

새로운 광고 캠페인

"테트라팩은 좋은 것을 보호합니다." 이 문구는 2004년부터 사용되어온 테트라팩의 새로운 기업 모토이자 광고 캠페인을 위한 슬로건이다. 이 캠페인은 식품 보호에 대한 용기 제조업체의 약속을 부각하기 위한 것이다. 테트라팩은 햇빛으로부터 내용물을 보호하고, 맛을 보존하며, 환경에 도움을 주고, 신선도를 유지하며, 파손을 방지해준다.

테트라팩은 이 캠페인을 위해 짧고 기발한 이야기를 담은 네 개의 TV광고를 제작해 모든 주요 채널을 통해 방송하고 잡지에도 광고를 실었다. 이 광고에는 우유나 비타민 혹은 맛을 지키는 사람들로 묘사되는 다양한 목표 집단이 등장했다.

테트라팩은 2006년에 세계 각지에서 새로운 광고 캠페인을 시작했다. 광고의 요점은 건강상의 혜택을 줄이거나 하지 않는 '비용 대비 가치' 개념이었다. 그해 7월 초 인도를 시작으로 12주 동안 전 세계에서 두 가지 광고를 선보였다. 테트라팩은 두 가지 다른 환경에서 초고온 처리 우유가 제공하는 이점을 알리는 데 광고의 초점을 맞췄다. TV 광고 캠페인을 뒷받침하기 위해 인도 각 도시에서 300개 점포를 선별했으며 뭄바이와 방갈로르에서는 소매 활성화 프로그램도 운영했다.

[그림 6-9] 2009년 테트라팩 광고

다른 나라에서도 비슷한 프로그램이 전개되었다. 2008년에는 중국과 남미에 대한 마케팅에 집중했다. [그림 6-10]은 2009년에 테트라팩이 제작한 광고를 보여준다.

테트라팩은 이런 소비자 커뮤니케이션을 통해 B2B 경쟁업체들 사이에서 한걸음 앞서나간다. 테트라팩은 다른 기계 제조업체와 달리 가공, 포장, 유통을 위한 완전한 시스템을 공급한다. 테트라팩의 가공 및 포장 시스템은 자원의 경제적 활용을 추구한다. 가공 시스템은 제품을 조심스럽게 다루도록 개발되며, 용기가 제조되고 유통되는 동안 원자재와 에너지의 소비는 최소화된다. 테트라팩의 용기는 제품의 품질 유지, 폐기물 최소화 그리고 유통비용 절감 기능을 갖고 있다.

테트라팩은 제품의 이면에 있는 회사가 고객의 필요를 중시하고 이해한다는 점을 분명하게 알리기 위해 노력한다. 제품의 품질이 개선되고 유통기한이 길어지면서 가치사슬의 중간 단계에 있는 업체들도

[그림 6-10] 2009년 테트라팩 광고

테트라팩 제품으로 인한 상대적인 이익을 본다. 이 두 가지 사실은 테트라팩의 성과에 큰 영향을 미치는 견인 효과를 창출한다. 현재 테트라팩은 거대한 세계 식품포장재시장에서 지배적인 위치를 차지하고 있지만 아직도 정복해야 할 지역시장이 많다. 그들에게는 인브랜딩 개념을 통해 더 많은 성공을 거둘 기회가 남아 있는 것이다.

비트렉스: 네트워크 접근방법을 실행하다

새로 임명된 사업부 매니저인 캐머런 스미스Cameron Smith는 영국 에든버러의 사무실에 앉아 장대한 스카이라인을 굽어보고 있었다. 그가 일하는 회사는 에든버러 성만큼 오랜 역사를 갖고 있다. 1815년에 설립된 멕팔랜스미스는 세계적인 제약회사로 천연 제품 추출과 화학적 합성물 부문에서 200년이 넘는 역사를 가지고 있다.

이 회사는 다방면에서 성공을 구가했지만 스미스의 책상에는 새로운 과제가 놓여 있었다. 바로 비트렉스, 더 정확하게는 '세상에서 가장 쓴 물질'에 대한 인브랜딩 개념을 전 세계 고객업체들을 대상으로 확대하는 일이었다. 이는 많은 참가자들이 관련되어 있는 사업이었기 때문에 결코 쉬운 일이 아니었다. 그와 전임자인 피터 맥켄지Peter Mackenzie는 회사가 비트렉스 마케팅을 시작한 이후 이 일에 뛰어들어 많은 성과를 거뒀다.

1958년에 멕팔랜스미스의 한 연구원이 개발 작업 중에 데나토늄 벤조에이트라는 화학물질을 발견했다. 그는 가루 형태로 만든 데나토늄 벤조에이트의 맛이 엄청나게 쓰다는 것을 확인하고 용제로 처리해

당시 표준 알코올 변성제인 브루신보다 훨씬 더 강력한 효과를 발휘하도록 가공했다. 맥팔랜스미스는 그해 데나토늄 벤조에이트를 영국과 캐나다 그리고 미국에서 '비트렉스'라는 이름으로 브랜드를 등록했다. 그리고 2년 후 영국시장에 출시했고 1980년대 초부터는 폭넓은 제품에 사용했다.

비트렉스는 아주 소량만 넣어도 해당 제품을 먹지 못하게 할 만큼 대단히 쓴 물질이다. 이 첨가제는 쓴맛에 민감한 어린아이들이 인체에 해로운 가정용품을 삼키지 못하게 하는 데 매우 효과적이다. 비트렉스의 또 다른 이점이자 결정적인 경쟁우위는 제품의 속성을 바꾸지 않고 원래 품질을 완전하게 보존한다는 것이다. 이 점은 종종 완성품의 판매 포인트로 활용되기도 한다. [그림 6-11]은 비트렉스의 화학식과 로고를 보여준다.

데나토늄 벤조에이트의 원래 용도는 산업용 알코올의 변성제였다. 알코올을 변성시켜 법적으로 마실 수 없는 것으로 만드는 데 이 물질이 대량으로 사용되었다. 지금은 가정용 세척제와 살충제 그리고 DIY 용품과 자동차용품에도 폭넓게 쓰이고 있다.

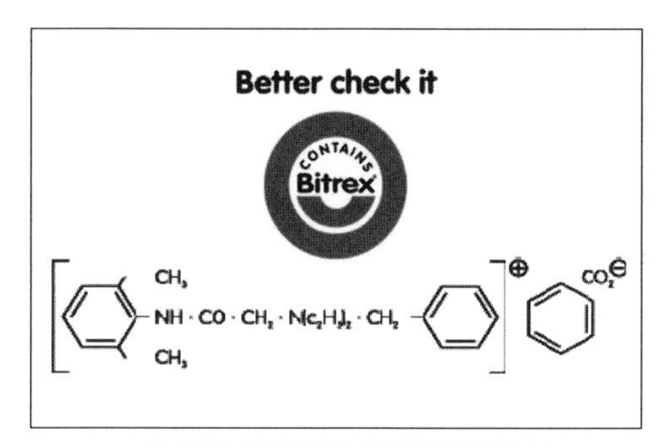

[그림 6-11] 비트렉스의 화학식과 로고

비트렉스는 1960년대 초에 영국과 미국에서 승인을 받은 뒤 세계적으로 40개국 이상에서 공인 변성제로 선택되었다. 산업용 알코올 화학식인 SDA40-B(비트렉스의 B)가 그 증거다. 이런 승인 절차가 필요한 이유는 모든 나라에서 연료 및 비식용 알코올이 주류 과세 대상에서 제외되기 때문이다. 이런 종류의 알코올은 당국이 정한 엄격한 요건을 충족해야 한다. 최근에는 자동차의 대체연료로 사용되는 바이오 에탄올도 그 대상에 포함되었다.

음독사고 방지를 위한 3단계 안전 관리

'세상에서 가장 쓴 물질'로 기네스북에 오른 비트렉스를 넣으면 어떤 액체도 마시지 못하게 된다.[22] 영국 카디프대학 심리학 교수인 도미니크 드와이어Dominic Dwyer는 비트렉스가 어린아이들의 음독사고를 막는 데 얼마나 효과적인지 증명해냈다.[23] 가정용품과 정원용품에 비트렉스를 극소량만 넣어도 금세 용해되어 안정화된다. 비트렉스는 개, 고양이, 쥐를 비롯한 많은 포유동물에도 효과적이다.[24]

비트렉스를 구매하는 두 번째 동기는 어린아이들의 안전이다.[25] 이는 영국을 비롯해 전 세계에서 실시된 초점집단 심층 분석을 통해 밝혀졌다. 제품 안전의 강화는 비트렉스가 제공하는 놀라운 혜택 중 하나이며 어린아이나 반려동물이 있는 소비자의 구매를 유도하기도 한다. 비트렉스 로고는 세계적으로 여러 제품들이 경쟁 제품과 차별화할 수 있도록 도왔다. 제품 부문은 세척 제품과 농화학 제품, 산업 제품, 자동차 제품을 망라한다.

멕팔랜스미스는 비트렉스가 음독사고를 막는 3차 방어선이라 주장한다. 가정용 화학제품은 무엇보다도 안전한 취급을 요한다. 이런 제품은 호기심이 많은 어린아이들의 손에 닿지 않는 곳, 가급적이면 잠금장치가 달린 찬장에 보관해야 한다. 또한 라벨이 제대로 붙어 있지 않은 다른 용기에 옮겨 담아서는 안 된다. 두 번째는 가정용 화학제품에는 어린이 안전마개를 달아야 한다. 어린아이들이 혼자서 열지 못하도록 만든 용기가 음독사고를 줄인다. 그렇다고 이 장치가 항상 효과적인 것은 아니다. 마지막으로 비트렉스를 함유한 제품을 구매하면 한층 안심할 수 있다. 가정용품이 어린아이들의 손에 들어가도 절대 먹을 수 없기 때문이다. 일부 가정용품은 달콤한 냄새나 밝은 색상으로 어린아이들의 관심을 끌기도 한다. 비트렉스 로고를 사용하는 모든 제품은 표준화된 맛 테스트를 거쳐 적절한 함유량을 결정한다.

비트렉스는 다목적 세척제, 주방세제, 욕실용 세제, 세탁용 액상세제 및 캡슐, 섬유유연제 등 다양한 세척용품에 첨가될 수 있다. 이들 제품은 모두 사용처 주위에 보관된다. 따라서 비트렉스는 안전한 보관, 어린이 안전마개, 비트렉스라는 3단계 안전 관리 프로그램의 필수적인 일부가 된다.

자동차용품부터 산업용 알코올까지 폭넓게 사용

비트렉스는 달팽이 및 민달팽이 독미끼 같은 농업용 제품에도 들어간다. 농사용이나 가정용으로 쓰는 독미끼를 다른 종이 섭취하면 매우 해로울 수 있다. 많은 메타-메타알데히드와 메씨오카브 기반 정제는 새들이 먹지 못하도록 밝은 색상을 띠며, 야생동물이 섭취하지 않도록 비트렉스를 함유한다. 이렇게 하면 개를 비롯한 가축의 음독사고도 막을 수 있다. 소비자들은 제품에 대한 추가적인 안전의 표지로 비트렉스 로고를 찾게 된다. 쥐나 바퀴벌레를 죽이기 위한 독미끼는 대개 어린아이와 반려동물이 접근할 수 있는 곳에 보관한다. 비트렉스는 음독사고를 막는 동시에 제품이 원래 목적대로 사용될 수 있도록 한다.

비트렉스는 많은 자동차용품에도 사용되어 인간과 반려동물을 보호한다. 자동차 부동액의 핵심 요소인 모노에틸렌글리콜MEG은 독성이 매우 강해 소량만 섭취해도 실명하거나 신체적 장애 심지어 사망까지 초래할 수 있다. 게다가 단맛이 매우 강하다.

도로나 차고 바닥에 뿌려진 부동액을 핥아먹고 개나 고양이가 죽는 사고가 발생하곤 한다. 최근 영국에서는 부인이 생명보험금을 노리고 요리에 부동액을 넣어 남편을 죽이려 한 사건이 발생하기도 했다. 미국의 여러 주들은 사고를 줄이기 위해 모든 MEG 기반 부동액에 데나토늄 벤조에이트를 넣도록 하는 법을 통과시키려 하고 있다. 프랑스는 이미 1997년에 같은 내용의 법을 통과시켰다.

자동차 워셔액도 대단히 해로운 제품으로 음독사고를 일으킬 수 있다. 대다수 제품들이 밝은 색상에 향기를 지니며 투명한 플라스틱 용기에 담겨 판매된다. 워셔액은 메탄올이나 에탄올을 다량 함유하고 있어 비트렉스로 음독사고를 예방하기에 안성맞춤이다. 일부 소매업체는 전체 자동차용품에 안전 첨가제로 비트렉스를 넣는다. 비트렉스는 브레이크액, 벌레 제거제, 타이어 세척제를 비롯해 다양한 다른 제품에도 첨가될 수 있다.

비트렉스가 가장 대규모로 사용되는 대상은 변성 과정을 거쳐 식품으로 쓰이지 못하도록 해야 하는 산업용 알코올이다. 변성된 에탄올B

는 업계의 표준 변성제다. 산업용 알코올은 원래 가격 변동이 심한 천연 제품인 브루신으로 변성된다. 1960년대 초반에 미국을 비롯한 40개국 이상에서 승인된 데나토늄 벤조에이트는 합성물질이기 때문에 브루신보다 나을 뿐만 아니라 심한 가격 변동을 겪지 않으며 대단히 쓴맛을 갖고 있다.

비트렉스를 활용할 수 있는 새로운 영역은 바이오에탄올과 재생연료다. 영국의 수송용 신재생연료 의무화제도RTFO(Renewable Transport Fuel Obligation)는 2008년 4월부터 연료 공급업체들이 전체 매출의 일정한 비중을 바이오연료로 채울 것을 의무화했다. 이 제도로 인해 2010년까지 영국에서 판매되는 모든 연료의 5퍼센트가 재생에너지원에서 나오게 된다.

바이오에탄올에는 2005년에 제정된 영국의 관세법상 변성 알코올 규제가 적용된다. 그에 따라 모든 바이오에탄올은 메탄올 1퍼센트에 데나토늄 벤조에이트 리터당 10밀리그램(10ppm)의 비율로 변성화해야 한다. 이 시장은 이제 막 개발되기 시작했으며 비트렉스의 주요 사용처가 될 것이다.

소매 보급과 네트워크 활동

많은 소매업체는 비트렉스의 개념을 이해하고 그것을 자사 제공물을 차별화하는 데 활용한다. 이 부문의 선두주자인 테스코는 고객을 위한 가치를 더하기 위해 마이크로밴 등 다른 인브랜드도 활용한다. 프랑스 소매그룹인 까르푸와 독일의 약국 체인 디엠은 이와 관련해 해당 국가를 선도하고 있으며 해외시장 진출을 통해 다른 나라에도 제공물을 전달한다.

멕팔랜스미스는 모든 국가에서 영국의 어린이 안전사고 예방재단이나 독일의 녹십자 같은 안전단체들과 협력한다. 이들 기관은 가정과 공공 영역에서 좀 더 안전한 환경을 조성하는 일을 지원하고 있다.

1960년대에 자동차용품과 관련된 사고를 줄이는 데 핵심적인 역할을 한 영국 왕립사고예방협회는 1984년에 비트렉스를 가정에서 어린이 안전도를 높이는 데 필요한 핵심 도구로 선정했다. 멕팔랜스미스는 이 조직 및 지역 대행사와 함께 안전사고 예방 프로그램을 실시한다. 2008년에는 독일 대행사 AT티펜바허에서 전국적으로 어린이 안전의 날 행사를 지원했다. 2008년에 독일 녹십자에서 카우프란트, 디엠 등 소매업체와 함께 어린이 안전과 음독사고 예방에 대한 인식 제고를 위한 활동의 공식적인 후원자가 되었다.

그 외에 팟캐스트 '어린이 안전 뉴스'를 제공하기도 한다. 이는 어린이 안전 관련 뉴스는 가정에서의 음독사고 위험과 예방법에 대한 정

Sainsbury's

Somerfield

[그림 6-12] 비트렉스를 활용하는 대형 소매업체들의 로고

보를 다루며 어린이 안전 전문가들과의 인터뷰도 담고 있다.

새로 개발된 어린이용 오디오북에서는 비트렉스 요원을 순찰 중인 안전 담당 형사로 소개한다. 2008년에 만들어진 이 오디오북은 주방과 욕실에서 두 개의 장면이 진행된다. 이 짧은 두 개의 이야기에서 아이들은 비트렉스 요원을 따라 여러 방을 돌아다니며 무엇이 위험한지, 어떻게 행동해야 하는지를 알게 된다.

이 오디오북은 비트렉스의 교육적 접근방법과 후원업체들의 책임의식을 보여준다. 구성품 공급업체, 안전운동단체, 다양한 소매업체, 때로 단일 제품 기업들은 힘을 합쳐 최종 고객에게 이르고, 어린이 안전 및 음독사고 예방에 대한 인식을 제고하려 노력한다. 그 결과 영국에서 발생한 음독사고에 대한 기록에 변화가 일어났다. 1989년부터 1998년 사이에 약 5만 건에서 4만 건으로 줄어든 뒤[26] 지속적으로 감

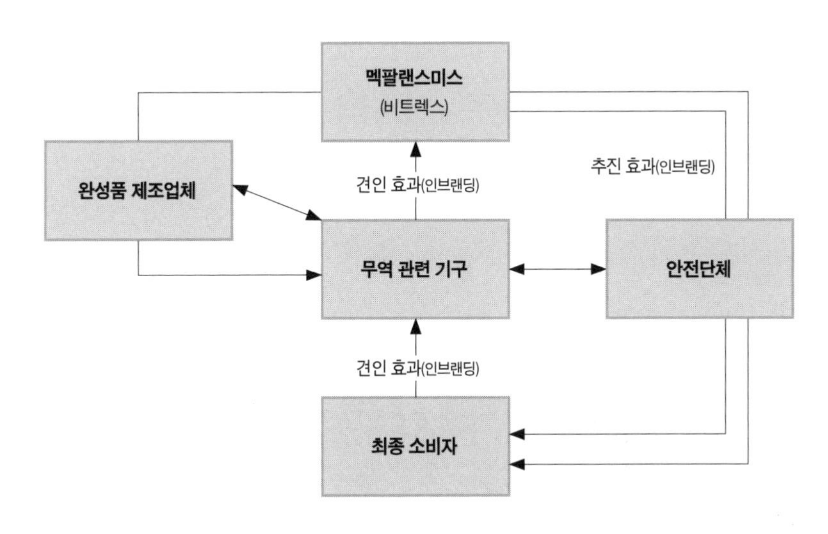

[그림 6-13] 비트렉스를 위한 네트워크 구성

소 추세를 이어가고 있다. 이런 사실은 다양한 참여자들의 협력이 성공을 거두고 있음을 말해준다. 비트렉스를 위한 네트워크 구성은 [그림 6-13]에 나와 있다.

고객에 대한 접근

멕팔랜스미스는 비트렉스를 최종 고객에게 홍보하는 데 많은 노력을 기울이고 있다. 목표 집단은 세상의 모든 부모들이며 북미에서는 브랜드 인지도 제고를 위해 특별한 홍보 캠페인을 펼치기도 했다.

사워푸스사진콘테스트The Sourpass Photo Contest는 달팽이 및 민달팽이 살충제인 버그젤라 같은 구체적인 제품을 부각해 소비자들에게 비트렉스와 관련한 사항들을 교육하는 쌍방향 안전 홍보 활동이다. 핵심 메시지는 제품의 무결성과 혁신이다. 이런 특별한 홍보 활동은 고객 차원, 업계 차원, 사내 판매 동기부여 차원에서 효과를 발휘해 인지도 제고뿐 아니라 매출 증대로 이어졌다.

이는 매장 방문객과 매출액 그리고 홍보 기회를 늘리는 유쾌하고 도덕적인 홍보 활동이기도 했다. 미국 북서 지역의 경우 이전에는 무명이었던 제품 판매량이 한 달 동안 25퍼센트나 늘었고, 비트렉스를

[그림 6-14] 비트렉스와 소매업체의 공동 홍보 내용

사용해 차별화할 기회를 얻을 수 있었다. 미국 전미안전협의회의의 자료는 제공하는 정보를 보완하면서 신뢰성을 담보해주었다. [그림 6-14]은 비트렉스와 소매업체의 공동 홍보 내용을 보여준다.

쓴 것이 더 안전하다

약국 체인 디엠은 쓴 첨가제가 어떤 유용성을 갖고 있는지 알게 되었다. 그들은 2003년 4월부터 40여 종의 자체 브랜드인 덴크미트 제품에 비트렉스를 첨가해왔다. 자체 브랜드 관리를 맡고 있는 경영진 울리히 마이스Ulrigh Maith는 "이 첨가제를 우리의 세정용품과 세척용품에 첨가하는 일은 고객에게 우리 제품의 안전에 대한 믿음을 주고 사고를 예방하는 좋은 방법입니다"라고 설명했다.[27] 이런 조치 덕분에 디엠은 제품의 가치와 비트렉스에 대한 고객의 인지도를 높일 수 있었다. 그 결과 두 제품과 기업은 모두 윈윈할 수 있었다.

비트렉스와 관련해 멕팔랜스미스는 전문화와 인브랜딩 개념을 결합함으로써 무명의 공급업체에서 벗어나 세계시장에서 영향력을 구축했다. 최종 고객과 적극적으로 소통하는 정책은 고객과 공급업체 사이의 지나치게 제한적인 일방향식 관계에 내재된 한계와 위험을 극복하고 견인 효과를 창출하는 데 핵심적인 역할을 했다. 이는 '정보를 더 많이 아는 고객들'과 관련해 매우 중요한 의미를 갖는다. 멕팔랜스미스는 비교적 광범위한 고객층을 상대하며 인브랜딩 전략을 사용해 시장 잠재력을 키울 수 있는 기회를 갖고 있다.

제조업체가 비트렉스 로고를 제품에 사용하려면 멕팔랜스미스와 라이선스 계약을 맺어야 하는데 계약의 주요 내용은 다음과 같다.

- 제품 테스트는 멕팔랜스미스에서 해야 한다.
- 비트렉스의 적정한 최소 함량에 합의해야 한다.
- 적절한 수준의 쓴맛을 보증하기 위해 필요할 경우 제품 샘플을 제출해야 한다.
- 비트렉스 로고를 사용하는 제품의 구성품이나 디자인에 대한 일체의 변경 사항은 출시 전에 멕팔랜스미스의 허가를 받아야 한다.

멕팔랜스미스는 이와 같은 라이선스 계약 조건을 충족하는 기업 고객에게 비트렉스 로고 사용을 허가하고 제품 마케팅을 위한 기술적 지원과 원조도 제공한다. 가장 핵심적인 사안인 어린이 안전에 대한 고려를 바탕으로 매출을 늘린다는 것은 비트렉스가 갖고 있는 큰 이점이다. 2008년에 비트렉스 출시 50주년을 맞이한 멕팔랜스미스는 안전단체들과 30년 이상 협력관계를 유지하며 음독사고를 줄이는 데 기여하고 있다.

안전을 위해 위한 캠페인

멕팔랜스미스는 "안전을 위한 캠페인"이라는 슬로건에 맞춰 기업 고객과 어린 자녀를 둔 부모들을 대상으로 최종 소비자들 사이에서 비트렉스의 위상을 높이는 것을 목표로 한다. 멕팔랜스미스는 이런 목표를 달성하기 위해 어린이안전단체들과의 연결고리를 만들었다. 이 회사는 영국 왕립사고예방협회, 미국 전미안전협의회의의, 독일 녹십자 등의 단체들과 활발한 협력관계를 유지하고 있다. 또한 비트렉스를 박람회나 전시회에 출품하고 대표적인 사회교육 캠페인인 '어린

[그림 6-15] 비트렉스 사용을 권장하는 안전단체들

이안전주간'을 후원한다. 현재 비트렉스는 유럽을 중심으로 전 세계 40여 개국에서 판매되고 있다.

비트렉스는 주방세제를 포함해 가정용품, 화장품, 피부 및 두발관리 용품, 살충제, 통증완화제 그리고 워셔액 등의 자동차용품을 비롯해 수많은 제품에 활용될 수 있다. 멕팔랜스미스는 개인들의 수요도 있지만 주로 B2B 부문에서 쓴맛이 나는 첨가제를 추가해 자사 제품을 좀 더 안전하게 만들고자 하는 기업 고객들을 대상으로 비트렉스를 마케팅한다. 캐머런 스미스는 이 멋진 성공 스토리가 다른 시장에서도 연출되도록 만들 방법을 찾아야 했다.

시마노: 마케팅이 차이를 만든다

세계 최대 사이클경기대회인 투르 드 프랑스Tour de France는 전 세계 자전거 애호가들 사이에서 최고의 연례행사다. 1903년부터 매년 여름에 200여 명의 프로선수들이 알프스와 피레네산맥의 고산지대를 지나는 약 2,000마일에 걸친 경주를 펼친다.[28] 그들은 수십만 명의 관중들이 붐비는 거리를 시속 35마일에 가까운 속도로 달린다. 관중들은 순식간에 스쳐가는 선수들을 보려고 뜨거운 햇빛 아래 몇 시간씩

기다리거나 심지어 하루 전부터 자리 잡고 기다리기도 한다.

관중들에게 흥미를 자아내는 부분은 육체적 한계를 시험하면서 달리는 경주 팀들이 벌이는 경쟁이다. 선수들은 눈 덮인 산을 오르내리면서 하루 5시간 이상 20일 동안 자전거를 탄다. 이는 일반인의 능력을 훨씬 뛰어넘는 것이다. 선수들이 그렇게 할 수 있는 것은 순전히 근육의 힘 때문만은 아니며 장비도 중요한 역할을 한다. 그래서 사이클 경기대회를 취재하는 기자들과 TV 중계자들은 인기 선수들의 훈련법과 개별적인 장단점뿐 아니라 사용하는 장비도 자세히 소개한다. 실제로 1903년부터 매년 우승자 명단뿐 아니라 우승 장비 목록도 기록되고 있다.

현재 선수용 자전거 장비 부문에서는 시마노와 캄파뇰로라는 두 거대 업체가 경쟁하고 있다.[29] 자전거 구성품 부문에서 어느 브랜드가 더 뛰어난지 여부를 놓고 자전거 애호가들이 수십 년간 논쟁을 벌여오고 있다. 기어 휠, 브레이크, 볼 기어 등 자전거 구성품 부문에서 선도적인 브랜드인 시마노는 70퍼센트에 가까운 시장점유율을 자랑한다. 산하 브랜드인 듀라에이스와 XTR도 최고의 품질과 성능 그리고 첨단기술과 동의어가 되었다.[30]

시마노는 낚시 장비 부문의 선도업체이기도 하다. 1990년대 말부터는 골프와 스노보딩을 비롯해 다른 스포츠 장비도 판매하기 시작했다. 그러나 주력 사업 부문은 여전히 자전거 장비다. 이는 한편으로 회사의 역사 때문이기도 하지만 다른 한편으로 시마노의 자전거 구성품의 탁월한 품질이라는 단순하고도 본질적인 이유가 있다. 더 중요한 것은 이 회사가 제품을 홍보하기 위해 적절한 전략을 활용했다는 점이다.

시마노는 마케팅이 차이를 만든 대표적인 사례다. 고가시장에서 품질이 우수한 구성품을 찾는 일은 어렵지 않다. 이탈리아 캄파놀로나 미국의 스램처럼 역시 최고의 품질을 자랑하는 적어도 두세 개 이상의 업체들이 있다. 그러나 시마노는 그들을 작은 틈새시장으로 밀어넣고 전체 자전거시장에서 미미한 존재로 만들었다. 이는 단지 뛰어난 품질 덕분만은 아니었으며 시마노는 더 나은 브랜딩 전략을 갖고 있었다. 시마노의 접근방법을 이해하려면 시마노 브랜드를 인브랜드로 간주해야 한다.

운송 수단에서 레저스포츠로

제2차 세계대전부터 1970년대까지 전 세계 자전거시장은 대체로 자동차시장과 비슷한 규모로 발전했다. 당시 자전거는 대안적인 운송수단이자 저소득층의 이동 수단이었다. 자전거는 레저용품이 아니라 자동차를 살 형편이 안 돼 어쩔 수 없이 선택하는 불편한 필수품이었기 때문에 특수 프레임이나 장비시장이 존재하지 않았다. 형편이 되는 사람들은 고급 자전거가 아니라 소형차를 구입했다.

1970년대의 석유파동과 유가상승에도 불구하고 사람들의 이런 경향은 바뀌지 않았다. 사실 자전거 판매량이 크게 증가한 이유는 자동차를 운전하는 데 드는 비용이 갈수록 늘었기 때문이다. 그러나 1980년대 초부터 자전거 문화가 변했다. 사람들은 운송 수단보다는 레저스포츠의 하나로 자전거를 타기 시작했다. 현재는 건강상의 이유로 자전거를 타는 경우가 많다.

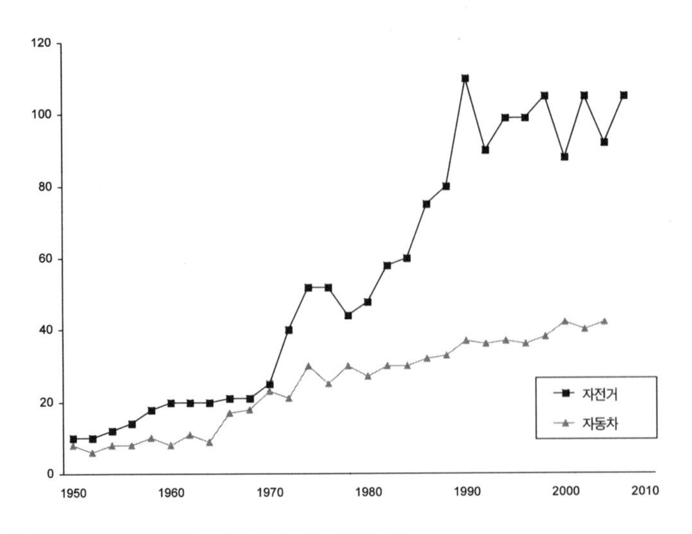

자료: 월드워치 지구정책연구소Earth Policy Institute from Worldwatch

[그림 6-16] 1950년~2003년 세계 자동차 및 자전거 생산량

이런 의식 변화는 자전거의 기술적 가능성에 대한 새로운 관심을 불러일으켰다. 고객들은 제품에 정체성을 투영하기 시작했으며 이런 트렌드는 자전거시장에서 강력한 브랜드가 등장할 수 있는 길을 열었다. 특별한 브랜드에 대한 수요가 생겼을 뿐만 아니라 다양한 필요에 따라 서로 다른 종류의 자전거들이 개발되었다. 그 결과 다양한 목적에 맞는 여러 가지 자전거들이 탄생했다. 어떤 자전거는 소형차보다 비싸고 자동차로 퇴근한 뒤 자전거로 수십 킬로미터를 달리는 사람들도 있다.

고객과 절대 경쟁하지 않는다

시마노의 기원은 시마노 쇼자부로Shimano Shozaburo가 일본 오사카

근처의 사카이에 시마노철공소를 세운 1921년으로 거슬러 올라간다. 사카이는 칼과 총신으로 유명한 전설적인 철공업의 중심지였다. 쇼자부로는 아버지의 뒤를 이어 고등학교를 졸업한 뒤 철공소에서 견습공으로 일하다 나중에는 자신이 직접 철공소를 열었다.

그가 처음으로 만든 제품인 1단 자전거 프리휠freewheel은 그로부터 10년 후 중국으로 수출했다. 1940년 1월에는 시마노철공소라는 유한회사가 설립되었고 1951년에 시마노인더스트리얼(이하 '시마노')로 이름을 바꿨다. 그리고 1956년부터 그 유명한 변속기를 만들기 시작했다. 외부 속도 조절기라고도 불리는 변속기는 10단 자전거 등에서 체인을 한 기어에서 다른 기어로 옮기는 장치였다.

이듬해 시마노는 뒷바퀴 허브에 내장된 3단 기어 장치를 생산하기 시작했다. 이 내장형 속도 조절기는 몇 년 후 미국시장에 출시되어 3단 자전거의 표준이 되었다. 1960년에 시마노는 더 효율적인 방식으로 더 강한 제품을 만들 수 있는 냉간 단조 설비를 갖췄다.

그 무렵 쇼자부로는 세 아들에게 회사의 경영을 맡겼다. 시마노는 브레이크와 다른 구성품들을 만들었지만 완성품은 생산하지 않았다. 쇼자부로의 세 아들 중 한 명은 싱가폴 일간지 〈스트레이츠타임스Straits Times〉와의 인터뷰에서 "창업자이신 아버지는 절대 고객과 경쟁하지 말라고 하셨습니다"[31]라고 말했다. 1965년에는 미국 자회사인 시마노 아메리칸이 설립되었으며 같은 해에 자전거에 열광하는 유럽시장에 진출했다.

2006년 무렵 시마노는 세계적으로 매출을 올리는 자전거 구성품 부문의 주요 브랜드가 되었다. 시마노는 트렉, 자이언트, 브리지스톤

사이클, 일본의 내셔널바이시클, 유럽의 사이클유럽을 비롯한 거의 모든 주요 자전거 제조업체와 거래했지만 어떤 거래처[32]도 매출의 10퍼센트 이상을 차지하지 않았다. 자전거 제조업체 캐넌데일의 창업자이자 CEO인 조셉 몽고메리Joseph Montgomery는 시마노 구성품에 의존하는 자전거 제조업체는 단순한 유통업체가 되었다고 말했다.[33]

캐넌데일, 트렉, 스페셜라이즈드 같은 일부 제조업체들은 1990년대 말에 자체적으로 구성품을 제조하기 시작했지만 자체 생산 구성품은 시마노 구성품보다 비쌌기 때문에 대부분 큰 성공을 거두지 못했다. 실제로 1997년 무렵 90퍼센트 이상의 자전거 제조업체들은 프레임 외에 다른 부품을 생산하지 않았고, 부품 제조업체의 90퍼센트는 한 가지 부품만을 생산했다.[34]

품질과 기술적 우월성은 언제나 시마노가 수행하는 전략의 핵심 요소였다. 시마노는 이 전략을 성공적으로 실행해 2004년 연례보고서에 언급된 회사의 세 가지 목표인 강력한 브랜드, 최고 품질의 제품 그리고 세계적 영향력을 갖게 되었다.[35] 시마노가 이렇듯 부상한 데는 몇 가지 계기가 있었다. 최초의 돌파구는 설립된 지 40년 후에 미국 제조업체들이 큰 관심을 가진 3단 기어를 개발했을 때 마련되었다. 시마노는 10단 구동계까지 개발해 1970년대에 미국에서 사이클경기 붐이 일고 철인3종경기가 부상했을 때 크게 성장했다.

1980년대 중반에는 선수용 도로 경주 구성품들을 개발하고 통합해 당시 이 부문에서 유일한 대형 업체이던 캄파놀로와 좀 더 직접적으로 경쟁하게 되었다. 동시에 시마노는 기어 전환을 더 쉽고 효율적으로 만드는 기술적 돌파구인 시마노인덱스기어전환시스템Shimano

Index Shifting System(SIS 혹은 시마노인덱스시스템)을 개발했다. 덕분에 선수들은 경기가 진행되는 동안 편하게 기어를 전환할 수 있었다. 과거의 기어 전환 시스템을 사용하면 소중한 시간을 잃어버릴 수도 있었다. STIShimano Total Integration는 기어 전환기를 브레이크 레버로 통합한 것이었다. 이런 혁신 덕분에 선수들은 핸들을 놓지 않고도 정확하게 기어를 바꿀 수 있었다.

산악자전거의 탄생과 부상은 미국에서 자전거의 인기를 되살리는 데 큰 영향을 미쳤다.[36] 시마노는 캘리포니아 지역의 산악자전거 애호가들이 특수 제작한 기어를 장착한 맞춤 산악자전거를 탄다는 사실을 알게 된 후 산악자전거에 맞도록 기어전환장치를 재설계했다. 그 결과 1982년에 15단 산악자전거 구성품을, 이후 현대 산악자전거의 주류인 21단 버전을 선보였다. 또 다른 혁신으로는 컴퓨터로 설계해 페달 돌리기의 효율을 높이고 피로를 줄여주는 타원형 체인휠이 있다.[37]

낚시용품으로 다각화 시도

1970년에 시마노는 일본 야마구치 현에 당시 최대의 자전거 부품 공장을 세웠다. 디자인 잡지 〈디자인위크*Design Week*〉에 따르면 1970년대 후반에는 성능을 높일 뿐만 아니라 구성품 시스템들 사이에 통일된 외관을 만들기 위해 엔지니어들을 고용하기 시작했다.[38] 1972년에는 단 두 명의 직원을 두고 유럽 자회사인 시마노유로파가 설립되었다. 같은 해에 시마노의 주식이 오사카 증권거래소에서 거래되기 시작했고, 1973년에는 도쿄 증권거래소에도 상장되었다.[39] 시마노의 첫 해외 공장은 1973년에 싱가포르에 세워졌다. 1974년에는 캘리포니아에 영업사무소를 열어 1970년대의 자전거시장 활황을 누릴 만반의 채비를 갖췄다.

성공에 이르는 시마노의 길에 난관이 없었던 것은 아니다. 시마노 요시조Shimano Yoshizo가 후에 〈아시안월스트리트저널*Asian Wall Street Journal*〉과의 인터뷰에서 밝힌 바에 따르면 시마노는 1970년대 후반에 일련의 인체공학적 자전거 구성품을 설계, 개발, 테스트하는 데 상당한 투자를 했다.[40] 시마노는 당대의 기술 수준을 한참 앞서나간 상태였고, 다른 사람들이 따라잡으려면 수년이 걸릴 것이었다.[41] 또한 시마노는 정밀하게 작동되는 도구가 필요한 다른 스포츠인 낚시 부문으로 사업을 다각화하기 시작했다. 그러나 1970년대 후반까지 낚시용품시장에서 주요 업체가 되지 못했다. 시마노의 밴텀 릴은 1978년에, 뒤이은 엑스라인 낚싯대는 1981년에 출시되었다.[42]

탁월한 품질을 지닌 신제품을 개발하는 일은 언제나 시마노 사업 모델의 한 가지 원칙이었다. 그러나 신제품을 뒷받침한 것은 두 가지 특별한 전략이었다. 첫째, 디자인이 사용자들에게 제품의 이면에 있는 기업을 기억하도록 만들었다. 둘째, 제품이 고가시장, 특히 경주 부문에서 사용되었다. 이 두 가지 전략은 사용자들이 거리의 고급 자전거뿐 아니라 프로 경주 팀의 자전거에서도 시마노의 제품을 볼 수 있는 기회를 제공했다.

이런 진전은 듀라에이스 제품 시리즈의 출시와 함께 이뤄졌다. 사람들은 이 제품들을 인지했고 디자인은 고객의 머릿속에 제품을 각인시키는 것을 도왔다. 그 결과 취미로 자전거를 타는 사람들이 새 자전거를 살 때 시마노 제품을 찾기 시작했다. 그리고 이렇게 시마노 구성품은 조금씩 품질의 상징으로 부상하기 시작했다. 자전거 생산업체들은 새로운 수요를 재빨리 알아차리고 시마노 구성품과 함께 제품을 제공하기 시작했다. 1980년대에는 부품시장이 형성되었으며 작은 자전거 판매점들은 교체용 부품으로 시마노 구성품을 제공했다. 시마노는 이런 방식으로 사람들이 눈치 채지 못하는 사이에 인브랜딩 전략을 확립했다.

자전거 구성품의 가치사슬

시마노의 구성품에 대한 관심이 높아지는 가운데 자전거를 생산하는 새로운 방식이 나타나기 시작했다. 한편으로는 프레임 생산업체가 다양한 부품들을 구매한 다음 완성품을 생산해 소매업체를 통해 최종 사용자에게 판매했다. 다른 한편으로 자전거를 타는 것이 레저스포츠가 되자 전문 자전거 판매업체들이 맞춤형 자전거를 제공하기 시작했다. 그들은 최종 사용자에게 직접 자전거를 판매했으며 부품시장에서 구성품을 공급했다([그림 6-17] 참조).

이런 자전거시장 구조로 인해 인브랜딩은 엄청난 잠재력을 갖게 되었다. 우선 시마노는 프레임 생산업체와 전문 자전거 판매업체에 제품을 공급했다. 반대편에서는 사용자들이 새로운 자전거에 시마노 구성품을 요구했으며 이로 인해 최종 사용자의 견인으로 뒷받침되는 시마노의 추진 효과가 발생했다.

부품시장은 최종 사용자에게 부서진 부품을 교체할 기회를 제공하지만 더 중요한 점은 최종 사용자가 경쟁사 제품을 시마노 제품으로 교체할 기회를 얻는다는 것이었다. 이런 기회들은 최종 사용자들 사

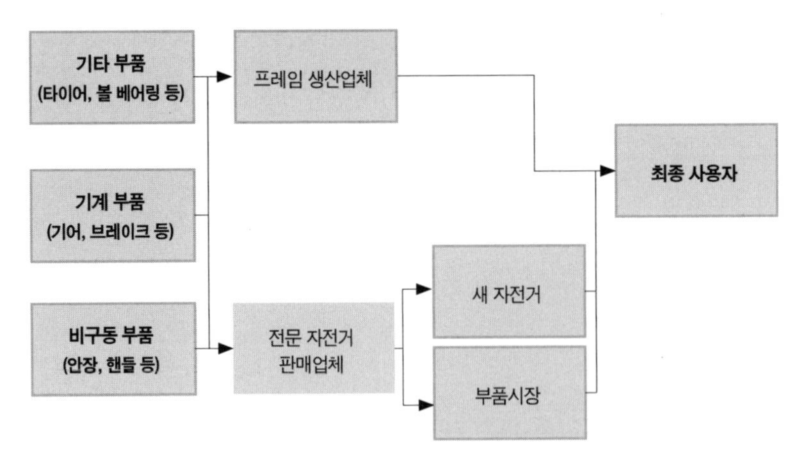

[그림 6-17] 자전거 구성품의 가치사슬

이의 시마노 브랜드 인지도 상승과 함께 나타났다. 시마노는 가치사슬에서 이득을 누리는 한편 성공의 기반을 마련했다. 이론적으로 최종 사용자는 많은 구성품 생산업체에서 선택을 할 수 있는 기회가 있지만 시마노만이 강력한 브랜드를 갖고 있었다. 시마노가 인브랜딩 전략을 잠재적으로 활용한 것이 성공의 토대였던 것이다.

1980년대의 선도적인 영업 활동

시마노는 지속적인 개선을 통해 시장을 주도하는 새로운 제품들을 만들었다. 경주용 자전거 구성품인 AX 라인이 1980년에 출시되었고, 2년 후에는 디오레XT로 불리는 산악자전거 시리즈가 나왔다. 1980년대 중반에는 매출이 500억 엔을 넘어섰다.

이 무렵 시마노는 전 세계에 걸쳐 1,500명을 고용했다. 홍콩 잡지 〈파이스턴이코노믹리뷰*Far Eastern Economic Review*〉에 따르면 시마노는 산악자전거 열풍에서 유럽 경쟁자들을 멋지게 따돌렸다.[43] 1980년대 말 산악자전거 구성품의 표준으로 등극한 시마노는 1980년대 내내 자전거 제공물 영역을 계속 확장해나갔다.

시마노는 1988년에 자전거용 신발 라인을 개발해 판매했다. 같은 해에 낚시 장비인 태클tackle을 판매하는 자회사를 영국에 설립했다. 연간 40억 엔(2,600만 달러) 상당의 자전거 부품을 생산하던 시마노는 엔고로 인해 낚시 릴 생산 설비 일부를 싱가포르로 옮겼다. 1989년에는 네덜란드에 다양한 제품을 판매하는 세 개의 자회사를 세웠으며 그해 매출은 840억 엔에 이르렀다. 〈아사히뉴스서비스Asahi News Service〉가 보도한 내용에 따르면 전체적으로 일본의 자전거 및 구성품 수출은 1980년대 말에 크게 늘어나 1990년에 1,154억 엔(8억 4,870만 달러)에 이르렀다. 지금까지 시마노가 생산하는 제품의 3분의 1은 유럽에서 판매됐다.[44]

1990년대에도 계속된 해외 확장

시마노는 1990년에 말레이시아에 공장을 열었다. 같은 해에 앨프리드툰의 지분을 사들였으며, 나중에 나머지 주식을 인수한 후 시마노이탈리아로 사명을 바꾸었다. 1990년에는 낚시 장비 사업부를 이탈리아에 설립하고 싱가포르 사업부를 확대했다. 1990년대 초에는 벨기에와 인도네시아에 자회사를 세웠으며 1990년에는 발을 손쉽게 뺄 수 있는 '클립 없는' 페달로 구성된 독자적인 SPDShimano Pedaling Dynamics 라인이 출시되었다. 낚시 태클 라인의 개발로 곧 스텔라 릴과 SHIPSmooth and Hi-Power 시스템이 등장했다. 1995년에 시마노는 복고풍 스타일과 손쉬운 조작법 때문에 미국에서 인기를 얻고 있던 크루저 자전거용 7단 및 4단 내장 허브인 넥서스 라인을 선보였다. 시마노는 또한 도난을 방지하기 위해 잠글 수 있는 인허브 기어 시스템도 개발했다. 이 시스템은 1997년에 일본시장에 출시되었다.

유럽 제조업체들이 아시아시장에 진출하면서 1990년대 말 경쟁이 심화되었다. 자전거는 중국에서 오랫동안 기본적인 운송 수단이었으며, 경제가 성장하면서 고가 자전거에 대한 수요가 늘어났다. 〈파이스턴이코노믹리뷰〉의 조사에 따르면 1990년대 초반에 중국에 있는 3억 2,000만 대의 자전거 중 대다수에 기어가 없었다.[45] 그러나 이런 상황은 빠르게 변했으며, 시마노가 자전거기어시장에서 50퍼센트의 시장 점유율을 차지했다.

시마노는 1997년에 부러진 크랭크 때문에 자전거를 타다가 사람이 다쳤다는 보도가 나오자 250만 대가 넘는 자전거를 리콜했다. 〈로스앤젤레스타임스*Los Angeles Times*〉에 따르면 1,500만 달러가 넘는 비용이 들어간 이 리콜은 그때까지 자전거산업에서 단행된 최대 규모의 리콜이었다.[46] 시마노 산악자전거의 인기 때문에 해당 부품은 이전 3년간 약 50개의 다른 브랜드들에 장착되었다. 그러나 리콜과 그에 따른 서비스가 부정적인 영향을 줄였다.

1997년에 시마노는 지루미스를 인수하고 스노보딩을 비롯해 차츰 인기를 얻고 있는 신생 스포츠용품을 공급하는 액션 스포츠 사업부를 출범했다. 1999년에는 골프 사업부를 설립하고 떨림 없는 낚싯대 같은 다른 부문의 신제품을 계속 개발했다.

2000년 이후 세계무대 장악

시마노는 오랜 기간 시마노 제품을 애용한 사이클선수 랜스 암스트롱Lance Armstrong이 1999년에 투르 드 프랑스에서 연승을 시작하면서 세계무대에서 뚜렷하게 부각되었다. 2000년 기준으로 해외 생산량이 전체 생산량의 30퍼센트를 차지했으며, 수출이 1,410억 엔에 이르러 매출의 80퍼센트 이상을 차지했다. 〈닛케이위클리*Nikkei Weekly*〉는 일본의 자전거시장이 정체되면서 시마노의 해외 공장들이 부품을 일본으로 다시 수출하기보다 현지 자전거 제조업체들에게 공급하는 방향으로 옮겨가고 있다고 보도했다.

당시 시마노는 상하이 공장의 생산량을 60퍼센트 늘리기 위해 10억 엔을 투자했으며 신규 수요를 충족하기 위해 3단 기어 라인을 추가했다. 2001년에는 중국에 공장을 신설했을 뿐만 아니라 동유럽의 급증하는 자전거 수요를 충족하기 위해 50억 엔을 들여 체코에 공장을 세웠다. 2002년에는 대만 사업부가 설립되었고, 2003년에는 중국에 20억 엔(1,700만 달러) 규모의 공장을 설립했다. 또한 중국 장쑤성 쿤산 시의 자전거 부품 단지에 5억 엔(400만 달러) 규모의 낚싯대 공장을 세웠다. 〈아시아펄스*Asia Pulse*〉에 따르면 시마노는 2004년까지 해외 생산량을 전체 생산량의 절반 규모로 늘릴 계획이었다.[47]

2003년 말에 폭넓은 설계와 테스트를 거쳐 자전거용 자동기어변환기가 소개되었다. 이 장치는 자석과 다른 센서를 이용해 자전거의 속도를 파악한 다음 그에 따라 기어를 변환했다. 시마노는 대당 20만 엔(1,800달러)에 연간 5만 개를 판매 목표로 잡았다. 요시조는 〈파이낸셜타임스〉와 가진 인터뷰에서 이 장치를 개발한 동기는 자전거 통근자

들이 기어 변환을 신경 쓸 필요 없이 주행에 집중할 수 있도록 하는 것이라고 말했다.[48]

시마노는 낚시용품 제조업체로서의 혁신도 계속 추진했다. 2001년 말에 던진 낚싯줄의 길이뿐 아니라 초보들에게 기술에 대한 피드백을 제공하는 LCD 스크린을 갖춘 전자 릴 덴도마루3000SP를 출시했다. 몇 년 후에는 항법계기 제조업체인 후루노일렉트릭과 협력해 수중 어류 감지기를 개발했다. 시마노의 낚시용품 매출은 연간 6~7퍼센트씩 늘어나 2003년에는 1,437억 엔에 이르렀고 순이익은 50퍼센트 이상 늘어난 123억 엔이 되었다. 시마노는 21세기의 첫 10년으로 접어들 무렵 세계 자전거 부품시장의 70퍼센트를 점유한 것으로 추정되었다.

자전거 구매 패턴의 변화

레저스포츠의 하나로 자전거를 타는 트렌드가 나타나면서 자전거를 구매하는 과정은 변화했다. 1950년대에서 1980년대까지는 고객들이 매장에서 완성품을 샀지만 지금은 전문 매장들에서 맞춤형 자전거를 고가에 구입하는 경우가 크게 늘었다. 사전 조립된 자전거는 맞춤형으로 변경할 수 있는 최소한의 여지만 제공했다. 이 부분에서 자전거 구성품 공급업체는 소비자를 상대하지 않았다. 1980년대 이전에 구성품 공급업체들은 완성품 제조업체와 소규모 부품시장에만 제품을 공급했다. 그러나 자전거 문화가 바뀌면서 대규모 자전거 행사가 폭넓은 대중의 관심을 끌었다. 행사에 참석한 사람들은 첨단 성능을 누리려면 첨단 장비가 필요하다는 사실을 알게 되었다.

이 무렵 처음으로 자전거 구성품 브랜드들이 대중에게 알려졌다. 캄파놀로와 시마노라는 두 공급업체가 대표적이었다. 사람들이 부서진 자전거 구성품을 교체하면서 구매 과정에 커다란 변화가 시작되었다. 사람들은 자전거 매장에서 특정한 부품을 요구했고, 특히 브랜드화된 제품을 원했다. 이미 부품시장 서비스를 통해 시마노와 관계를 형성한 소매업체들은 자연히 시마노 제품을 홍보했다. 일부 소매업체는 조립업체가 되어 고객에게 맞춤형 자전거를 제공했다. 조립업체의 역할은 특히 미국과 일본 그리고 유럽에서 확대되어 중가 및 고가시장을 담당했다.[49] 자전거산업의 부품 흐름도는 [그림 6-18]에 나와 있다.

고객들은 전문 자전거 소매업체에 가서 스페셜라이즈드나 자이언트 혹은 비앙키 같은 프레임 브랜드뿐만 아니라 시마노와 다른 브랜드가 만든 구성품도 선택했다. 미국의 경우 약 6,000개의 독립적인 자전거 매장이 있으며, 1,500개의 매장에서 총 판매대수의 60퍼센트가 팔려나갔다.[51] 그러나 이런 소매 환경은 2000년대에 지배적인 자전거 제조업체들이 부상하면서 변하기 시작했다. 현재 세 개의 대형 완성

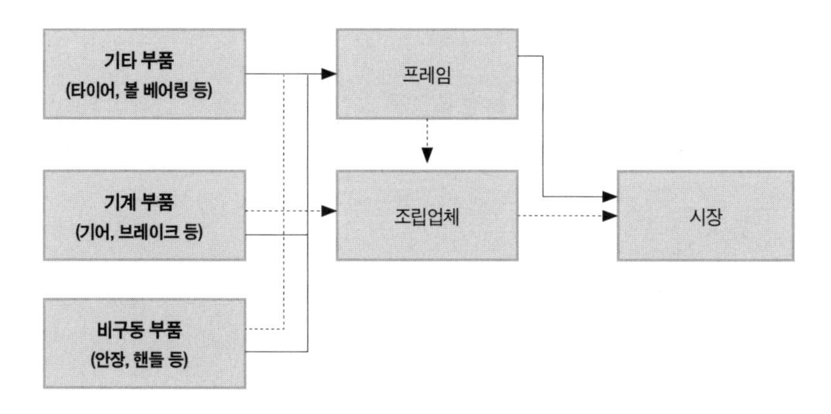

[그림 6-18] 자전거산업의 부품 흐름도[50]

품 회사들이 제품 개발과 마케팅에 많은 돈을 투자하고 있다. 그들은 브랜드를 뒷받침하고 고객에게 더 나은 거래를 제공하는 '콘셉트 매장'을 추구한다. 근본적으로 그들은 수직 정렬을 통해 각 브랜드를 위한 좀 더 안정된 네트워크를 만들고자 애쓰고 있다.

마케팅과 품질관리에 집중

시마노는 전 세계에 걸쳐 자전거 구성품 부문에서 선도적인 지위에 이르렀다. 시마노는 오랫동안 믿을 수 있는 고품질 제품에 대한 명성을 쌓으면서 강력한 인브랜드를 개발했다. 그들은 세계의 중고가 자전거 구성품 기업으로서 최고의 자리를 지키려면 현재의 영광에 안주해서는 안 된다는 사실을 잘 알고 있다.

스램의 도로자전거 구성품이나 스페셜라이즈드 자체 기계 구성품처럼 새로운 제품을 가진 기업들이 시마노의 시장점유율을 뺏으려고 호시탐탐 기회를 노리고 있다. 현재 트렉, 스페셜라이즈드, 자이언트 등 주요 브랜드들이 모두 사실상 전체 자전거 라이딩 경험을 아우르는 완전한 제품 영역을 보유했기 때문에 세계적인 경쟁의 기반이 유통으로 옮겨가고 있다. 주요 브랜드들은 모두 전문 콘셉트 매장과 판매업체 침투 그리고 소매 채널을 관리하는 방식에 집중하고 있다.[52]

시마노와 산악자전거의 성공은 자전거산업을 완전히 바꿔놓았다. 한때 미국 최대의 자전거 제조업체이던 슈인은 선도적인 지위를 잃고 두 번이나 파산 신청을 했으며, 현재는 많은 자전거시장 참가자 중 하나에 불과하다. 캐넌데일은 자체 구성품과 고가용 자전거를 생산해 시마노의 지배적인 위치에 대항했다. 유명한 이탈리아 자전거 부품 제조업체인 캄파놀로는 산악자전거산업에서 물러나 고가 도로자전거 시장에 집중했다.

시마노는 마케팅에 품질관리와 동일한 수준의 중요성을 부여한다. 이 모든 도전은 시마노가 기술적으로 혁신하고, 종종 완성품 제조업체와 공동으로 진출할 새로운 시장을 찾고, 모든 측면에서 지속적으로 효율성을 제고하도록 만든다. 시마노의 경영진은 미래 전망에 대해 우려와 흥분을 동시에 내비친다.

시마노는 잠재적 인브랜딩을 통해 성공을 거뒀다. 이 전략을 성공시키는 데는 두 가지 요인이 영향을 미쳤다. 첫째, 시마노는 자전거와 관련된 유명한 스포츠 행사인 투르 드 프랑스를 이용해 구성품의 탁월한 품질을 자전거 애호가들에게 알렸다. 둘째, 시마노는 고객의 개인적인 바람에 꼭 맞춘 자전거를 제공하는 전문 소매업체에 제품을 공급했다. 스포츠 부문에서 얻은 평판으로 발생한 견인 효과는 소매업체에서 시마노의 고품질 구성품에 대한 수요를 높였다. 이처럼 시마노의 균형 잡힌 제품 구성과 커뮤니케이션 그리고 유통 전략이 인브랜딩 접근방법으로 이끌었다.

마크로론: 하이테크 소재로 승부하다

전 세계 사람들은 매일 폴리카보네이트와 접촉한다. 1953년부터 이 플라스틱은 안경, 의료장비, 안전 헬멧 및 햇빛 가리개, 자동차 선루프 및 전조등, 물병, 태양광 모듈, 마루 매트, 간이 차고, 온실용 지붕 이외에 수많은 제품 영역에서 성공가도를 달렸다. 현재 전 세계에 걸쳐 수많은 생산업체들이 폴리카보네이트를 필요로 하며 더 많은 제품과 용도가 계속 추가되고 있다. 폴리카보네이트가 없는 미래는 상상할 수 없다.

이런 폴리카보네이트 중 하나가 바이엘의 마크로론이다. 1982년에 CD가 탄생한 이후 450억 개가 마크로론으로 제조된 것으로 추정된다. 이 정도 양이면 지구에서 달에 이르는 평균 거리의 28배에 해당하는 약 1,080만 킬로미터의 끈을 만들 수 있다.

현재 마크로론은 31퍼센트의 브랜드 인지도를 갖고 있으며 유럽시장에서 가장 유명한 폴리카보네이트다. GE플라스틱스가 만든 렉산은 미국에서 선도적인 지위를 누린다.[53] 이제부터 우리는 유럽에서 바이엘이 마크로론에 적용한 인브랜딩 전략을 설명할 것이다. 우리는 마크로론의 부상에 초점을 맞춰 미래를 위해 이 전략을 개발하는 문제를 다룰 것이다. 브랜드 인지도가 전부는 아니다. 브랜딩이 효과를 발휘하는가? 바이엘이 마크로론으로 얻을 수 있는 혜택을 결정하는 조건들은 무엇인가? 이는 성공적인 관리를 위해 마크로론 브랜드가 답해야 할 사안들이다.

독일 노르트라인 베스트팔렌 주 레버쿠젠에 있는 바이엘이 1953년에 폴리카보네이트 마크로론을 발명했을 당시 관련 업계가 충격을 받거나 하지는 않았다. 바이엘은 그해에 마크로론에 대한 특허를 얻었다. 초기에 마크로론은 주로 절연 플라스틱으로 스위치나 퓨즈박스에 사용되었지만 지금은 일상생활의 여러 부문에서 활용할 수 있는 쓰임새가 매우 많은 소재로 자리 잡았다.

마크로론은 높은 투명성과 충격 강도 그리고 고온에서의 치수 안정

[그림 6-19] 마크로론 로고

성 덕분에 사실상 모든 용도에 적합하다. 마크로론은 여전히 전기공학 부문에 사용되고 있지만 자동차 전조등과 인테리어, 간이 차고와 수영장을 위한 투명 지붕, 스포츠 고글 및 선글라스를 위한 이상적인 자외선 차단제이자 재사용 우유병과 생수통 등에도 사용된다. 필립스 자회사인 폴리그램이 최초로 CD를 만들 때 사용한 뒤 마크로론은 지금도 유명 제조업체들이 CD와 CD-ROM 그리고 DVD의 고정 구성품으로 활용한다. 최근에는 블루레이 디스크에도 적용하고 있다.

바이엘폴리머는 인브랜딩 전략을 추구하지 않다가 2000년부터 마크로론을 고유 브랜드로 마케팅하면서 대중에게 소개하기 시작했다. 그전에 마크로론은 소비자에게 거의 알려지지 않았으며 응용 화학제품으로 협력업체에만 마케팅되었다.

마크로론은 플라스틱 가공산업에서 좋은 평판을 얻었다. 바이엘은 이 점을 감안해 마크로론을 사용하고 가공할 인브랜딩 협력업체를 선택했다. 이 전략의 목표는 소비자가 완성품 제조업체와 흠 잡을 데 없는 품질을 상징하는 제품의 가장 기초적인 구성품을 만든 기업을 모두 인지하고 해당 제품을 신뢰할 수 있게 유도하는 것이다. 그러나 마크로론을 가공하는 업체라고 해서 반드시 완성품의 품질이 그와 비슷해지거나 혹은 바이엘이 지닌 명망을 같이 누리는 것은 아니다. 폴리카보네이트는 단지 요소일 뿐으로 제조업체의 나쁜 평판이나 제조 과정에서 사용되는 다른 구성품의 부실한 품질을 보완할 수는 없다.

바이엘은 브랜드 이용 계약을 통해 어느 정도의 품질 수준을 보장하기 위해 노력하며, 최종 소비자에게 변함없는 고품질을 보증하기 위해 생산 과정에서 샘플을 요구할 수 있는 권리를 지닌다. 그러나 바이엘은 인브랜딩 협력업체를 선별할 때 회사의 제품만을 고려하기보다는 그 회사와 전반적인 이미지를 검토한다. 인브랜딩과 관련해 바이엘은 대중이 어떤 기업과 연계해 브랜드를 인식할 것이며, 어떤 기업에게 마케팅 목적으로 바이엘 십자가를 사용하도록 허락할지를 명확히 한다. 바이엘은 저가 제품이나 무명 제품에 사용되어 마크로론 브랜드의 이미지가 손상되는 것을 원치 않는다.

마크로론을 가공하는 기업들은 인브랜딩 협력업체라는 지위를 차지하고 싶어 하면서 바이엘은 점점 더 많은 기업과 브랜드 사용 계약을 맺고 있다. 현재 유벡스스포츠의 사이클링용 고글, 스키용 고글, 스포츠 고글, 엠모어인터내셔널의 CD-ROM과 DVD-ROM, 로쉬의 바늘 없는 주사기 시스템의 앰플이 모두 마크로론의 품질마크를 달고 있다.

인브랜딩 패밀리에는 지역별로 나뉘어 있는 다른 제조업체들의 CD와 DVD, 보호용 마루 매트, 생수통, 태양광 모듈 이외에 많은 제품들이 포함된다. 바이엘과 협력업체들의 목표는 브랜딩 전략을 통해 경쟁자와 경쟁 제품으로부터 스스로를 차별화하는 것이다. 따라서 마크로론의 이점을 부각하고 브랜드명의 도움을 받아 긍정적인 이미지를 완성품에 불어넣는 것이 중요하다. 이런 차별화는 요소에 고유판매제안을 부여하며 최종 고객이 마크로론 로고가 붙은 제품을 선호하거나 심지어 구매할 때 찾도록 만든다. 그렇게 되면 잠재고객도 마크로론으로 만든 제품을 요구하게 된다.

그러나 단지 제품과 포장 그리고 광고물에 마크로론 품질 표시를 붙인다고 해서 견인 효과가 생기는 것은 아니다. 제품의 품질과 신뢰성이 소비자에게 전달되어 마크로론 브랜드를 친숙하게 여기도록 유도해야 한다. 바이엘의 인브랜딩 협력업체들은 유럽 전역에 걸쳐 제품과 브로슈어에 '마크로론 사용'이라는 문구와 바이엘의 하우스 브랜드를 넣는다. 그들은 이 특별한 폴리카보네이트의 이점과 고객이 인쇄광고, 브로슈어, 카탈로그, 웹사이트, 박람회에서 이 구성품으로 만든 제품을 골라야 하는 이유를 설명한다.

바이엘은 견인 효과를 이끌어내기 위해 최종 소비자에게 직접 호소하는 광고 캠페인을 활용하며, 2000년에는 특정 부문에서 브랜드에 적절한 감성적 연상 효과를 부여하면서 적절한 모티프를 사용해 개별 관중들을 겨냥하기 시작했다. 바이엘은 이런 메시지를 전달하기 위해 인쇄매체와 TV를 이용한 홍보 전략을 적용했다.

가장 빠르고 눈에 띄는 광고매체는 도이체반이 운영하는 도시 간 기관차였다. 바이엘은 독일을 횡단하는 도시 간 기관차를 광고 공간으로 활용한 최초의 기업이었다. 마크로론 브랜드는 부분적으로 바이엘의 협력업체인 유벡스스포츠, 레고랜드, 엠모어와 관련된 다섯 개의 모티프를 활용했다. 기관차는 철도광들 사이에서 대단히 인기가 높았다. 바이엘은 이와 관련한 별도의 웹사이트를 만들었는데 그것은 엄청난 조회수를 기록했다. 현재 모형철도 제작업체인 마클린은 마크로

[그림 6-20] 마크로론 기관차

론으로 만든 컴퓨터 마우스와 함께 협력업체인 엠모어가 등장하는 기관차 모형을 판매하고 있다. 이는 바이엘이 마클린과 협력해 마크로론의 다용성을 보여주고자 한 또 다른 사례다.

바이엘 마크로론과 고객업체들 사이의 인브랜딩 협력관계는 상호의존성 덕분에 균형을 이루고 있다. 협력관계의 원칙은 시너지를 바탕으로 한다. 즉 각 협력업체는 함께 광고, 브로슈어, 카탈로그, 웹사이트, 심지어 플라스틱 기관차를 통해서도 협력관계를 알린다([그림 6-20] 참조). 이런 방식은 어느 쪽에도 광고비 할당이나 비슷한 혜택 혹은 양도라는 결과를 가져다주지 않는다.

바이엘은 인브랜딩에 있어 비교적 신참으로 아직 사용자를 상대로 하이테크 플라스틱인 마크로론을 브랜드로 구축하는 초기 단계에 있다. 지금까지 소비자에게 전혀 알려지지 않은 브랜드를 구축하는 것은 대단히 어려운 일이며 종종 상당한 광고비용을 수반한다. 이에 따라 바이엘은 자사의 유명한 이름과 명성을 활용하고 바이엘 십자가를 마크로론 로고와 통합했다. 이는 소비자가 처음부터 마크로론을 이미 전통과 품질을 대표하며 아스피린 같은 브랜드로 그런 사실을 증명한 바이엘과 연상작용을 일으킬 수 있도록 유도했다. 이렇게 해서 얻은 회사의 긍정적인 이미지는 새로운 바이엘 브랜드로 전이되었다. 두 브랜드 사이의 연결고리를 드러내는 일은 부분적으로 마크로론이 다른 바이엘 제품을 위한 광고로부터 간접적인 혜택을 가져다주어 광고 비용을 낮춰주는 효과가 있다.

세계적인 화학 및 제약회사의 탄생

프리드리히바이엘에트콤프는 1863년 8월 독일 노르트라인베스트팔렌 주 부퍼탈 시의 바르멘 지역에서 염료 영업인인 프리드리히 바이엘Friedrich Bayer과 염색 장인인 요한 프리드리히 베스코트Johann Friedrich Weskott에 의해 설립되었다. 회사의 목표는 합성염료를 제조하고 판매하는 것이었다. 1881년과 1913년 사이에 바이엘은 세계적으로 사업을 운영하는 화학회사로 발전했다. 염료는 여전히 가장 큰 사업 품목이었지만 새로운 사업 부문이 추가되었다.

바이엘이 지속적으로 발전하는 데 핵심적인 역할을 한 것은 독일 화학자 카를 뒤스베르크Carl Duisberg가 구축한 대규모 연구 역량이었다. 1878년부터 1912년까지 바이엘의 본사로도 사용되었던 연구소는 산업 연구의 새로운 표준을 만들었다. 바이엘의 연구 활동은 그곳에서 연구원으로 일하던 펠릭스 호프만Felix Hoffmann이 개발해 1899년에 출시된 '세기의 약'인 아스피린을 비롯한 약품과 염료 등 수많은 산물을 낳았다.

제2차 세계대전으로 인해 바이엘은 가치 있는 특허를 비롯한 해외 자산을 잃었는데 그의 재건은 독일에서 일어난 '경제 기적Wirtschafts wunder'과 밀접한 관련이 있다. 독일에서 처음 완만한 경기하강이 일어난 것은 1966년의 일이지만 경제 기적을 끝낸 것은 1973년과 1974년에 일어난 석유파동이었다.

1974년의 연례 주주총회 후 허버트 그룬월드Herbert Gruenwald가 이사회 의장이 되었을 때 세계경제는 급격한 변화를 겪고 있었다. 수개월 만에 석유 화학 기반 원자재의 가격이 폭등했고 마크로론도 타격을 입었다. 1980년대 초에 심각한 세계 불황이 도래하면서 석유파동은 정점에 이르렀고, 브랜드화하지 않은 기업들은 무거운 가격 압박에 짓눌렸다.

1990년대에 바이엘은 다른 기업들처럼 세계화 과제에 직면한 가운데 또 다른 주요한 구조적 변화가 일어났다. 1989년 이후 발발한 독일과 유럽의 급격한 정치적 변화에 따라 형성된 시장에 진출하기 위해 바이엘은 1992년에 동독 비터펠트 지역에 공장을 짓고 1994년부터 아스피린을 생산하기 시작했다.

바이엘은 1994년에 만프레드 슈나이더Manfred Schneider 박사의 선도 아래 미국 제약회사인 스털링윈스롭의 북미 시판약 사업을 인수했다. 이는 미국에서 '바이엘'이라는 이름을 사용할 수 있는 권리를 다시 얻게 되는 이정표가 되었다. 바이엘은 75년 만에 처음으로 바이엘이라는 이름과 바이엘 십자가 로고를 가지고 미국에서 사업을 할 수 있게 된 것이다. 이후 1995년에 미국의 기반을 둔 기업 마일스를 바이엘로 이름을 바꾸었고 마크로론도 바이엘 십자가를 로고로 사용하게 되었다. 바이엘은 미래에 도전하기 위해 유럽(부퍼탈)과 북미(코네티컷 주 웨스트헤븐)에 이어 세 번째로 일본에 제약 연구소를 세웠다. 이로써 바이엘의 유럽, 북미, 일본의 제약 연구를 위한 삼각편대가 완성되었다.

2001년에 바이엘은 아벤티스크롭사이언스를 인수해 작물 보호 부문의 세계적인 선도업체가 되었다. 그해 12월에 바이엘 경영진은 독립적으로 운영되는 회사를 세운다는 계획을 발표했다. 일 년 후 최초의 독립 바이엘 하위 그룹으로 바이엘크롭사이언스가 출범했다. 2003년에는 바이엘 그룹의 재조직 일환으로 하위 그룹인 바이엘케미컬스와 바이엘헬스케어 그리고 서비스회사인 바이엘테크놀로지서비스가 독립했다. 또한 하위 그룹으로 마크로론을 생산하는 바이엘머티리얼사이언스와 서비스회사인 바이엘비즈니스서비스 및 바이엘인더스트리서비스가 뒤를 이었다.

2005년에 바이엘은 제약회사 로슈의 소비자 건강 사업을 인수해 세계 3대 시판약 공급업체가 되었다. 또한 화학과 폴리머 사업을 일부 운영하던 랑세스가 바이엘 그룹에서 분사되었다. 베를린에 본부를 둔 바이엘쉐링파마는 현재 바이엘헬스케어 하위 그룹의 한 사업부로서 바이엘의 기존 제약 사업을 함께 운영한다. 바이엘은 현재 건강관리, 영양제, 하이테크 소재 부문에 핵심 역량을 보유한 세계적인 기업이다.

폴리카보네이트 시장의 진출

폴리카보네이트는 1898년에 앨프리드 아인혼Alfred Einhorn에 의해 처음 개발된 후 1930년대까지 폭넓게 연구되다가 폐기되었다. 이후 1950년대 중반에 GE에 의해 연구가 재개되었고 1958년에 세계적으로 인기를 얻었다. 현재 폴리카보네이트시장의 약 75퍼센트는 바이엘

과 사우디아라비아의 국영 석유회사인 사빅SABIC이 인수한 GE플라스틱이 점유하고 있다.[54]

전문가들은 컴퓨터와 가정용 가전제품에 대한 수요가 향후 몇 년간 지속적으로 증가할 것이며, 이 부문에서 폴리카보네이트에 대한 수요는 연간 10퍼센트에서 12퍼센트씩 증가할 것으로 예측한다. 철도, 고속도로, 공항, 도시 건설 부문에서도 할로우 태양광 패널Hollow Sunlight Panels에 대한 강한 수요가 있을 것으로 예측된다. 지난 몇 년 동안 패널 재료로 폴리카보네이트를 사용한 중국 양쯔강 삼각주 지역과 주강 삼각주 지역에 자리 잡은 기업들은 다른 수지를 사용한 기업들보다 훨씬 좋은 성과를 거뒀다.

할로우 태양광 패널은 반구조화되어 있으며 폴리카보네이트의 선명도와 강도를 십분 활용한 판지처럼 골이 진 패널이다. 사실상 파손되지 않는 할로우 태양광 패널은 온실 등의 구조물에서 유리 대용으로 주로 사용된다. 바이엘은 1970년대에 유럽에서 이 부문을 개척했고 1980년대 초에 미국으로 전파했다. GE는 1980년대 중반에 진입했지만 이 부문은 바이엘의 핵심 사업으로 남았다.

할로우 태양광 패널 부문의 폴리카보네이트 수요는 연간 12퍼센트에서 15퍼센트씩 늘어날 것으로 예상된다. 전문가들은 자동차산업에 큰 수요가 있는 폴리카보네이트 기반 혼합 알로이 합성 소재를 공급하는 업체들이 폴리카보네이트의 대형 고객이 될 것으로 예측한다.[55]

마크로론 브랜딩과 협력 광고

바이엘은 소비자 및 소매업체와 접촉하기 위해 마크로론을 알리는 인브랜딩 캠페인을 시작했다. 바이엘의 복수 단계 마케팅은 인텔 인사이드 전략과 달랐다. 인텔은 브랜드 광고와 협력 광고를 활용한 반면 바이엘은 협력업체와 함께 광고하는 협력 광고만을 활용했다. 흥미로운 점은 바이엘이 협력 광고에서 광고 지원금을 전혀 지불하지 않는다는 것이다. 바이엘식 협력 광고를 위해서는 각 업체가 자기 몫의 비용을 대야 한다. 이런 협력관계는 비용을 공유하지 않고 양쪽 모두를 위해 가치를 더하는 윈윈 상황을 만든다.

바이엘은 또한 완성품의 높은 품질과 좋은 이미지에 따른 긍정적인 평판을 기대한다. 이에 따라 협력업체는 라이선스 계약을 맺기 전에 바이엘로부터 핵심 제품의 샘플 테스트를 받아야 한다.[56] 여기서 통과해야 마크로론 로고를 핵심 제품이나 포장 위에 붙일 수 있다. 마크로론 로고의 사용은 전시, 광고 캠페인, 행사 및 후원 활동으로 확장된다.

바이엘은 2001년부터 CD와 DVD, 선글라스, 의료용품 등 제품군에 따라 선별된 최종 사용자 집단을 겨냥해 협력 광고를 통한 인브랜딩 캠페인을 벌였다. 바이엘과 협력업체는 라벨화된 폴리카보네이트인 마크로론으로 소비자의 관심을 끌기 위해 메시지를 전파해 견인 효과를 창출했다. 또한 잡지와 저널에 브랜드화된 새로운 구성품을 알렸다. 이 캠페인은 독일, 영국, 스페인을 비롯한 여러 나라에서 실시되었다. 바이엘에 의해 선택된 협력업체는 마크로론 라벨에 더해 광고 캠페인, 홍보전단, 웹사이트, 전시를 통해 최종 사용자에게 마크로론에 대한 정보를 제공했다. 광고와 홍보를 통합한 커뮤니케이션 개념은 더 많은 소비자의 머릿속에 메시지를 전달했다.

현재 마크로론은 미국이 여전히 뒤처진 가운데 전 세계 대부분의

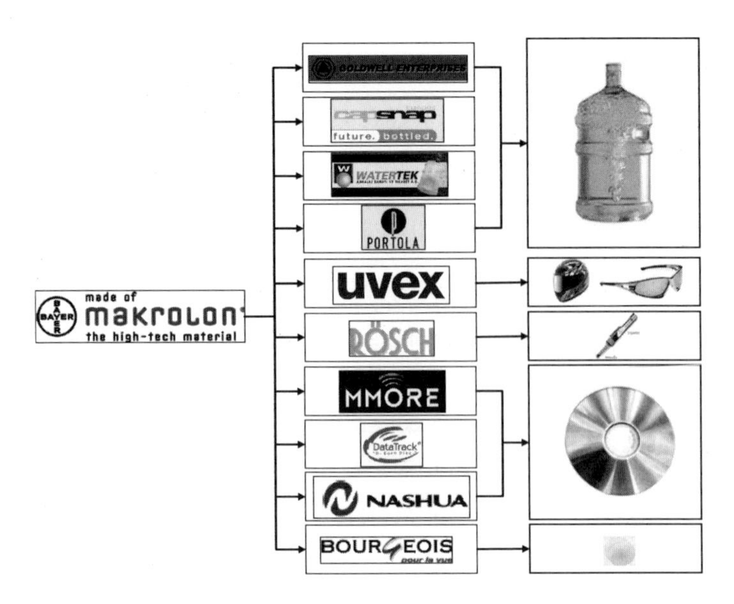

[그림 6-21] 마크로론을 사용하는 완성품 제조업체들

지역에서 많은 최종 사용자에게 널리 알려진 브랜드로 자리 잡았다. 바이엘머티리얼사이언스에게 브랜드 관리는 B2B 고객뿐만 아니라 최종 사용자를 상대하는 데 있어 중요한 부분이 되었다. 마크로론은 최종 사용자와의 커뮤니케이션을 통해 경쟁우위를 창출했으며, 인브랜딩이 폴리카보네이트 브랜드의 가치를 개선할 수 있음을 보여주었다. [그림 6-21]은 완성품에 마크로론을 사용하는 제조업체들의 예다. 이 회사들은 모두 완성품에 마크로론 브랜드를 노출한다.

유벡스의 사례

유벡스는 마크로론의 인브랜딩 활동에 조기 참여한 기업 중 하나다. 1926년에 설립된 유벡스는 이후 줄곧 일터와 스포츠 그리고 레저 활

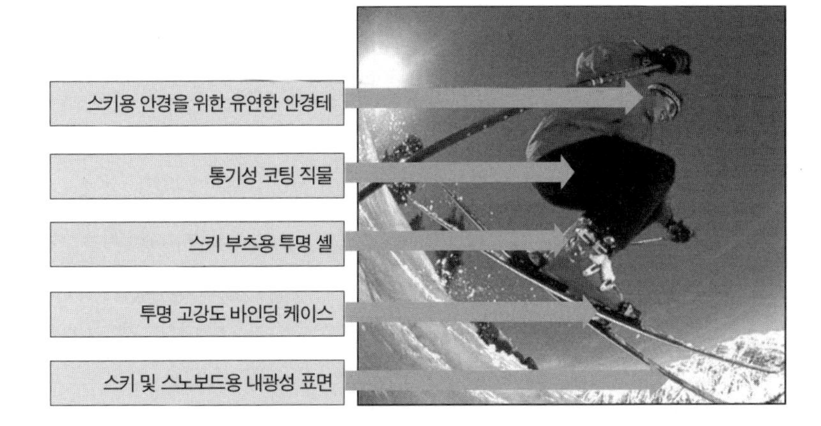

[그림 6-22] 마크로론의 스키 장비 활용 부문

동에서 "사람들을 보호한다"는 사명에 집중했다. 마크로론은 이런 사명을 달성하는 데 도움을 주는 완벽한 소재였다. 유벡스윈터홀딩스는 작업 현장의 안전용품을 제조하는 유벡스시큐리티, 스포츠와 레저용품을 제조하는 유벡스스포츠, 스포츠와 레저용품, 광학 무역을 위한 알피나 그리고 패션 선글라스와 독서용 안경을 제조하는 필트럴의 네 개의 글로벌 자회사로 구성되어 있다.

인브랜딩 전략을 위한 바이엘의 협력업체는 유벡스스포츠다. 전 세계의 전문 매장에서 판매되는 모터스포츠용품, 자전거용품, 스키용품을 제조하는 유벡스스포츠는 스위스, 호주, 네덜란드, 미국, 일본에 자회사를 두고 있다. 유벡스스포츠는 세계 최고 수준의 스포츠를 위한 보호장비를 공급하는 전문업체로 알려져 있다. 봅슬레이, 썰매 tobogganing, 스노보딩, 다운힐스키와 크로스컨트리스키 부문에 대한 폭넓은 후원 활동은 시장에서 유벡스스포츠가 갖는 영향력과 중요성

[표 6-4] 완성품에 마크로론을 사용하는 제조업체들

제조업체	완성품 브랜드	제품 범주
RS오피스RS Office	롤세이프Rollsafe, 롤오그립Roll-o-Grip u.a.	바닥 매트
BNL유로렌즈BNL Eurolens	BNL유로렌즈	안경
유로디지털디스크매뉴팩처링 Euro Digital Disc Manufacturing	데이터 트랙	CD
엠모어	엠모어	CD,DVD
테라미디어Tera Media	내슈어Nashua	CD,DVD
비디올라Videolar	엠텍EMTEC, 니뽀닉Nipponic	CD,DVD
루체플란Luceplan	콘스탄자Constanza	디자인 램프
살만플라스틱Salman Plastik	살블렌드Salblend, 살플렉스Salflex	전자
스피릿오브골프Spirit of Golf	레이저라인티Laser Line Tee	골프 장비
마쯔자키인더스트리Matsuzaki Industry	마루엠Maruem	가방
G+B프로노바G+B Pronova	홀로프로Holo Pro	홀로그래픽 영사 디스크
지오맥Geomag SA	지오맥	자석장난감
소시에떼부르조아Societe Bourgeois	갤럭시	안경 렌즈
알루러너Alumner	알루러너	썰매
서노베이션Sunovation	서노베이션	태양광 모듈
유벡스UVEX	유벡스	스포츠 장비
골드웰엔터프라이즈 Goldwell Enterprises	골드웰	물병
워터텍Watertek	워터텍	물병
캡스냅유럽Capsnap Europe	캡스냅	물병
포톨라패키징Portola Packaging	포톨라, 가라폰Garafón	물병

을 한층 높였다.

마크로론은 투명하거나 불투명할 수 있고, 충격과 풍화에 강하며, 고온과 저온을 잘 견딘다. 마크로론 브랜드와 연계된 이런 속성들은 고급 스포츠용품의 핵심적인 부분이다. 마크로론과 유벡스스포츠의 두 브랜드 사이의 협력관계는 최종 사용자에게 비슷하거나 보완적인 속성을 상징한다. 스키 장비가 좋은 예다. 마크로론은 유연한 안경테, 통기성 코팅 직물, 스키 부츠용 투명 셸, 투명한 고강도 바인딩 케이스, 스키와 스노보드용 내광성 표면과 같은 용도로 사용될 수 있다. 이 모든 제품들은 유벡스 제품 포트폴리오의 일부다.

공동 캠페인을 기획한 바이엘과 유벡스스포는 제품뿐만 아니라 스포츠 행사를 통해 브랜드를 알린다. 때로 이미지 브로슈어를 함께 제작하거나 박람회에 공동으로 참여해 원자재인 폴리카보네이트뿐만 아니라 마크로론의 용도까지 소개하기도 한다. 훌륭한 성과를 내는 스포츠 선수를 위해 만들어진 유벡스스포츠 제품들은 마크로론이라는 구성품을 활용해 소비자의 구매를 유도해 두 기업이 윈윈하도록 해주는 높은 성능 표준을 상징한다.

■ DLP: 첨단기술로 고객을 배려하다

전자산업에서 'TI'라는 이름으로 더 잘 알려져 있는 텍사스인스트루먼트는 원래 1930년부터 미국 텍사스 주 댈러스에서 지질신호처리 기술을 활용해 석유 탐사를 하던 기업이었다. 그러다가 1954년에 최초의 상업적 실리콘 트랜지스터를 선보이면서 반도체시장에 진입했다.

[그림 6-23] DLP 로고

초창기부터 이 회사의 목표는 고유한 기술력을 활용해 시장을 변화시키는 한편 완전히 새로운 시장을 창출하는 것이었다. TI의 역사를 관통하는 줄기는 점진적인 방식부터 혁신적인 방식까지 좀 더 복잡한 신호를 처리하는 진보적인 기술을 활용해 끊임없이 세상을 변화시키는 것이었다. TI는 혁신적인 디지털 신호처리 및 아날로그 기술을 제공해 세상에서 가장 진전된 전자기기를 만드는 것을 돕는다. 이 회사의 실시간 신호처리 기술은 디지털 통신과 오락부터 의료서비스, 자동차 시스템 그리고 그 사이의 폭넓은 용도까지 다양한 방식으로 일상생활에 스며든다.

현재 TI의 핵심 사업은 2008년에 120억 달러의 매출을 올려 전체 매출의 96퍼센트를 차지한 반도체다. 전체 매출의 4퍼센트에 이르는 교육 기술 사업은 교사와 학생들의 수학 및 과학 학습을 돕는 계산기와 기술 솔루션을 설계하고 개발한다. TI는 2008년에 〈포천〉이 선정하는 '가장 존경받는 기업' 순위 반도체산업 부문에서 5년 연속 1위를 차지했다.[57] 메모리칩산업의 제조업체 순위를 나타낸 [그림 6-24]는 TI가 그런 지위를 누릴 만하다는 사실을 보여준다.

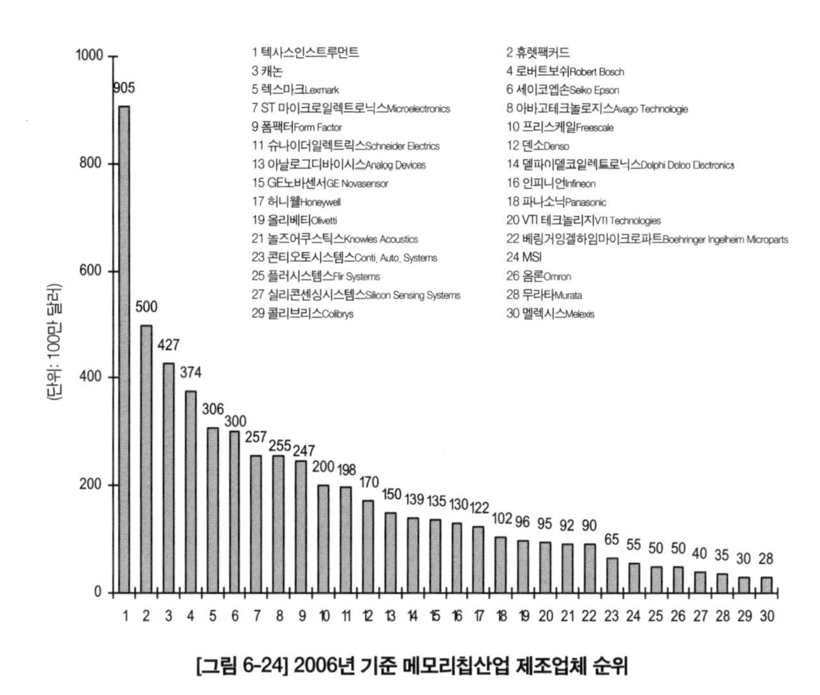

[그림 6-24] 2006년 기준 메모리칩산업 제조업체 순위

DLP, 디지털 미래를 열다

디지털광학기술**DLP**(Digital Light Processing)는 영사기와 비디오 영사기에 사용되는 기술을 나타내는 TI의 등록상표다. DLP의 역사는 1997년에 TI에 소속된 과학자인 래리 혼벡**Larry Hornbeck** 박사가 굴절 원리를 활용해 빛을 조작하는 방법을 연구하면서 시작되었다. 그로부터 10년 후인 1987년, 그는 전례 없는 정확성으로 광자를 유도할 수 있는 광학 반도체인 디지털미소반사표시기**DMD**(Digital Micro mirror Device)를 개발한다. 1992년에 TI는 DMD의 상업적 타당성을 연구하기 위해 디지털 이미징 벤처 프로젝트를 구성한다. 일 년 후 여기에 '디지털라이트프로세싱'이라는 이름이 붙여졌고, 상업적 영사 디스플레이 응용 제품의 잠재성을 실현하기 위해 후에 DLP프로덕트 사업부가 된 디지털 이미징 사업부가 설립되었다.

1990년대 중반에 TI는 첫 고객업체와 계약을 체결했고 1996년에는 최초의 상업 DLP 시스템이 인포커스, 엔뷰, 프록시마에 판매되었다. 유럽에서는 리제강이 최초로 이 사업을 시작했고 일본에서는 플러스가 데뷔했다. 1997년에 미국영화협회가 아카데미 시상식에서 사용할 영사 기술로 채택한 이후 DLP 기술은 매년 아카데미 시상식에서 사용되고 있다. DLP프로덕트 사업부는 1998년에 처음으로 예술과 학아카데미로부터 기술 개발 부문에서 에미상Emmy Award을 받았다. DLP 기술을 발명한 혼벡 역시 에미상을 수상했다. 일 년 후 DLP 기술이 루카스필름의 〈스타워즈: 에피소드1-보이지 않는 위협Star Wars: Episode I-The Phantom Menace〉 시사를 위해 로스앤젤레스와 뉴욕의 극장에서 처음으로 시연되었고 뒤이어 세계적으로 현장 테스트가 시작되었다.

2000년에는 세계 최초로 무게가 3파운드 미만인 영사기가 등장했다. 일본 플러스가 만든 이 DLP 영사기는 DLP 기술의 역량을 증명해 휴대용 영사기시장을 선도했다. 같은 해에 디지털차이나가 중국 브랜드를 단 최초의 DLP 영사기를 출시했다. 2001년에 TI는 홈시어터 애호가들의 기대가 컸던 최초의 16 대 9 영사기를 선보였다. 또한 인포커스는 획기적인 LP120 DLP를 장착한 최초의 2파운드 미만 영사기를 발표했다.

이듬해에는 다른 기업들이 DLP시장에 진입했다. 1월에 삼성이 가격을 3,999달러로 책정한 최초의 DLP HDTV를 발표했다. HP는 4월에 DLP 기술을 활용해 영사기시장에 들어섰고 한 달 후 델이 뒤를 이었다. 6월에는 NEC가 세 번째 DLP 시네마 협력업체로 선정되었다. DLP는 2004년에 마이크로 디스플레이 기술의 최대 공급업체가 되었다. 인포커스는 100만 대의 DLP 영사기를 출하한 최초의 고객업체가 되었다. 그해에 LG전자와 도시바가 DLP HDTV를 선보였다.

2005년에는 HP, 옵토마, 라디오색이 음향 시스템과 DVD 플레이어를 DLP 영사기와 합쳐 소비자 친화적인 기기로 만든 '인스턴트 시어터Instant Theater' 영사기를 최초로 선보였다. 이밖에 삼성, 미쓰비시, 도시바가 최초의 1파운드 미만 영사기를 발표하고 출시했다. '포켓 영사기'는 새로운 마이크로 영사기 부문을 만들어냈다. 10월에는 델이 대중시장 가격(3,499달러)으로 최초의 고해상도(SX+) 영사기를 선보였고, 삼성이 DLP TV 100만 대를 출하했다.

개발 10주년이 되는 2006년에 DLP 기술은 처음으로 전면 영사기 시장에서 50퍼센트가 넘는 세계시장점유율을 달성했고, DLP 시네마 영사기는 세계적으로 1,200대가 판매되면서 1,000대라는 이정표를 넘어섰다. TI는 10년간 1,000만 대의 DLP 시스템이 출하되었다고 발표했다. 2007년과 2008년에는 더 작아진 새로운 응용 제품들이 나왔으며 휴대용 영사 시스템이 출시되었다. 삼성은 일반 휴대전화만큼 작은 DLP 피코 프로젝터 폰Pico Projector Phone을 선보였다. 주변 밝기에 따라 최대 50인치 크기의 이미지를 볼 수 있는 기기다. 이 휴대전화에는 TI의 DLP 피코 칩셋이 내장되어 있다.

혼벡은 지금도 스물아홉 번째 특허를 위해 왕성하게 연구 활동을 벌이고 있다. DLP프로덕트 사업부는 TI를 디지털 신호처리 부문에서 세계적인 선도업체로 만든 그 열정으로 디지털 미래를 열어가고 있다.[58]

나스카 넥스텔컵 후원

TI 브랜드에 대해 소비자들이 가장 잘 알고 있는 것은 계산기와 개인용 컴퓨터시장으로 진입하려 했던 초기의 활동이다. 이 밖에 TI는 반도체산업에서 고객업체를 섬기는 산업 브랜드로도 널리 알려져 있다. TI는 최초로 세계적인 사업 영역을 확보한 회사지만 DLP 칩셋 출시 이후 새로운 발명품인 DLP 기술을 최종 사용자에게 홍보하기 위해 특별한 캠페인을 시작했다. 현재 DLP는 TV를 만들어 소비자에게 판매하는 수많은 기업들의 폭넓은 영사 및 디스플레이 응용 제품에서 활용된다.

TV 환경은 HDTV와 LCD에서 플라즈마와 HDMI까지 많은 형식과 사양 그리고 기술로 구성된다. DLP는 너무 비싸지 않은 대화면 HDTV라는 특정한 응용 제품에 대한 또 다른 해결책을 제시한다. 또한 크고 작은 영사기와 3D 디지털 영화를 비롯한 영화 응용 제품을 제공한다.

TI는 신제품 제공물을 최종 사용자에게 홍보하고 있으며, 고객업체들이 기술의 차이를 최종 사용자에게 교육하고 직접 소비자에게 설명하는 캠페인을 통해 더 효과적으로 DLP 제품을 판매하도록 돕는다. TI의 DLP 사업부는 미국 댈러스 소재 광고대행사인 매캔에릭슨의 도움을 받아 광고상을 받은 광고를 선보였다. 두 회사는 1998년에 컴퓨터 하드웨어 부문에서 미국마케팅협회가 우수 광고에 수여하는 에피상Effie Award을 받았다. TI는 'DLP 신기술의 출시를 뒷받침하는 인브랜딩 캠페인'으로 수상의 영광을 안았다.[59]

1998년 이후 줄곧 DLP 영사기와 TV로 아카데미 시상식을 후원해

온 TI는 2006년에 대중적 관심을 끌어올리기 위한 새로운 시도에 나섰다. 그들은 미국 자동차 경주대회인 나스카 넥스텔컵Nextel Cup 경주팀과 96번을 단 DLP HDTV 쉐보레를 지원했다. 나스카에 대한 후원은 DLP 기술을 홍보하기 위한 전국적인 직접 마케팅의 일환으로 TI로서는 최초로 시도하는 캠페인이었다.

결과는 대성공이었다. 경주를 보러 온 나스카 팬들 사이에서 DLP HDTV에 대한 인지도가 단기간에 두 배 이상 높아졌다. 2006년 시즌 전체에 걸쳐 DLP 브랜드가 공중파 방송에 노출된 횟수는 모든 나스카 후원 기업 중에서 상위 10위 안에 들었다. DLP프로덕트가 후원하는 신생 팀이 버드와이저나 홈데포의 후원을 받으며 오랫동안 정상급 성적을 낸 베테랑 팀들과 같은 반열에 오른 것이다.[60]

DLP는 이런 대대적인 투자를 통해 브랜드 인지도와 함께 최고경영진의 관심을 높였다. 매출이 곧바로 늘어나지는 않았지만 소비자에게 판매할 인프라가 없고 삼성이나 LG, 파나소닉 같은 기업들과 크게 맞설 필요가 없는 TI로서는 현명한 접근방법이었다. TI는 그들과 경쟁하는 대신 기술을 팔고 협력 마케팅을 전개하는 데 집중했다.

현재 TI가 DLP 제품을 판매하는 협력업체는 50개가 넘는다. 각 협력업체는 DLP와 관련한 마케팅을 재정적으로 지원하고 제품 자료와 광고 그리고 소매 전시에서 DLP를 위한 커뮤니케이션 역시 돕는다. TI와 같은 상장회사에게 이런 방식의 노출을 통해 투자가들에게 친밀감을 주는 것은 주가를 높이는 데도 유용하다. 결과적으로 TI에게 인브랜딩은 고도로 차별화된 구성품을 판매하는 효과적인 해결책이 되었다.

LCD와 DLP

DLP 시스템에게는 매우 강력한 기술적 경쟁자가 있다. 유사한 점이 있기는 하지만 두 기술은 이미지를 전달하는 방식이 매우 다르다. 액정표시장치LCD(Liquid Crystal Display) 영사기에는 대개 영사기로 입력되는 이미지 신호의 빨간색, 초록색, 파란색 요소를 맡는 세 개의 개별적인 LCD 유리 패널이 있다. 빛이 LCD 패널을 지나면 개별 픽셀(화소)이 열려 빛을 통과시키거나 닫혀 빛을 차단한다. 마치 각각의 작은 픽셀에 블라인드가 달린 것처럼 말이다. 이 동작이 빛을 조절해 스크린에 물체의 상을 그려낸다.

DLP는 LCD와 크게 다른 방식으로 작동한다. 빛을 통과시키는 유리패널 대신 DLP 칩이 수천 개의 작은 거울로 구성되어 빛을 비추는 표면이 형성된다. 각 거울은 하나의 픽셀에 해당한다. DLP 영사기에서는 램프에서 나온 빛이 DLP 칩의 표면으로 유도되면 거울들이 앞뒤로 흔들리면서 빛을 렌즈 경로로 보내 픽셀을 켜거나 렌즈 경로에서 멀어지게 해 픽셀을 끈다.[61]

평면 스크린 전쟁에 나서다

결국 어떤 기술을 선택하는가는 소비자의 몫이므로 고객을 끌어들이는 방법이 관건이다. 2006년에 광고 활동을 시작했을 당시 TI는 플라즈마와 LCD에서 자사의 DLP 기술로 HDTV 소비자의 관심을 돌리고자 애썼다. 그 일환으로 "놀랍습니다. 거울들이 그 비밀입니다"를 슬로건으로 캠페인을 실시했다. 이 문구는 DLP 디스플레이에 사용되는 칩을 구성하는 수백만 개의 작은 거울들을 가리키는 것이었다. 홍보 웹사이트도 이 문구 그대로 '잇츠더미러닷컴itsthemirrors.com'으로 정해졌다. 이 광고 캠페인에는 한 소녀와 코끼리가 실제로 일반인 및 연예인과 함께 DLP 기술에 경이로움을 느낀다는 내용의 네 편의 TV 광고도 포함되었다.

2007년에 TI는 DLP 기반 마이크로 디스플레이 HDTV를 지원하는 역대 최대 규모의 광고 계획을 발표했다. 세 개의 대형 스포츠 행사를 후원하는 프로젝트를 주축으로 한 새로운 광고 활동을 포함해 1억 달러가 투입되는 이 마케팅 계획은 2007년 가을의 최대 HDTV 구매 시즌에 맞춰 시작되었다. DLP프로덕트는 새로운 캠페인의 일환으로 미국 ABC와 ESPN의 월요일 밤 미국프로풋볼리그NFL와 미국대학축구대회 그리고 나스카 자동차경주대회 넥스텔컵 경주 팀의 주요 후원업체가 되었다.[62]

새로운 광고는 DLP의 진전된 디스플레이 기술이 경쟁 기술들보다 어떤 점들이 더 나은지를 보여주었다. 광고대행사 JWT가 만들고 캘리포니아에서 촬영한 이 광고는 어린 소녀와 코끼리를 다시 데려와 DLP 기술이 보여주는 마술에 감탄하면서 역시 "놀랍습니다. 거울들이 그 비밀입니다"라고 말하는 내용이 담겼다. 2007년에는 세계에서 유일하게 몸을 두 바퀴 돌려 덩크슛을 하는 데 성공해 인터넷에서 열풍을 일으킨 '미스터720(텍사스 길거리 농구선수의 별명 - 옮긴이)'이 광고에 출연했다. 고해상도로 포착된 미스터720의 놀라운 동작은 DLP 기술이 모션블러motion blur(영상이 뭉개지는 현상 - 옮긴이)가 없고 구동이 빠르다는 점을 부각시켰다.

시장조사 결과 HDTV 구매자들은 기술적인 지식이 풍부하고 스포츠를 좋아한다는 사실이 드러났다. 이에 따라 TI는 DLP의 지속적인 나스카 자동차경주대회 후원을 비롯해 온라인, 소매, 홍보 부문에서 스포츠에 초점을 맞췄다. DLP프로덕트의 기업 브랜딩 매니저인 얀 스펜스Jan Spence는 이렇게 말했다. "2006년에 우리는 DLP 기술을 수백만 개의 거울과 연계해 그에 대한 인지도를 200퍼센트 가까이 높였습니다. 올해는 DLP 미세 거울 기술의 혜택을 바탕으로 전형적인 DLP 구매자들이 대부분의 여가 시간을 쓰는 부문, 바로 축구 경기 시청에 초점을 맞추고 있습니다."

브랜드 마케팅 매니저인 더그 대로우Doug Darrow는 이렇게 말했다. "DLP 기술은 다른 HDTV 기술과 비교할 때 본질적인 장점들을 갖고 있습니다. 새로운 광고 활동은 소비자에게 이 장점들을 알려 정보를 바탕으로 HDTV를 살 수 있도록 돕습니다. 우리가 조사한 바에 따르면 사전에 정보를 접한 구매자들은 다른 HDTV 제품보다 DLP 제품을 구매할 가능성이 훨씬 높습니다."

DLP의 이런 광고 활동은 효과가 있었다. LCD가 여전히 TV시장을 장악하고 있긴 했지만 DLP가 빠르게 입지를 넓혀갔다. 시장조사기관인 NPD 그룹이 2007년 5월에 발표한 보고서에 따르면[63] 50인치 이상의 HD DLP TV의 판매대수는 2005년 12월부터 2006년 말까지 63퍼센트 증가했다.

NPD 그룹의 산업분석 담당 부사장인 스티븐 베이커Stephen Baker는 이렇게 말했다. "DLP는 2006년에 특히 50인치 이상의 대화면 부문에서 상당한 시장점유율을 차지하는 데 성공했습니다. 소위 '평면 스크린 전쟁'이 절정에 달한 연휴 기간에도 DLP는 다른 마이크로 디스플레이뿐만 아니라 플라즈마와 LCD의 만만치 않은 경쟁자임이 증명되었습니다."[64]

차이를 만든 것은 대화면 TV이었다. NPD 그룹에 따르면 2006년에 DLP는 다른 모든 경쟁 기술보다 더 많은 50인치 이상 TV를 판매해 28.9퍼센트의 시장점유율을 확보했다. 또한 12월 기준으로 1080p HDTV시장의 4분의 1 이상을 점유했다. 2005년 12월과2 006년 12월 사이에 DLP과 비DLP를 통틀어 1080p 기술에 대한 수요는 일곱배 가까이 늘었다.

NPD 그룹은 이런 추세가 지속될 것으로 예측했다. DLP프로덕트의 비즈니스 매니저인 애덤 쿤즈먼Adam Kunzman은 이렇게 말했다. "우리는 지난해에 DLP가 이룬 진전에 크게 기뻐하고 있으며, 2007년에는 무엇보다 고객업체와 지원 브랜드 그리고 마케팅 활동의 혁신에 힘입어 더 큰 성장을 이룩할 것으로 기대합니다."[65]

2009년까지 TI는 DLP 기술의 주요 제조업체로 남았으며, TI 칩셋에 바탕한 제품을 판매하는 많은 라이선스 업체들이 DLP 기술을 활용했다. 독일 드레스덴의 프라운호퍼연구소Fraunhofer Institute도 특수용도를 위해 스페이셜 라이트 모듈레이터SLM(Spatial Light Modulators)라는 이름으로 디지털 라이트 프로세서를 생산한다. 예를 들어 스웨덴의 마이크로닉 레이저 시스템Micronic Laser Systems은 프라운호퍼의 SLM을 이용해 실리콘 마스크 노광 기록기인 시그마Sigma 라인에서 극자외선 이미지를 생성한다. 그러나 프라운호퍼연구소는 경쟁자인 TI와 싸울 배짱이나 자금이 없다. DLP 기술은 인브랜딩을 통해 전방영사시장에서 빠른 속도로 시장점유율을 확보해 현재 세계적으로 약 50퍼센트의 점유율을 차지하고 있다.

30개가 넘는 제조업체들이 DLP 칩셋으로 영사기를 구동한다. 그러나 신기술이나 시장 구조의 변화가 향후 과제가 될 수 있다. TI DLP의 새로운 활동에서 그 답을 찾을 수 있을 것이다.

쇼트 세란: 성공적인 차별화와 가치제안

쇼트 세란이 만든 세라믹유리 조리기 상판은 고객에게 큰 편리함을 제공해 고급 가정용품의 지위를 얻었다. 30년 이상 동안 7,500만 대가 넘는 제품을 판매한 쇼트 홈테크 사업부는 전 세계 유리세라믹 조리기 상판시장을 선도하는 업체다.[66] 비상장 지주회사인 쇼트는[67] 125년 가까이 사람들이 생활하고 일하는 방식을 개선하는 특수 소재와 구성품 그리고 시스템을 개발하고 제조해온 기술 기반 다국적기업이다.[68]

쇼트는 모든 주요 시장에서 고객과 가까운 곳에 제조설비와 영업 사무소를 두고 있다. 효율성과 고객 만족도를 체계적으로 개선하기 위해 경영진과 직원들은 쇼트의 핵심 가치인 책임과 시장 중심의 혁신, 기술적 전문성, 도덕성과 신뢰성, 기업가정신을 따른다. 세계적인 사업 확장과 태양광 패널 및 의료기기 등 새로운 기술 부문으로의 진출을 바탕으로 최근에 매출이 크게 늘었다.

쇼트의 이야기는 1884년에 오토 쇼트Otto Schott, 에른스트 아베Ernst Abbe, 칼 자이스Carl Zeiss, 로더리히 자이스Roderich Zeiss가 독일 예나에 회사를 세우면서 시작되었다. 5년 후 아베가 칼자이스재단을

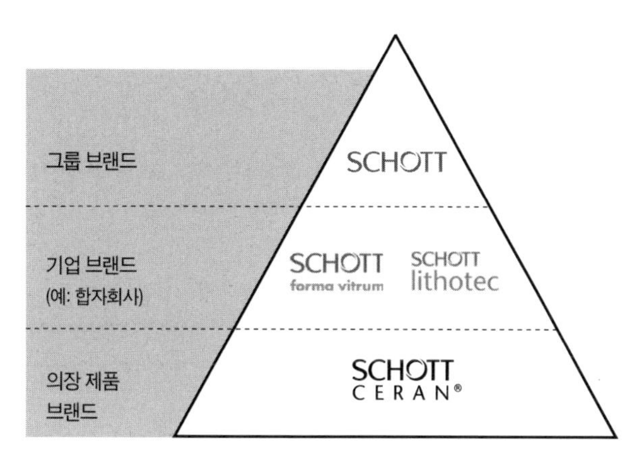

[그림 6-25] 쇼트의 브랜드 피라미드

설립했으며, 2004년에 칼자이스재단은 재단법인을 주식회사로 전환한 뒤 단독 주주가 되었다. 쇼트의 주요 시장은 가전, 광학, 전자, 제약, 자동차, 태양에너지 부문이다. 쇼트는 세계적으로 약 1만 6,800명, 독일에서 7,200명의 직원들을 고용하고 있다. 2005년과 2006년에 전 세계적으로 22억 3,000만 유로의 매출과 1억 9,300만 유로의 세전영업이익을 기록했다.[69]

쇼트의 브랜드는 전형적인 하우스 브랜드 구조를 띤다. 브랜드 피라미드의 정점에는 대다수 자회사를 대표하는 쇼트 그룹 브랜드가 있다. 합자회사의 경우 별도의 기업 브랜드가 있으며, 그룹 브랜드가 제품 브랜드를 뒷받침하는 쇼트 세란 같은 소위 의장 제품 브랜드 designed product brands도 있다.[70]

시장과 경쟁

쇼트 세란 세라믹유리 조리기 상판은 조리대의 구성품으로 사람들은 대개 전기스토브 및 오븐과 함께 구매한다. 이해를 돕기 위해 주요 가전제품으로 이뤄진 백색 가전제품시장을 잠시 살펴보겠다. 전체 가구수가 3,900만 가구에 이르는 독일은 유럽 최대의 백색 가전제품 시장이다. 전기스토브와 오븐의 시장 포화도는 2000년에 83퍼센트, 2004년에 84퍼센트로 성장 잠재력이 약하다.[71] 이 산업은 1998년부터 2000년까지 계속 성장했으며 이후 주춤하다 2006년에 다시 성장을 재개했다.[72]

쇼트 세란은 특수유리에 집중하지만 아직 브랜드를 구축하지 못한 두 핵심 경쟁자를 상대해야 한다. 유로케라가 예외이긴 하지만 브랜드에 많은 투자를 않아 심각하게 위협적인 것은 아니다. 이처럼 느슨한 경쟁 환경 덕분에 쇼트는 선발주자의 이점을 누리면서 큰 어려움 없이 차별화를 이룰 수 있었다.[73]

경쟁자 수가 적고 완성품 제조업체의 수가 많을 때 인브랜딩이 성공할 가능성이 높다.[74] 주요 경쟁자가 둘뿐이라는 점에서 쇼트는 인브랜딩 전략을 추진하기에 최적의 상황이었다. 다른 한편으로 가전산업은 고도로 통합되어 소수의 완성품 제조업체만이 시장에 존재하며 이는 인브랜딩 전략의 실행을 복잡하게 만든다. 호스트 브랜드가 매우 강력하다면 완성품 제조업체가 마케팅 커뮤니케이션을 제한하고 인브랜드를 억누를 가능성이 높기 때문이다.

지속적인 협력과 연구개발

오래 지속되는 협력관계를 구축하는 일은 쇼트 기업문화의 핵심 부분이다. 이 회사는 서로 윈윈하기 위해 목표 집단과 신뢰를 쌓는 일이 단기적인 매출 증대보다 중시된다. 지속적인 연구개발에 대한 투자는 쇼트가 추구하는 전략의 또 다른 특징이다. 협력관계는 지식을 공유하고 정보를 교환하며 협력적인 제품 개발을 가능하게 하는 기회를 제공한다. 이 접근방법은 브랜드 관리 활동에서도 활용된다. 쇼트는 일본의 린나이, 중국의 하이얼 같은 협력업체들과 함께 마케팅 활동을 계획하고 확정한다.[75]

기업을 브랜드화하다

쇼트 세란의 성공 스토리는 세라믹유리 조리기 상판을 개발한다는 결정에서 시작되었다. 현재 쇼트 세란은 쇼트 제품 포트폴리오에서 핵심 제품으로 간주된다. 높은 고객 만족도 덕분에 세라믹유리 조리기 상판 재구매율은 96퍼센트에 이른다. 유럽의 경우 모든 전기스토브의 절반 이상이 쇼트 세란을 쓴다.[76]

쇼트 세란 브랜드로 판매된 첫 번째 세라믹유리 조리기 상판은

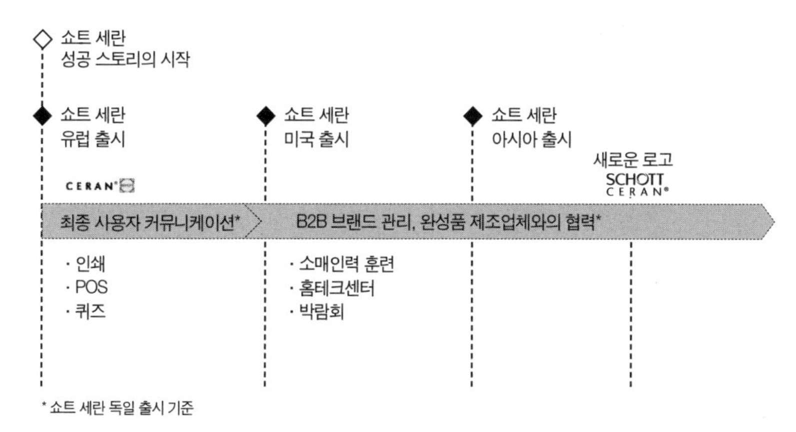

[그림 6-26] 쇼트 세란의 성공 스토리

1971년에 생산되었다. 세란 세라믹유리 조리기 상판은 높은 열전도성과 낮은 열팽창성이 특징이다. 또한 최종 소비자는 평탄한 비다공성 표면 덕분에 청소가 간편해 오랫동안 깔끔한 상태를 유지할 수 있다는 점을 높이 산다. 세란 조리기 상판은 두께가 4밀리미터로 열에 강하고 열 손실 없이 최대 700도까지 충격을 견딘다.[77]

쇼트 세란의 성공 스토리에서 중요한 이정표는 제조 기술의 지속적인 최적화와 발전이다. 1971년에 세란은 독일 쾰른에서 열린 세계 가전 및 부품 박람회인 도모테크니카Domotechnica에서 전기스토브 제조업체인 임페리얼을 통해 처음 소개되었다. 이후 1976년에 소비자 조사와 시장조사를 활발하게 진행했으며, 그 결과를 토대로 1980년에 100만 개의 조리기 상판을 판매했다. 조리기기에 대한 쇼트 인증(1983)과 독일 마케팅상 수상(1984)은 쇼트 세란의 성공 스토리를 장식한 또 다른 이정표였다.

원래 혁신적인 기술에 큰 관심을 기울였던 쇼트는 현재 시장 지향적인 전략에 집중하고 있다.[78] 이 회사는 1997년에 새로운 브랜드 구조를 만들었다. 이전까지 세란은 '쇼트'라는 그룹 브랜드에 딸린 제품 브랜드로 인식되었을 뿐 브랜드 인지도가 낮았다. 이 점을 고려해 1997년에 포괄적인 새로운 전략에 따라 '쇼트'와 '세란'을 함께 강조하는 새로운 로고를 만들었다. 새로운 로고를 통해 세란은 제품 브랜드가 그룹 브랜드인 '쇼트'의 좋은 평판과 이미지의 후광을 얻도록 유도하고자 했다. 반대로 쇼트는 세란의 효과적으로 구축된 브랜드 이미지로부터 부가적인 이득을 볼 수 있었다.[79]

기업을 브랜드화하는 일은 흔히 '기업 브랜딩'이라 불린다. 인브랜딩과 기업 브랜딩은 소비자에게 브랜드를 광고하고 홍보할 때 중첩되기 마련이다. 인텔이 소비자에게 기업 브랜드와 함께 개인용 컴퓨터 구성품으로 홍보될 때 그랬던 것처럼 말이다. 쇼트도 세란이 그룹 브랜드가 가진 힘의 혜택을 누릴 수 있도록 이 전략을 따르기로 결정했다.[80]

시장조사기관이 실시한 소비자 조사 결과에 따르면 세라믹유리 조리기 상판의 존재 여부는 최종 고객의 구매 결정을 좌우하는 두 번째로 중요한 요건이었다. 가격이 가장 중요한 요건이었고 브랜드명은 다섯 번째에 해당되었다. 이 조사 결과는 쇼트 세란이 소비자를 위한 기능성과 혜택을 지닌 구성품 이상의 것임을 보여준다. 실제로 쇼트 세란은 호스트 제품에 상당한 가치를 더하기 때문에 소비자의 구매 결정에 영향을 미치는 매우 중요한 구성품이라 할 수 있다.

가 치 제 안

쇼트 세란의 브랜드 약속은 독보적인 경험, 혁신적인 협력관계, 고

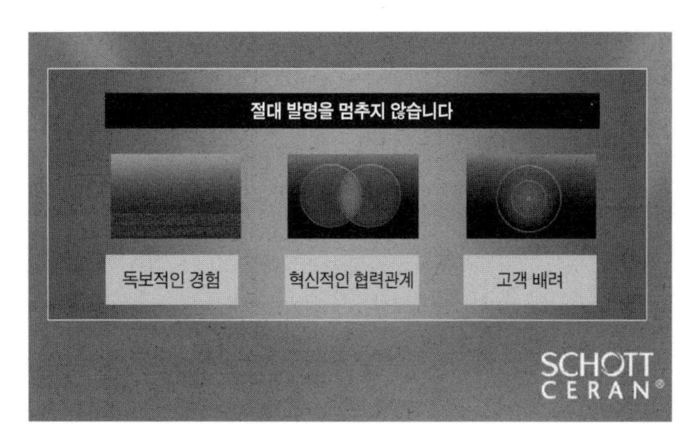

[그림 6-27] 쇼트의 가치제안

객 배려의 세 가지로 구성되어 있다. '독보적인 경험'은 연간 매출액의 6퍼센트를 차지하는 지속적인 연구개발 투자를 바탕으로 한 30년 이상의 오랜 경험을 말한다. '혁신적인 협력관계'도 신기술에 대한 지속적인 투자를 바탕으로 이뤄지며 그 위에 다른 목표 집단에 초점을 맞추는 것도 포함된다. 협력관계는 지식을 공유하고 고객의 특정한 필요를 파악하는 기회를 제공한다. 세 번째 요소인 '고객 배려'는 직접적인 고객 지향의 가치관을 말한다.[81] 이 전략은 주된 초점을 B2B 고객에게 맞추되 특정한 시장에서 제품을 출시하는 초기에만 브랜드 인지도 광고와 B2C 마케팅을 하는 것이다.

완성품 제조업체에 대한 마케팅

쇼트는 소매업체와 최종 소비자 등의 하위 단계 고객들을 대상으로 자사 제품의 장점을 여섯 가지로 정리해 집중 소개한다. 간편한 청소, 넓은 표면 공간, 짧은 비등 시간, 최신 가열 시스템에 의한 에너지 절약, 아름답고 현대적인 디자인 그리고 다양한 형태와 디자인 등이 그것이다. 이런 혜택들은 특정한 목표 집단에 대한 연관성과 중요도에 따라 홍보 커뮤니케이션에 통합된다. 제조업체와 최종 사용자 사이의 중개자 역할을 하는 소매 인력의 훈련이 매우 중요하다. 요리 행사나 매장 홍보뿐 아니라 콜센터 같은 최종 사용자 서비스도 인브랜딩 캠페인의 요소다.

최종 사용자에 대한 연구는 필요를 파악하고 적절한 대응 수단을 개발하는 도구로 사용된다.[82] 쇼트는 특정한 시장에 제품을 출시할 때만 최종 소비자를 대상으로 브랜드를 적극 홍보한다. 그리고 어느 정

[그림 6-28] 쇼트 세란을 사용하는 주요 완성품 제조업체들

도의 브랜드 인지도를 확보한 뒤에는 주로 완성품 제조업체에 대한 마케팅 활동에 집중한다.

이 회사는 통일된 마케팅 활동을 하고 지식을 공유하기 위해 완성품 제조업체들과 협력한다. 쇼트 세란과 함께 최종 소비자에게 도달하는 일은 주로 완성품 제조업체가 실행한다.[83] 브랜드 인지도를 높이기 위해 완성품 제조업체와 협력관계를 구축하는 일은 인브랜딩 캠페인을 개발하는 핵심적인 단계다. 공급업체는 대개 완성품 제조업체의 광고비용을 지원해 브랜드 라벨을 드러내고 구성품의 혜택을 알리는 노력에 보상을 해주고 재정적 인센티브를 제공함으로써 완성품 제조업체가 구성품을 홍보하도록 유도한다.[84] 쇼트는 영업을 관리하기 위해 통계 수치를 활용한다. 우호적인 협력관계와 정기적인 상담은 커뮤니케이션과 매체 선택에 영향력을 발휘할 기회를 넓혀준다.

아시아시장 공략에 나서다

쇼트와 일본의 가전제품 제조업체인 린나이의 협력은 성공적인 브랜드 연합의 대표적인 사례다. 린나이는 1920년에 설립되어 일본시장에서 확고하게 자리 잡은 기업으로 고품질 제품과 뛰어난 서비스를 대표한다. 쇼트 세란은 25년 이상 동안 린나이와 협력하면서 그들의 좋은 이미지와 평판의 도움으로 브랜드 인지도를 높였다.[85] 세란의 세라믹유리 조리기 상판은 현대적 디자인과 평탄한 비공성 표면 그리고 긴 수명으로 정평이 나 있다. 이런 장점들은 일본에서 쇼트 세란의 인기를 높이는 데 큰 기여했다.

세란 상판을 쓴 린나이 가스 조리기는 상당한 성장 잠재력을 갖고 있다. 쇼트는 브랜드에 민감한 일본인들의 머릿속에서 다른 독일 브랜드들처럼 높은 품질과 신뢰성을 대표한다. 쇼트와 린나이는 이 점을 활용해 독일 국기 라벨을 세란 조리기 상판에 붙이는 마케팅을 펼쳤다.[86] 또한 성장을 실현하고 윈윈하는 상황을 만든다는 비전 아래 마케팅 캠페인을 공동 기획했다. 일본의 최종 사용자들은 호스트 제품에 더 많은 가치를 부여한다. 린나이는 수준 높은 혁신에 바탕한 쇼트 세란의 좋은 브랜드 이미지의 후광 효과를 톡톡히 보고 있다. 두 기업의 협력은 새로운 아시아시장을 개발할 수 있는 큰 잠재력을 갖는다.

아시아, 특히 일본에서 세란의 세라믹유리 조리기 상판을 사용하는 가스레인지에 대한 수요가 늘고 있다. 중국에서의 성장 잠재력은 에너지원으로서 천연가스가 어느 정도로 자리를 잡는가의 여부에 달려 있다. 상당한 구매력을 지닌 한국도 아시아에서 중요한 시장으로 간과할 수 없다. 한국인들은 높은 품질을 중시할 뿐만 아니라 갈수록 현대적이고 세련된 디자인을 선호하고 있다. 아시아에서 독일 브랜드는 일반적으로 꾸준한 고품질 및 기술적 진보와 동일시된다.[87]

바이레다와의 공동 브랜딩

독일 청소용품 브랜드 바이레다와 쇼트 세란의 협력은 브랜드 연합의 또 다른 좋은 사례다. 바이레다가 세란 세라믹유리 조리기 상판 청소용 특수 수세미를 개발하자 쇼트는 이를 세란 세라믹유리 조리기 상판 청소 도구로 사용을 권장했다. 쇼트가 바이레다를 지원하는 형태로 '세란을 위한 바이레다'를 홍보하는 설득력 있는 협력관계가 수립된 것이다.

이 협력에서 두 브랜드는 모두 고품질과 지속적인 혁신을 대표하는 상대 브랜드의 브랜드 가치와 이미지의 후광 효과를 누릴 수 있다.[88] 소비자 제품이나 서비스 부문에 속한 두 개의 독립적인 브랜드가 브랜드 연합을 형성할 때 공동 브랜딩이 이뤄지는 반면 인브랜딩은 공급업체와 소비자 제품 기업 사이의 협력을 수반한다.[89] 마케팅의 관점에서 보면 독립적으로 활동하는 쇼트와 바이레다 사이의 브랜드 연합은 두 브랜드가 모두 상대 브랜드의 브랜드 이미지와 명성에서 이득을 얻으므로 일종의 공동 브랜딩으로 간주할 수 있다.

[그림 6-29] 바이레다와 쇼트 세란 사이의 협력

쇼트 세란의 성공은 윈윈 상황의 실현에 초점을 맞추고 오랜 기간 지속되는 협력관계에 바탕을 둔 것이다. 주된 초점은 B2B 마케팅 활동에 맞춰지며 최종 소비자는 주로 완성품 제조업체가 응대한다. 완성품 제조업체의 개입 없이 최종 소비자에게 브랜드를 홍보하는 광고 활동은 일정한 수준의 브랜드 인지도가 확보될 때까지 이뤄진다.

이런 과정을 거쳐 세란은 인브랜드 인지도와 고객을 위한 상당한 수준의 혜택이라는 공통의 성공 지표들을 갖게 된다. 앞에서 소개한 인브랜딩의 4단계에 비춰보면 쇼트 세란은 현재 독일시장에서 마지막 단계인 피에스코 효과를 누리는 과정에 있는 것으로 보인다. 많은 완성품 제조업체들이 세란 세라믹유리 조리기 상판을 사용함에 따라 차별화 잠재력은 갈수록 미미해진다. 무엇보다 제품 수명주기와 고객의 특정한 욕구에 맞춰 인브랜드를 지역적으로 적용할 필요가 있다.

마이크로밴: 설득하고 측정하다

기술 혁신을 통해 시장을 바꾸는 일은 여러 세대의 기업들에게 하나의 성공 패턴이었지만 지식 경영을 통해 시장을 바꾸는 것은 새로운 패턴이다. 기술 혁신뿐 아니라 성공적인 브랜딩을 통해 협력업체를 위한 가치를 창출할 수 있는 기업은 심도 있는 시장 지식을 바탕으로 더 큰 가치를 창출할 수 있다. 미국 마이크로밴인터내셔널(이하 '마이크로밴')이 추구하는 사업 모델의 핵심에 이런 가치 창출이 있다.

마이크로밴은 소비자 제품, 직물, 건축자재, 건강관리용품을 위해 안전하고 오래가며 효과적인 항균 솔루션을 개발하는 함유형 항균제

[그림 6-30] 마이크로밴의 글로벌 사업장 소재지

시장의 세계적인 선도업체다. 경험이 풍부한 화학자, 폴리머 엔지니어, 미생물학자들로 구성된 마이크로밴 연구 팀은 폴리머, 직물, 코팅, 세라믹, 종이, 접착제를 비롯한 폭넓은 소재들을 위해 항균 솔루션을 개발해왔다. 마이크로밴은 폭넓은 항균 기술을 활용해 협력업체들에게 개별적으로 고유한 제품 용도에 맞는 최적의 항균 솔루션을 제공한다. 현재 전 세계 150여 개의 기업들이 마이크로밴 항균제를 함유한 750여 개의 제품을 제조하고 있다.

세 명의 공학자와 향균 솔루션의 개발

마이크로밴의 역사는 한 통의 전화에서 시작되었다. 매사추세츠공과대학MIT를 졸업한 윌리엄 모리슨William Morrison[90]은 일회용 의료용품을 청결하게 좀 더 오래 유지할 수 있는 시스템을 고안하는 일에 대해 자문을 받아오던 의사에게 전화를 걸었다. 의료 환경에서의 감염 통제에 대해 이야기를 나누는 도중에 모리슨은 손에 든 수화기를 보면서 공중전화의 오염 가능성과 이의 방지법을 생각했다. 이 한 가지 생각이 의료 및 소비자 응용 제품을 위한 최초의 항균 폴리머 제품의 개발로 이어졌다.

모리슨의 초기 구상은 수년 동안 여러 가지 과정을 거치면서 연구소에서 현실 세계로 옮겨졌다. 마이크로밴은 생물의학 제품 개발에 경험이 풍부한 세 명의 공학자가 모리슨의 초기 구상에서 얻은 영감을 토대로 설립했다. 그들은 자체적으로 개발한 처리 과정을 통해 항균 첨가제를 다양한 제품에 투입할 수 있는 방식을 개발했다. 그 결과 박테리아, 곰팡이, 사상균 같은 미생물에 의한 피해를 막기 위해 제품에 추가적인 보호 수단을 제공하는 항균 솔루션이 개발되었다.

이들은 광범위한 제품에 핵심적이고 주목할 만한 기능을 더하는 방법을 찾아냈다. 또한 지적재산권을 보호하기 위한 방편으로 브랜딩의 중요성을 깨닫고 신속하게 인브랜딩 경험이 풍부한 전 뉴트라스위트 마케터들을 고용해 팀을 구성했다. 1996년에는 제품에 함유된 항균제의 혜택을 고객들에게 알리는 효과적인 도구로 제조업체들과 함께 '마이크로밴' 등록상표를 처음으로 활용하기 사용했다.

1994년에 주식회사로 출범한 마이크로밴은 1999년에 스프라우트 그룹[91]의 마이크로밴프로덕트 사업부로 인수되어 세계적인 기업으로 거듭났다. 마이크로밴의 전 사장이자 CEO인 빌 루벤스타인Bill Rubinstein의 주도 하에 DLJ(도널드슨, 루프킨앤드젠렛Donaldson, Lufkin & Jenrette)의 벤처캐피털 계열사인 스프라우트 그룹은 마이크로밴에

2,300만 달러를 투자했다. 뒤이어 2005년에는 선도적인 사모펀드이자 인수합병 전문 기업인 TA어소시에이츠[92]가 마이크로밴에 대한 소액 지분 투자를 마치고 데이비드 메이어스David Meyers를 사장 겸 CEO로 임명했다.

협력업체에 대한 포괄적인 지원

마이크로밴은 제품뿐 아니라 서비스까지 제공하는 포괄적인 항균 솔루션 기업이다. 제조업체에 대한 연구개발 지원부터 마케팅 지원, 승인 지원, 품질보증까지 사업 영역에 포함된다. 완성품 제조업체는 최종 사용자에게 어떤 가치가 추가되었는지를 보여주기 위해 마이크로밴 브랜드를 활용할 수 있다.

마이크로밴의 성공은 항균제의 강력한 효능뿐 아니라 협력업체 지원에 대한 헌신에서도 비롯된다. 다른 구성품 기술과 달리 광범위한 제품과 산업에 항균 보호 수단을 제공하기 위해서는 상당한 기술적, 지적 지원이 요구된다. 마이크로밴은 협력업체들에게 기술 지원, 승인

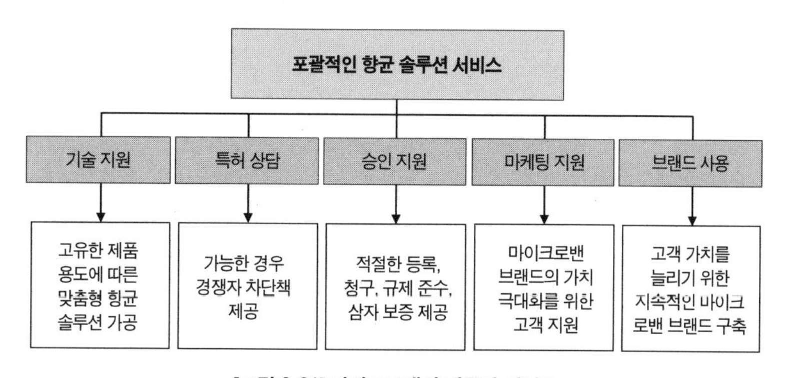

[그림 6-31] 마이크로밴의 제품과 서비스

지원, 특허 상담, 마케팅 지원 그리고 마이크로밴 브랜드 등을 비롯한 포괄적인 서비스를 지원한다.

기술 지원: 마이크로밴 항균 솔류션은 제조 과정에서 함유되어 내면과 표면에서 제품의 본질적인 일부가 된다. 박테리아, 사상균, 곰팡이 같은 미생물이 제품 표면에 닿으면 마이크로밴 항균제가 미생물의 세포벽을 뚫고 들어가 주요 세포 기능을 방해함으로써 미생물이 활동하거나 성장하거나 번식하지 못하게 막는다.

마이크로밴 항균제로 가공된 모든 제품은 미생물학연구소와 화학분석연구소에서 폭넓은 테스트를 거친다. 마이크로밴 기술은 전 세계 27여 개의 독립적인 연구소에서 실시한 2만여 건의 테스트를 거쳐 효과가 입증되었다. 현장 미생물 실험실은 제조업체들에게 산업 표준 테스트 수단을 활용한 항균 테스트 서비스를 제공한다. 또한 마이크로밴은 항균 첨가제 부문에서 다수의 특허를 보유하고 있다. 일부 구성품 기술과 달리 마이크로밴 공학자들은 각 협력업체의 고유한 제품 용도에 맞게 항균 솔루션을 가공해 제공한다. 예를 들어 도마용 항균 솔루션은 페인트나 운동화에 사용하는 솔루션과 크게 르다.

승인 지원: 마이크로밴과 협력업체들은 전 세계에서 제품을 제조하고 판매한다. 이에 따라 마이크로밴은 전 세계적으로 협력업체들이 규제당국의 승인을 받을 수 있도록 지원해야 한다. 마이크로밴은 현지 규제당국을 적극적으로 상대해 상업화 이전에 모든 항균 첨가제가 승인을 얻을 수 있도록 보장한다. 또한 홍보 내용을 정하는 데 지침을

제공하고 규제에 어긋나는 부분이 있는지 등 협력업체의 모든 마케팅 내용을 검토한다.

특허 상담: 마이크로밴은 폴리머, 코팅, 직물 마감재를 비롯해 광범위한 제품 용도에 따른 항균 첨가제의 사용과 관련된 75개가 넘는 특허를 확보 내지 신청한 상태다. 마이크로밴의 내부 특허 담당 변호사는 잠재적 특허 기회에 대한 전문적인 조언을 제공하고 일부 경우에는 협력업체에 해당 시장에서 경쟁자를 물리칠 수단을 제공한다.

마케팅 지원: 마이크로밴은 새로운 협력업체의 성공을 보장하기 위해 광범위한 마케팅 지원책을 제공한다. 예를 들어 제품 홍보 내용과 판매 교육 자료를 제공한다. 마이크로밴 항균제의 혜택을 알리는 방법을 설명하는 포장 사례, 소매업체 전시 자료, 보도자료 초안, 추가적인 마케팅 커뮤니케이션 자료를 제공한다. 이는 협력업체들이 마이크로밴 브랜드를 효과적으로 활용하도록 돕기 위함이다.

브랜드 사용: 마이크로밴은 폭넓은 제품 범주와 소비자 집단에 걸쳐 광범위한 정량적, 정성적 마케팅조사를 실시해 협력업체들에게 마이크로밴 브랜드를 활용하는 데 필요한 전문적인 홍보 지침과 잠재적 마케팅 전략에 대한 통찰을 제공한다. 마이크로밴 마케팅 팀은 협력업체를 위한 맞춤형 조사를 실시해 신제품이 속한 범주에 대한 구체적인 지식을 바탕으로 마이크로밴 브랜드와 그 혜택을 고객에게 판매하는 일을 지원한다.

항균제 브랜드 신뢰의 상징

항균제에 대한 관심은 비누와 세제에서 고형 제품으로 급속히 확산되었다. 최근에 미국에서 실시한 조사에 따르면 60퍼센트 가까운 소비자가 일상생활에서 미생물에 노출되는 것을 우려하며, 80퍼센트가 넘는 소비자가 네 가지 이상의 항균 제품을 사용한다는 사실이 드러났다. 마이크로밴 브랜드는 협력업체들이 항균제의 이점을 효과적으로 전달할 수 있도록 지원하는 신뢰의 상징이다. 현재 마이크로밴 브랜드는 미국에서 41퍼센트가 넘는 보조 브랜드 인지도를 기록하고 있으며 전 세계에서 인지도를 높여가고 있다.

마이크로밴 브랜드는 소비자에게 안전하고 오래가며 효과적인 항균제를 제공할 것을 약속한다. 이 약속을 지키기 위해 마이크로밴은 협력업체가 제조한 모든 제품을 상업화 이전에 광범위하게 테스트하며, 상업화 이후에도 엄격한 품질보증 지침을 적용해 지속적인 항균 효능과 내구성을 보장한다.

시장과 경쟁자

일상생활에서 해로운 박테리아와 접촉하면 다양한 질환에 걸릴 수

[그림 6-32] 마이크로밴 브랜드 로고

있다는 사실을 처음으로 알게 된 것은 미국인들이었으며 이후 유럽과 아시아로 퍼져나갔다. 항균제가 안전에 대한 믿음뿐만 아니라 섭식과 스포츠 등에서 건강한 삶을 위한 안전한 환경을 제공한다는 인식을 갖고 있는 시장으로는 현재 세 개를 꼽을 수 있다. 이들 시장의 성장세는 항균제에 관심을 갖는 소비자 수가 늘고 있음을 말해준다.

미국의 경우 항균제를 함유한 제품의 매출이 연간 8퍼센트씩 늘어나고 있으며 미래의 성장률은 과거 수준이거나 그보다 높을 것으로 예상된다. 이런 예상에는 항균제를 활용한 제품과 서비스에 대한 새로운 용도는 포함되어 있지 않다. 매출 증가 이외에 새로운 용도도 향후 마이크로밴의 성장을 보장하는 핵심 요소다.

유럽도 마이크로밴에게 중요한 시장이다. 현재 그 규모는 북미시장보다 작지만 연간 성장률이 11퍼센트에 이른다. 성장 잠재력이 가장 큰 시장은 아시아다. 지금은 항균제 공급업체들의 전체 매출 중 극소수만이 아시아에서 비롯되지만 앞으로는 갈수록 그 중요성이 커질 것으로 예상된다. 현재 연간 성장률은 17퍼센트 정도로 추정된다. [그림 6-33]은 각 시장의 규모와 매출 그리고 성장률을 보여준다.

완성품 제조업체뿐 아니라 경쟁자와 소비자들도 항균제가 폭넓은 제품에 가치를 더할 잠재력을 가졌음을 알고 있다. 현재 시장에서 항균 제품에 대한 높은 관심을 활용할 세 가지 주요 전략을 확인할 수 있다. 인브랜딩은 경쟁자들도 추구하는 전략이지만 어떤 브랜드도 영향력, 인지도, 신뢰도 측면에서 마이크로밴에 대적할 수 없다.

듀폰이나 다우 같은 대형 화학회사들도 제조 공정에 들어가는 화학물질을 제공할 수 있다. 이런 물질을 첨가하기로 결정한 완성품 제조

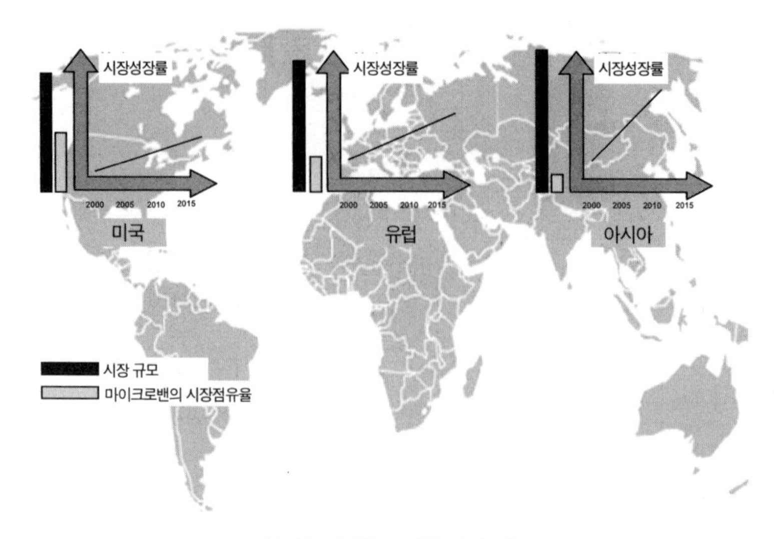

[그림 6-33] 시장별 성장률 및 점유율

업체는 소비자에게 내재된 구성요소를 잘 설명해줄 브랜드를 선택해야 한다. 많은 기업이 이 전략을 추구한다.

다른 기업들은 화학회사들의 지원을 받으며 주된 브랜드에 품질의 상징으로 새로운 자체 브랜드를 덧붙이는 방법을 사용하기도 한다. 다른 완성품 제조업체에 대한 차별화 전략으로 자체 브랜드를 활용하는 대표적인 예로 삼성을 들 수 있다. 삼성의 항균 라인 제품 포트폴리오에는[93] 세탁기, 냉장고, 에어컨, 공기청정기기, 진공청소기 외 박테리아와 접촉할 수 있는 많은 응용 제품들이 포함된다. 삼성은 이 제품들을 위해 '은 나노' 브랜드를 만들었다. 냉장고나 에어컨 같은 삼성의 가전제품들은 은 나노 코팅을 내부 표면에 입혀 제품 전체에서 항박테리아 및 항곰팡이 효과를 낸다. 이 제품들에서 공기가 순환하면서 코팅된 표면이 은 이온[94]과 접촉하게 된다. 은 이온은 공기 중에 있는 모든 박테리아의 호흡을 억제해 세포의 신진대사와 성장을 방해한다.

현재 마이크로밴은 항균 브랜드 중 가장 강력한 브랜드다. 마이크로밴은 브랜드 지배력뿐 아니라 시장점유율에서도 시장을 선도한다. 그러나 시장 규모가 커지면서 새로운 경쟁자가 나타날 수도 있다. 2000년에 세균, 집먼지 진드기, 곰팡이 등을 차단하는 스위스의 새니타이즈드[95]가 1930년에 미국에서 개발된 응용 제품을 가지고 시장에 진입했다. 새니타이즈드는 제품의 용도를 악취 제거로 넓히는 동시에 자사 제품이 박테리아, 곰팡이의 생성과 진드기 감염을 줄인다고 주장했다.

새니타이즈드는 2008년부터 미국시장에서 마케팅 활동을 강화하고 일반 대중과 최종 소비자 사이에서 브랜드 인지도를 높이기 위한 노력을 시작했다. 스튜어트 클라인Stewart Klein 사장은 "기존 인지도와 미국섬유화학자협회와 미국색채전문가협회가 부여하는 네트워킹 역량은 새니타이즈드가 이 목표를 달성하는 데 전략적으로 중요한 기반을 제공합니다"라고 말했다.[96]

가 치 사 슬

마이크로밴은 가치사슬의 초기 단계에 있지 않다. 15개가량의 대규모 전문 공급업체들이 원자재를 공급하는데 마이크로밴은 이 물질들을 가공한다. 또한 주방용품이나 가정용품, 장난감 등을 공급하는 다양한 완성품 제조업체들을 위해 호스트 제품에 항균제를 첨가한다. 마이크로밴은 연구와 테스트를 거쳐 제공하는 부가가치가 고객의 기대를 충족시킬 수 있도록 보장한다. 마이크로밴의 브랜드 로고는 완

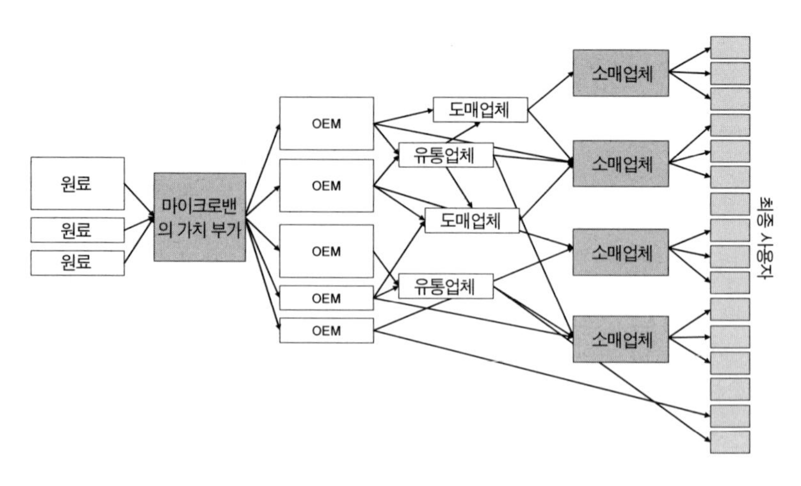

[그림 6-34] 마이크로밴의 가치사슬

성품이 최종 사용자에게 주는 혜택을 명시할 수 있도록 마이크로밴이 제공하는 서비스의 추가 사양이다. 마이크로밴은 이런 방식으로 단순히 완성품에 항균 기능을 더하는 물질을 가리키는 명칭 이상의 의미를 갖는다. 마이크로밴은 지식, 전문성, 완성품의 처리뿐 아니라 최종 사용자에게 추가적인 혜택을 제공하는 완전한 개념을 상징한다.

[그림 6-34]는 가치사슬에서 마이크로밴이 차지하는 위치를 보여준다. 많은 완성품 제조업체들은 가공된 원료를 활용해 가전제품부터 장난감, 정원용품에 이르기까지 다양한 완성품이나 반제품을 생산한다. 이 제품들은 유통업체와 도매업체 그리고 소매업체를 통해 시장에 출시되어 최종 고객에게 판매된다.

이 가치사슬에서 마이크로밴이라는 이름은 마이크로밴의 단계에서 처음 사용된다. 마이크로밴은 750여 종의 제품을 생산하는 약 130개의 완성품 제조업체와 협력한다. [그림 6-35]는 마이크로밴이 제공하

[그림 6-35] 마이크로밴을 인브랜드로 사용하는 완성품 브랜드들

는 브랜드화된 구성요소를 첨가한 제품을 제공하는 기업들의 예다.

대다수 완성품 제조업체는 도매업체 및 유통업체와 소매업체를 통해 제품을 판매한다. 마이크로밴은 완성품 제조업체가 선택하는 유통 채널에 영향을 미칠 수 없다. 유통업체와의 직접적인 커뮤니케이션은 제품의 중요성 및 유통수단의 규모에 의해 방해를 받기 마련이다.

많은 소매업체들은 고도로 밀집되어 있으며 시장에서 무조건적인 영향력을 지닌다. 그들은 브랜드와 제품 제공물을 보호하며 소수만이 마이크로밴과 협력한다. 미국의 홈디포와 영국의 테스코는 항균 제품을 별도로 진열하는 특별 구역을 만들었다. 이 구역에서 마이크로밴 브랜드는 분명하게 눈에 띈다. 이런 활동들은 최종 고객에게 도달하려는 회사의 노력을 뒷받침한다.

완성품 제조업체와 유통업체 단계에서도 비슷한 상황을 확인할 수 있다. 어떤 제품을 취급하고 진열할지 여부는 많은 구성요소들에 의해 좌우된다. 소매업체의 제품 정치는 가격, 시장, 경쟁, 지역 외 많은 요소들의 영향을 받는다. 실제로 마이크로밴은 최종 사용자에게 완성품에 추가한 혜택의 중요성을 보여주어야 시장에 영향력을 행사할 기회를 얻는다.

유아용품	운동용품	바닥재	애완동물 용품	청소용품	침구용품	전자제품	직물
유아용 의자	체육관 운동용품	래미네이트 상판	애완동물 침대	밀대 걸레	매트리스	냉장고	수건
카시트	가정용 운동용품	래미네이트 마루	이동용 개집	밀대 스펀지	이불	전자레인지	양말
유아용 변기 커버					베개	세탁기	신발
						식기세척기	

[그림 6-36] 마이크로밴 브랜드 제품군 및 하위 제품

완성품은 여러 범주의 최종 사용자에게 도달한다. 사용자 집단은 실제 사용자와 구매 결정자로 나눌 수 있다. 병원 같은 기관이나 다른 기업, 공공건물 운영회사, 건축가와 엔지니어들도 완성품의 또 다른 사용자 집단이 될 수 있다.

브랜드 관리 방법: 마이크로밴의 항균 솔루션은 많은 제품에 사용되지만 대다수 제품은 다섯 가지 범주로 구분할 수 있다. 가정용품, 상업 및 음식 서비스, 건축용품, 의류 및 직물, 건강관리용품이 그것이다. 각 범주는 다른 하위 제품군을 갖는다. [그림 6-36]은 제품군과 응용 제품의 사례를 보여준다.

마이크로밴은 마이크로밴 항균제를 함유한 거의 관리할 수 없을 만큼 많은 수의 제품들로 파생되는 방대한 용도를 갖는다. 그런 까닭에 가치사슬에 기여하기 위해서는 다양한 참가자들을 위한 이점을 관리

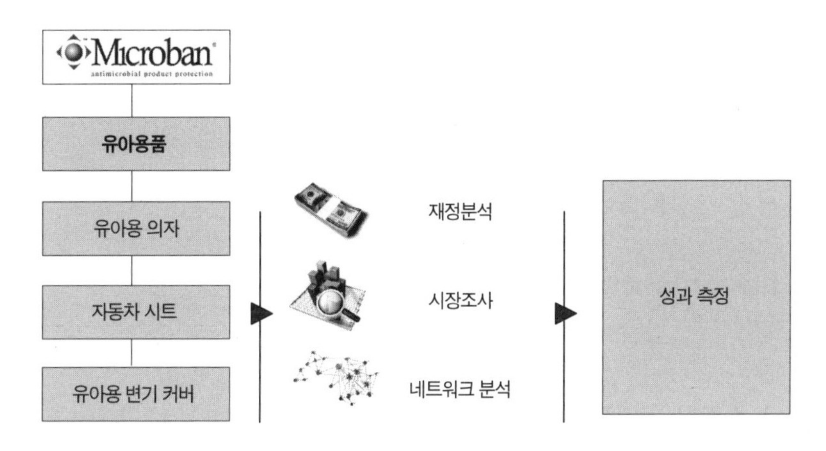

[그림 6-37] 인브랜드의 부가가치 관리

하고 거기서 스스로를 위한 가치를 찾아내야 한다. 예를 들어 유아용품에 속한 유아용 의자와 자동차시트 그리고 유아용 변기커버처럼 다양한 범주에 속한 모든 제품 제공물과 해당 기업이 가치사슬에 어떤 식으로 기여하는지 살펴야 한다.

마이크로밴은 네트워크 분석을 통해 공급업체부터 완성품 제조업체, 유통업체, 소매업체, 최종 고객에 이르기까지 늘어나는 가치를 분석해 기여할 내용을 결정한다. 가치 포착은 최종 고객이 브랜드화하지 않은 제품과 비교해 가격 프리미엄을 지불할 용의가 있는지 여부에 따라 좌우된다. 상세한 시장 분석을 거쳐 얻은 가격 범주와 용도에 따라 그 정도를 결정할 수 있다. 마이크로밴의 자체 투자와 비용 구조가 결국 그들의 재정적 성공을 좌우한다. 이 과정은 [그림 6-37]에 나와 있다.

마이크로밴의 다양한 성과 지표는 다양한 제품군에 대한 경영 개입

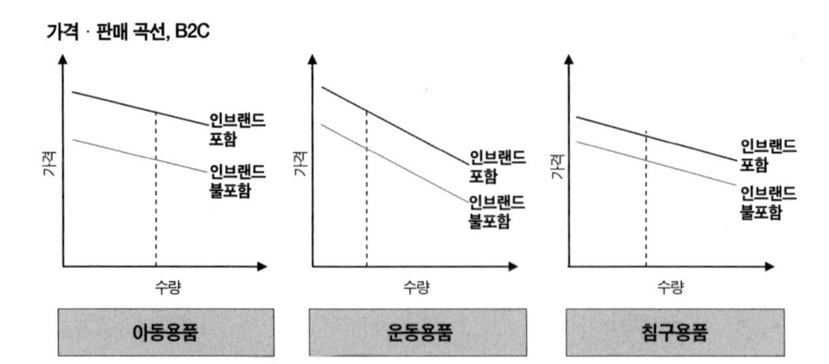

[그림 6-38] 인브랜드 포함 여부에 따른 선별된 제품의 가격 프리미엄과 가능한 판매량

과 투자 그리고 새로운 제품군의 선택에 지침을 제공한다. 이 분석에서 가장 중요한 부분은 판매량과 완성품에 추가되는 구성요소가 창출한 가격 프리미엄을 파악하는 것이다.

이 작업은 집중적인 2단계 고객 분석을 통해 이뤄진다. 우선 마이크로밴을 첨가하거나 첨가하지 않은 완성품에 대해 최종 사용자가 얼마를 지불할 용의가 있는지 분석해야 한다. 그다음 다양한 가격 수준에서 얼마나 많은 사람이 구매하거나 구매하지 않을지 분석해야 한다.

다음으로 공급업체와 완성품 제조업체 단계에서의 가격 프리미엄에 대한 분석이다. 마이크로밴을 첨가한 완성품과 첨가하지 않은 완성품 사이의 가격 차이가 가격 프리미엄에 해당하는데 이것이 인브랜딩 과정의 성공을 좌우한다. 다양한 제품 용도는 다양한 제품곡선과 판매곡선을 보는데 이들 곡선은 [그림 6-38]에 나와 있다.

가치 창출: 마이크로밴은 세 가지 측면에서 호스트 브랜드 협력업체를 위한 가치를 창출한다. 호스트 브랜드의 품질 개선, 차별화 요소

의 창출 그리고 대안적인 마케팅 전략의 제공이 그것이다. 주목할 점은 마이크로밴이 협력업체를 위해 창출하는 가치가 단지 호스트 브랜드의 품질을 개선하는 수준에서 건설적인 방식으로 그 제품을 차별화하고, 궁극적으로는 사업 실적을 개선하기 위해 잠재적으로 비용과 위험이 더 낮은 시장 전략을 제공하는 방향으로 나아갈수록 기하급수적으로 커진다는 것이다.

모든 인브랜드가 가치를 창출하는 데 바탕이 되는 것은 소비자의 구매 선호에 영향을 미칠 수 있는 주목할 만한 품질 개선을 이루는 것이다. 마이크로밴 기술은 일상생활에서 박테리아와 곰팡이에 노출되는 것에 대한 소비자의 우려를 잠재울 수 있도록 도와준다. 마이크로밴 브랜드는 최종 사용자에게 안전하고 오래가며 효과적인 항균제가 들었음을 알리는 신뢰의 상징으로 협력업체에 중요한 커뮤니케이션 도구가 된다.

제품 품질을 개선하는 일은 인브랜딩 전략을 개발하는 토대이지만 호스트 브랜드를 위한 진정한 가치 창출은 인브랜드가 경쟁자들을 상대하는 지속적인 차별화 요소가 될 때 이뤄진다. 일부 인브랜드들은 견인 효과를 창출하는 소비자 광고에 많은 투자를 함으로써 브랜드를 활용할 기회를 확보한다. 마이크로밴은 새롭고 좀 더 창의적인 접근 방법을 개발했으며 그 과정에서 협력업체들을 위해 지속적인 차별화 요소를 창출했다.

모든 마케팅 교과서에서 찾아볼 수 있는, 사업을 강화하는 데 활용하는 도구에는 가격 설정, 시장점유율, 제품 믹스, 유통, 제품 범주 육성의 다섯 가지가 있다.

- 가격 인상이나 가격 인하는 실적에 직접적인 영향을 준다는 점을 고려할 때 가격 설정은 매우 중요한 수단이다. 많은 마이크로밴 협력업체들은 현재의 가격 수준을 방어하고 해당 부문에서 혁신 기업으로서의 명성을 강화하기 위해 마이크로밴을 활용해왔다.
- 마이크로밴 브랜드를 활용하는 호스트 브랜드에게 효과적인 전략 중 하나는 시장점유율 전략이다. 인브랜드는 구매자에게 원하는 성능 속성을 보장하는 강력한 인증 수단으로서 판매 시점에서 브랜드 선호도에 큰 영향을 미친다. 마이크로밴은 특정 범주의 선도업체에게 비용과 위험을 낮추는 혁신을 통해 시장점유율을 방어함으로써 상당한 가치를 제공한다.
- 인브랜드는 구매자들이 제품 범주 안에서 사양과 혜택의 개선 여부를 파악하는 데 유용한 핵심 단서가 될 수 있다. 많은 협력업체들이 제품 믹스 전략으로 마이크로밴 기술을 활용했다. 마이크로밴을 함유하는 것은 제품들에 뚜렷한 차이가 없는 범주에서 큰 도움이 되었다.
- 마이크로밴 협력업체들은 진열공간을 확보하거나, 늘리거나 심지어 지키기 위해 마이크로밴 브랜드와 기술을 활용했다. 일부 기업들은 실제로 돈을 더 지불하려는 소비자들의 용의에도 불구하고 유통망을 확보하기 위해 다른 전략 대신 마이크로밴 기술을 활용하는 쪽을 선택했다.
- 인브랜드는 위의 네 가지 수단을 활용하는 효과적인 전술이 될 수 있지만 제품 범주의 육성은 그에 해당되지 않는다. 인브랜드는 제품 내에서 중요한 구성품이나 혜택을 나타내지만 소비자를

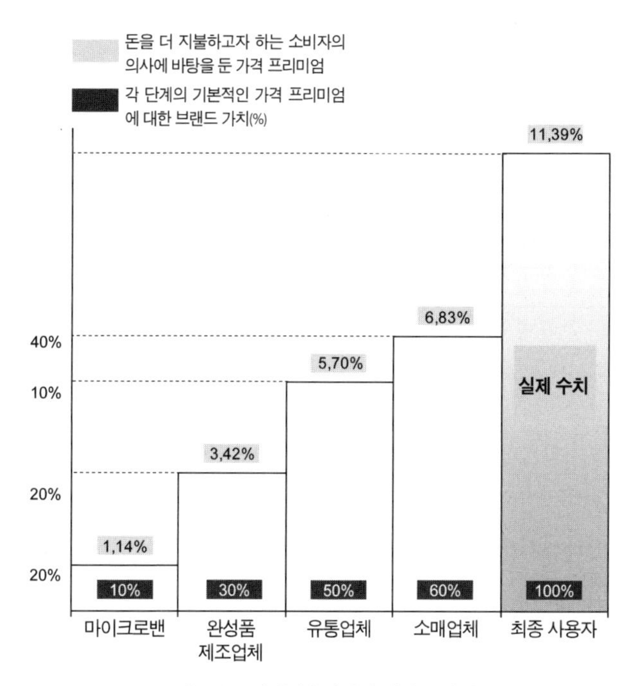

[그림 6-39] 가치사슬에서의 가격 프리미엄

해당 범주로 끌어오지는 못한다.

이런 결론은 더 많은 완성품 제조업체들이 마이크로밴을 자사의 제품 제공물에 포함시키고자 할 때 벌어지는 논쟁의 토대이자 공급업체 및 완성품 제조업체 제공물의 가격을 결정하는 필요조건이다. 많은 경우 구성품은 가치사슬의 후반부에 있는 협력업체에게 가치 측면에서 더 많은 혜택을 제공한다. [그림 6-39]는 마이크로 박테리아 항균 기능을 가진 수건의 사례를 보여준다.

인브랜드가 완성품 제조업체에 대해 갖는 의미는 마이크로밴처럼 강력하고 적절한 인브랜드가 호스트 브랜드의 이미지를 보완하면서 긍정적인 영향을 미칠 수 있으며, 더 높은 가격 프리미엄으로 표현되는 브랜드 자산의 증가로 이어진다는 것이다. 그런 면에서 마이크로밴의 인브랜딩은 완성품 제조업체에게 실질적인 혜택을 가져다준다.

구성품 마케터들은 구성품 기술에 대한 소비자의 인지도를 높이기 위해 많은 전략들을 활용했다. 예를 들어 뉴트라스위트는 코카콜라와 펩시가 뉴트라스위트 상표를 쓰도록 유도하기 위해 특허라는 강력한 지위를 활용했다. 돌비와 인텔은 브랜드 활용을 보장하기 위해 개선된 가격 설정과 공동 마케팅 비용 같은 인센티브를 제공했다. 그리고 듀폰은 고객업체들이 브랜드를 활용하도록 유도하기 위해 라이크라와 테프론에 대해 소비자 견인 전략을 사용했다.

마이크로밴은 가장 유명하고 신뢰받는 향균 솔루션으로 마이크로밴 브랜드를 성공적으로 키운 새롭고 독특한 인브랜딩 모델을 만들었다. 그들은 기술적 전문성, 포괄적 서비스 지원, 독점권을 부여함으로써 협력업체들과 함께 전 세계 750여 개의 제품에서 마이크로밴 상표를 활용하는 성공적인 윈윈 연합을 창출했다.

SUMMARY

- 서로 다른 산업 내 조건과 특정한 기업 상황에 따라 요구되는 인브랜딩에 대한 접근방법은 각기 다르다.

- 오래가는 인브랜드를 구축하고 유지하려면 강력한 전략적 브랜드 리더십이 필요하다.

- 차별화와 고객에 대한 이해를 통해 경쟁우위를 유지하려면 제품 혁신과 응용 혁신이 필요하다.

- 인브랜드 관리는 전통적인 관리 방식으로 끝나지 않으며, 네트워크 분석과 가치사슬 분석 같은 혁신적인 개념과 사고의 지속적인 적용을 요구한다.

INGREDIENT BRANDING

CHAPTER 7

브랜드 관리와 성과 측정

INGREDIENT BRANDING

브랜드화된 구성품이 포함된 제품의 수가 늘어나는 데서 알 수 있듯 오늘날 급변하는 시장에서 인브랜딩은 중요한 마케팅 전략이다. 그러나 가치사슬의 참가자들에게 긍정적인 영향을 미치는 데 성공했음에도 불구하고 비즈니스시장에서 브랜드 자산과 관련한 인브랜딩의 효과는 아직 제대로 측정되지 않은 상태다.[1] 다양한 연구기관 및 컨설팅기관들이 서로 다른 측정 방법을 제시하고 있으며 이를 인브랜드에도 적용한다. 인텔과 돌비 같은 일부 기업들은 자체 측정 체계를 개발해 사례연구에서 조명한 브랜드 관리 체계의 중요한 일부로 활용한다.

지금부터 브랜드 평가 수단을 어떻게 관리하고 사용해야 하는지를 살피고, 인브랜드에 대한 구성품 공급업체의 관점에서 브랜드 자산을 평가하는 도구를 소개하고자 한다.

소비자에 의한 가치 창출

브랜드는 소비자, 구성품 공급업체, 완성품 제조업체 이외의 다른 참가자들이 자원으로 활용할 수 있기 때문에 시장 기반 자산을 창출할 수 있다. 이런 관점은 인브랜드 소비자를 가치사슬에 속한 공동 가치 창출자로 파악하는 최신 연구에 바탕을 두고 있다.[2]

소비자에 의한 가치 창출은 두 가지 방식으로 이뤄진다. 첫째는 브랜드화된 구성품에 가격 프리미엄을 지불하고자 하는 소비자의 능력과 의사다. 이런 사람은 자신들과 선택한 인브랜드 사이의 강력하고 우호적이며 고유한 관계를 보여준다. 둘째는 소비자가 브랜드화된 구성품을 일상생활에 통합해 지식과 연관관계를 창조한다. 그 결과 브랜딩 기회를 발견하는 구성품 공급업체들이 갈수록 늘어나고 있다.

이는 브랜드화된 구성품에 대한 수요를 늘려 의도하지 않게 비즈니스시장을 바꿔놓는다. 또한 브랜드화된 구성품의 사용이 소비자 환경에 확산됨에 따라 친숙치 않았던 구성품이 친숙해지고 추구하는 대상이 되는 방식으로 환경 자체가 변화 및 진화하고 있다. 이렇게 새로이 진화한 환경은 기존 가치사슬에 참여한 기업들을 위한 비옥한 새로운 시장이 되며, 특히 이미 브랜드화된 구성품에 유리하다.[3]

인브랜드의 현저성, 인지성, 연상성 때문에 소비자가 새로운 제품과 서비스 범주를 신속하게 이해할 수 있도록 구성품을 브랜드화하고자 하는 기업들도 있다.[4] 이는 다섯 가지 결과를 가져다준다. 첫째, 상위 단계 공급업체의 구성품에 바탕을 둔 하위 가치가 대폭적으로 개선된다. 둘째, 하위 단계 최종 사용자에 대한 실질적이고 중요한 혜택을 부여한다. 셋째, 제품, 서비스, 제공물이 사용되기 전 판매 시점에서는 그 혜택이 '비가시적'일 수 있다. 넷째, 공급업체, 제조업체, 완성품 제조업체 혹은 구성품 사용업체가 판매 시점에 제공물에 더 높은 가치를 부여하는 '특별한 요소'가 있음을 드러내려고 일정한 방식으로 최종 사용자에게 이 구성품을 알리게 된다. 마지막으로 좀 더 높은 가격을 받거나 혹은 구매 성향을 높이는 방향으로 소비자에게 이점이 알려지게 된다.

관리 과정과 전제조건

B2B 기업들이 최종 고객과 제품 및 서비스 제공물과 관련된 욕구나 필요에 대한 지식을 얻을 경우 경쟁자들보다 훨씬 유리한 입지와 경쟁우위를 차지하게 된다. 인브랜딩 접근방법을 선택한 구성품 공급업체는 다양한 방식으로 전략을 실행할 수 있는데 이 과정을 시작하기 전에 준비 단계가 필요하다.

인브랜딩 전략을 실행한 많은 기업은 개념과 과제 그리고 기회를 파악하고 종종 뉴트라스위트, 고어텍스, 인텔의 마케팅부서에서 경험을 쌓은 전문가들을 고용했다. 이런 지식과 인력을 갖춘 기업들은 제품과 서비스 포트폴리오를 살펴 인브랜드 관리 과정의 첫 단계로서 잠재적 인브랜드 선택지를 파악한다. 이는 성공적인 인브랜드를 위해 필요한 조건들을 기준으로 이뤄진다. 완성품을 위한 높은 기능성, 전체 제품 성능에서 차지하는 비중, 가치사슬의 접근 가능한 권력 구조 그리고 협업을 위한 잠재적 협력업체가 그것이다.

1단계에서는 현실적으로 적용 가능한 선택지만을 파악한다. 2단계에서는 고객의 선호군집preference cluster과 대응 가능한 고객의 필요를 파악해야 한다. 이 단계는 집중적인 고객 분석이 우선한다. 그러나 이는 많은 B2B 기업들에게 미지의 영역이다. 고객업체들을 상대하는 데 익숙한 B2B 기업들은 초점집단 조사에서 패널분석, 최종 고객 테스트까지 일련의 새로운 수단들을 활용해야 한다. 또한 최종 사용자의 이해와 구매 행동에 대해 충분한 통찰을 얻기 위해 많은 B2B시장 조사 수단들을 활용해야 한다.

2단계를 수행하는 데는 몇 개월이 걸릴 수 있으며 그것이 전략 개발에 해당하는 3단계의 구성요소들을 결정한다. 최종 고객에 대한 정보와 투자는 인브랜딩에 대한 접근방법과 커뮤니케이션에 대한 투자를 좌우하므로 인브랜드 전략의 핵심적인 측면이다. 구성품 공급업체가 소매 수준에서의 접근 지점만을 원한다면 이 정도로 충분할 수 있다. 뒤이은 최종 사용자에 대한 커뮤니케이션은 채널 협력업체가 시도하면 된다. 시마노는 이런 방식을 사용했다. 시마노가 직접 고객에게 접근하고자 한다면 최종 사용자와 커뮤니케이션을 해야 한다.

또 다른 전략적 사안은 구성품 공급업체와 가치사슬상의 핵심적인 협력업체 사이의 관계다. 이는 권력 구조, 혁신적인 선도업체의 지위, 최종 고객에 대한 접근 지점 등 많은 요소에 의해 좌우된다. 다양한 단계들의 목표를 정한 뒤 그것들을 관리 가능한 요소들로 나누어야 한다. 이 과정의 최종 단계는 실행을 위한 핵심 계획을 전개하는 마케팅 개념의 개발이다.

인브랜딩 전략은 복수 단계 마케팅 과정을 바탕으로 하므로 세심한 기획과 지속적인 점검이 필요하다. 이 과정을 과소평가하면 사용업체

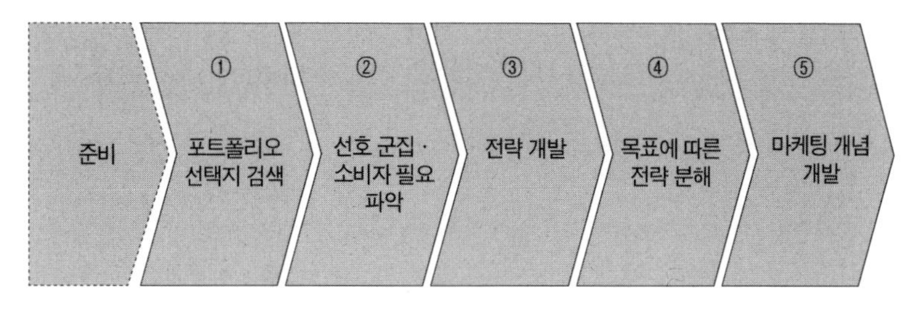

[그림 7-1] 인브랜드 관리 과정

및 완성품 제조업체와 채널의 반발을 사거나 혹은 브랜드 부조화와 같은 부정적인 영향으로 이어질 수 있다.

현실적으로 구성품을 위한 하위 브랜드 자산은 두 가지 방식으로 창출할 수 있다.[5] 하나는 구성품 제조업체가 구성품 사용업체와 별개로 커뮤니케이션에 투자해 인브랜드와 그 혜택을 하위 소비자시장이나 중요한 시장 부문에 직접 홍보한다. 대표적인 예로 뉴트라스위트, 인텔, 고어텍스, 마크로론, 마이크로밴 등을 들 수 있다. 다른 하나는 구성품 제조업체가 차등적 가격 설정이나 가격 인하 혹은 협력 리베이트를 활용해 인브랜드를 구축하는 데 구성품 사용업체의 도움을 받을 수 있다. 돌비 사운드를 지원하는 소니가 이에 해당된다.

가치 흐름과 다중 효과

마케팅 과정에서 새로운 브랜드를 가치사슬의 하위 단계에 투입하는 일은 [그림 7-2]에서 볼 수 있는 것처럼 복잡한 '효과 기반'을 구축하는 다양한 효과를 초래할 수 있다.[6] 이는 핵심 참가자들에게 다양한 방식으로 효과가 나타날 수 있다.

I-1은 구성품 공급업체가 소비자 브랜드 자산을 구축하기 위해 실

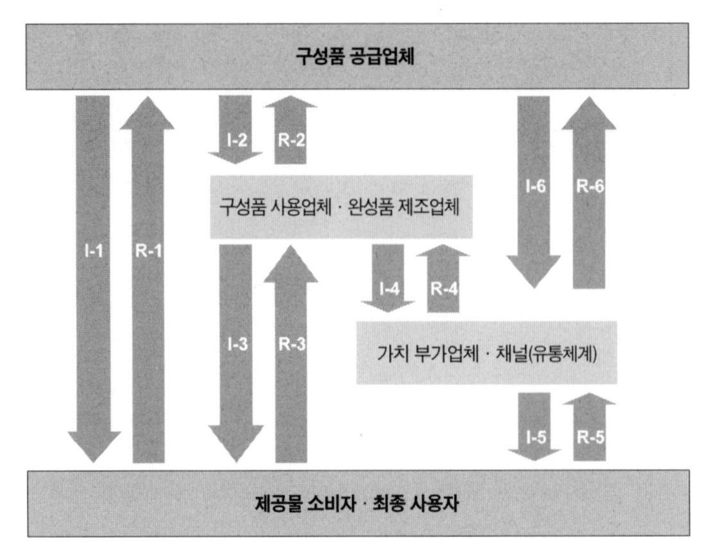

[그림 7-2] 인브랜딩 효과의 분포

시하는 직접적인 커뮤니케이션이나 광고, 샘플 제공 혹은 다른 종류의 활동으로 구성되는 직접 투자다.

R-1은 소비자와 구성품 제조업체 사이의 자산 및 직접적인 연계로서 같은 구성품을 가진 다른 제품에 대한 기대와 직접적인 견인 효과를 창출한다. 구성품 제조업체는 이를 활용해 영향력을 얻고 구성품 사용업체에 대해 그리고 채널 전반에 걸쳐 가격을 올릴 수 있다.

I-2는 구성품 제조업체가 구성품을 활용하도록 사용업체 및 완성품 제조업체에게 제공하는 직접 투자로서 가격 할인이나 구성품을 사용하게 만들고 홍보하기 위한 다른 종류의 수단을 포함한다. 여기에는 완성품 제조업체가 소비자의 수요나 통제력 상실로 구성품을 사용해야 하는 상황처럼 부정적인 영향도 포함된다.

R-2는 더 높은 가격, 충성도, 더 깊은 협력관계, 통제력 양도, 기회

주의적 구매 관행의 제한을 포함해 구성품 사용업체가 구성품 제조업체에게 제공할 수 있는 일련의 보상이다.

I-3은 구성품 사용업체가 소비자에게 제품이 해당 구성품뿐만 아니라 그에 수반되는 가치도 내포하고 있음을 알리는 데 따른 투자다. 이 과정에서 구성품 사용업체는 사실상 구성품 제조업체를 위해 브랜드 자산을 구축하는 데 투자하는 셈이 된다.

R-3은 구성품이 제공하는 혜택에 힘입은 소비자의 수용 확대로서 더 빠른 판매 속도, 더 높은 가격, 더 강한 충성도, 제품을 다른 사람에게 권하는 더 강한 경향을 포함한다. 또한 사용업체 브랜드와 인브랜드 모두를 위한 브랜드 자산 효과도 포함된다.

I-4는 구성품 제조업체가 채널에 구성품의 힘을 알리고 소비자에게 구성품을 더 잘 팔도록 만들기 위한 직접 투자다.[7] 예를 들어 다양한 카펫 제조업체들이 스테인마스터 섬유와 화학제품을 사용한다. 스테인마스터의 가치를 구축하는 데 도움을 준 모든 카펫 제조업체는 사실상 스테인마스터 인브랜드가 더 유명해짐에 따라 자신들의 구성품을 통합한 다른 사용업체 및 완성품 제조업체에 대해 투자한 셈이 된다.

R-4는 채널에서 사용업체 및 완성품 제조업체에게 주어지는 대가로서 더 높은 가격, 더 큰 수용, 더 빠른 판매 및 회전 속도 등이 포함된다.

I-5는 제품을 판매하면서 사용업체 및 완성품 제조업체 브랜드뿐만 아니라 구성품 브랜드의 가시성을 높이기 위해 채널이 소비자를 대상으로 실시하는 투자다. 이 투자는 다양한 시장 커뮤니케이션이나 다른 홍보 활동, 인센티브, 샘플 제공, 매장 전시물 설치 등을 통해 이뤄

진다.

R-5는 더 큰 채널 보상, 더 높은 가격, 더 빠른 수용, 브랜드 충성도, 주요 구성품을 포함한 더 많은 제품이 나올 것이라는 기대에 해당한다.

I-6은 구성품 제조업체가 구성품의 인지도를 쌓고 채널 협력업체에게 구성품을 통합한 사용업체 및 완성품 제조업체의 제품을 찾도록 권하는 채널에 대한 직접 투자에 해당한다. 구성품 제조업체는 채널에 직접 접근함으로써 제품이 가져다주는 더 큰 보상에 대한 약속을 바탕으로 해당 제품을 찾고 취급할 인센티브와 채널의 견인 효과를 창출해 사용업체 및 완성품 제조업체를 상대할 때 추가적인 영향력을 얻는다.

R-6은 제조업체의 구성품을 사용한 제품을 제공하도록 사용업체 및 완성품 제조업체에게 채널이 압력을 가하는 데서 나오는 보상에 해당한다.

브랜드의 상대적 영향력

이 밖에 인브랜딩은 구성품 제조업체의 모母 브랜드가 지닌 상대적 영향력을 고려할 때 또 다른 잠재적인 복잡성을 갖는다. 이는 인브랜드와 사용업체 브랜드가 서로 관련이 있음을 의미한다.[8] [그림 7-3]에는 사용업체 및 완성품 제조업체 브랜드와 구성품 제조업체 브랜드의 상대적 소비자 자산이 비교적 균형을 이뤄 인브랜딩을 쉽게 실행할 수 있는 영역이 표시되어 있다.

제조업체의 인브랜드가 비교적 덜 알려진 데 반해 사용업체의 브랜드가 매우 유명하다면 협상이 어려울 것이다. 또한 인브랜드의 자산

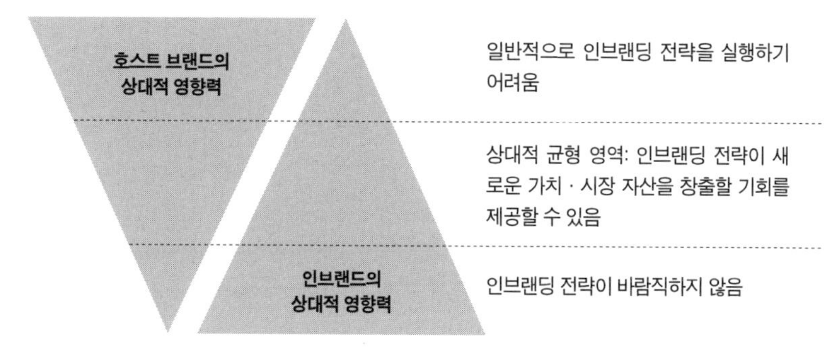

[그림 7-3] 브랜드의 상대적 영향력에 따른 인브랜딩 효과

을 구축하기 위해 사용업체가 그 브랜드를 사용하게 하려면 상당한 특권을 제공해야 할 것이다.

TI의 DLP 구성품이 출시되었을 때가 대표적인 예다.[9] 당시 소니처럼 강력한 사용업체 및 완성품 제조업체와 협상하는 것은 매우 어려운 일이었다. 소니는 영사기와 대형 TV에 다른 기술을 쓸 수도 있었다. 반면 소니와 달리 덜 알려진 브랜드인 프록시마와의 협상은 비교적 순조로웠다.

구성품 제조업체가 매우 강력한 브랜드를 가졌고, 최종 사용자가 잘 알고 신뢰하며, 사용업체가 비교적 덜 알려진 브랜드를 가졌다면 인브랜드 및 상표의 수용, 가격 설정, 활용, 구축을 위한 협상이 매우 순조롭다. 다른 한편 사용업체의 브랜드가 시장에 진입하는 단계이거나 제품의 품질이 비교적 낮아 덜 알려졌다면 구성품 제조업체가 협상에 나서지 않을 수도 있다.

제조업체와 사용업체가 지닌 영향력이 비교적 균형을 이뤄 인브랜딩 협상이 동등한 협력업체의 토대 위에서 이뤄지는 영역도 있다. 이 영역에서 제조업체와 사용업체 및 완성품 제조업체는 그들이 함께 진행하는 협상의 역학과 경제학을 바탕으로 시장 기반 자산을 늘리면서 실질적인 브랜드 시너지 효과를 일으킬 기회를 모색할 수 있다.

브랜드의 영향력 관계

인브랜드의 입지와 협상 방법을 분석하는 또 다른 접근방법은 [그림 7-4]에 나와 있다. 이 그림은 사용업체 및 완성품 제조업체 브랜드의 상대적 영향력을 수평축, 제조업체 인브랜드의 상대적 영향력을 수직축으로 설정하고 전체 공간을 4분면으로 나눈다.

1사분면은 구성품 제조업체와 구성품 사용업체가 모두 영향력이 낮아 '함께 범주를 창조하는' 공간이다. 제조업체가 가치는 크지만 거의 알려지지 않은 구성요소를 제공하고, 사용업체의 브랜드도 비교적

인브랜드의 상대적 영향력		사용업체 및 완성품 제조업체 브랜드의 상대적 영향력: 낮음	사용업체 및 완성품 제조업체 브랜드의 상대적 영향력: 높음
	높음	④ 구성품 차별화	③ 공동 브랜딩 · 시너지
	낮음	① 공동 범주 창조	② 강제된 활용

[그림 7-4] 인브랜드와 사용업체 및 완성품 제조업체 브랜드의 상대적 영향력 관계

덜 알려졌다면 두 기업은 힘을 모아 새로운 범주를 열 수 있다. 그렇게 되면 새로운 범주에서 시너지 효과를 일으키면서 동시에 브랜드 자산을 창출할 수 있다. 프록시마 영사기에 들어간 TI의 DLP 구성품이나 돌비가 자사 기술을 통해 잡음을 줄인 휴대용 카세트 녹음기의 개발을 지원한 경우가 그 사례다.

돌비가 소개될 당시 카세트 녹음기는 비교적 새로운 제품이었으며, 돌비는 사실상 무명이었다. 그리고 카세트 녹음기는 갈수록 큰 소음을 내 재생할 때마다 잡음이 들렸다. 돌비는 이 잡음을 제거하는 기술을 제공하고 소니는 카세트 녹음기를 소형화해 개인 휴대용 고품질 음악이라는 유망한 범주를 함께 만들 수 있었다.

2사분면에서 제조업체는 비교적 덜 알려진 인브랜드를 보유하며, 활용 시점에서 더 큰 영향력을 지닌 사용업체 및 완성품 제조업체와 협상에 나선다. 이 경우 구성품이 진정으로 혁신적이며 지금까지 사용업체 및 완성품 제조업체가 도달하지 못한 상당한 하위 수요를 충족하지 않는 한 협상이 어려울 수밖에 없다. 사용업체 및 완성품 제조업체가 구성품을 간절하게 원한다면 설령 무명의 구성품이라 해도 강제 활용 상황을 연출할 수 있다. 구성품 제조업체는 기본적으로 구성품을 원한다면 브랜드 구축을 도와달라고 말할 것이다.

대표적인 사례로는 다이어트 콜라 브랜드를 개발하는 과정에서 뉴트라스위트가 코카콜라와 진행한 협상을 들 수 있다. 뉴트라스위트는 아스파탐 감미료를 코카콜라에 제공해 상당히 큰 시장을 상대할 수 있게 만들어줄 수 있는 매우 강력한 위치에 있었다. 중요한 특허권과 핵심 요소를 보유한 뉴트라스위트는 협상을 통해 코카콜라와 펩시가 뉴트라스위트 브랜드 상표를 받아들이고 기본적으로 뉴트라스위트를 위한 시장 기반 자산을 형성하도록 유도할 수 있었다.

3사분면의 경우 제조업체와 사용업체 및 완성품 제조업체의 브랜드가 모두 높은 브랜드 자산을 보유한다. 그래서 각 브랜드가 최종 사용자에게 자신의 영향력을 발휘해 같이 매출을 올리는 공동 브랜딩이 시너지 효과를 창출하는 올바른 선택이 된다.

여기에 해당하는 사례는 미국의 아웃도어 브랜드인 에디바우어와 크라이슬러의 자동차 브랜드인 지프다. 두 회사 모두 강력한 브랜드 연상력을 지니며, 자연스런 시너지의 통합으로 시장에서 더 큰 하류 견인 효과를 일으킬 수 있다.

4사분면의 경우 구성품 제조업체의 브랜드 영향력이 강하고 사용업체 및 완성품 제조업체의 브랜드 영향력이 약하다. 그래서 구성품이 근본적으로 비슷한 브랜드 자산을 가진 사용업체 및 완성품 제조업체 브랜드들로 구성된 일상품 범주에서 유일한 차별화 요소일 수 있다. 구성품 제조업체는 근본적으로 일상품화된 소비자 범주로 들어가 최종 소비자에게 직접 접근하고 범주를 비일상품화하는 일을 담당할 수 있다. 그러면 사용업체 및 완성품 제조업체 브랜드에 대한 강력한 영향력과 많은 충성고객층 그리고 큰 브랜드 자산을 얻을 수 있다.[10]

앞서 듀폰과 스테인마스터의 사례에서 이런 경우를 확인했다. 비교적 차별화가 덜 된 카펫 브랜드들은 다양한 채널을 통해 별다른 차별성 없이 판매되었다. 듀폰은 직접 충성고객층을 구축하고 보유함으로써 카펫 제조업체인 쇼나 모호크 같은 구성품 사용업체 및 완성품 제조업체를 상대로 큰 영향력을 행사했다.

전략의 실행

인브랜딩 전략을 실행하려면 전략적 선택지를 분명하게 파악해야 한다. 인브랜딩 전략의 목표는 차별화다.[11] 앞서 살핀 모든 인브랜딩 사례들은 좁은 관점에서 시작했다. 기업들은 경쟁자로부터 자사를 차별화할 명확하고 단순하며 구체적인 구상을 했다. 쓴맛 첨가제인 비트렉스, 합성 가죽인 알칸타라, 천연 분해 섬유인 올리고, 천연 하제下劑인 세노콧 등이 이에 해당되는 사례다. 이런 차별화를 통해 공급업체들은 제공물을 신뢰할 수 있고, 실질적이며 믿을 수 있는 것으로 만든다. 이처럼 차별화를 이루고 최종 사용자에게 고유한 혜택을 제공하는 능력은 인지도 창출의 토대가 되며 기업들은 고객과 잠재고객들이 차이를 인식하게 만들 기회를 얻는다.

각 산업은 특정한 기술적 조건과 시장 조건을 갖는다. 모든 구성품 공급업체들은 업계의 가치사슬에서 구성품이 차지하는 역할과 영향력의 정도를 완전하게 이해해야 한다. 앞서 언급한 것처럼 고객이 구성품의 역량으로부터 혜택을 얻기까지 3겹, 5겹 심지어 7겹의 가치 창출이 이뤄질 수 있다. 가치를 더하는 다양한 기업들은 완성품 제조업체가 완성품을 제조하도록 도우며 채널 효과를 뒷받침한다. 구성품 제조업체가 최종 고객에게 가까이 접근할수록 좋다.

인브랜드는 식품보조제나 섬유 같은 제품 범주에 가장 많다. 우리는 약 20종의 섬유와 같은 수의 식품보조제를 파악했으며 그 수는 계속 늘어나고 있다. 두 부문 모두에 이 개념을 적용하는 혁신적인 신생기업들이 많지만 브랜드 의식을 갖고 매우 전문적으로 브랜드를 관리하는 일부 다국적기업들도 있다. 카길과 인비스타는 모두 마케팅과 브랜딩 수단에 대해 매우 비밀스런 태도를 취한다.

인비스타의 제품은 라이크라 섬유, 스테인마스터 카펫류, 코듀라 내구성 섬유, 택텔 나일론 섬유, 앤트론 상업 카펫 섬유뿐 아니라 다양한 폴리에스터 수지와 특수 중간재를 포함한다. 인비스타는 침구류와 다른 세척 가능한 가정용 직물에 쓸 수 있는 진화한 테프론 섬유보호제를 출시했다. 인비스타에 따르면 완성품에 함유된 얼룩방지제는 액체가 뭉쳐 굴러떨어지게 하며, 얼룩이나 오물이 섬유에 묻지 않도록 한다.

인비스타는 가공 협력업체와 공동 작업을 하면서 700만 달러짜리 "매일을 쉽게 만듭니다" 광고 캠페인을 지원한다. 또한 선도적인 속옷 제조업체인 트라이엄프가 주최하는 "당신의 슬라기Sloggi(트라이엄프의 속옷 브랜드 – 옮긴이)를 보여주세요" 콘테스트를 공식 후원한다고 발표했다. 남녀를 대상으로 한 이 국제 콘테스트는 2008년 11월에 파리에서 열렸다.

피부에 직접 닿는 의류 부문에서 비교가 불가능한 훌륭한 전통을 갖고 있는 라이크라 섬유 브랜드는 이 흥미로운 대회의 완벽한 파트너였다. 현대적 속옷의 필수 요소로서 줄기찬 혁신에 헌신하는 라이크라 섬유 브랜드는 소비자에게 맞춰 입은 듯한 느낌과 편안함 그리고 형태 유지성을 제공한다. 트라이엄프와의 흥미로운 양방향성 협력 관계는 새로운 미디어 채널을 활용해 존재감을 드러내면서 시장에서 소비자에게 초점을 맞춘 활동을 더 많이 선보인다는 인비스타의 사명을 확실히 부각한다.

라이크라 섬유는 세계적으로 소비자들이 인식하고 가치를 부여하는 유일한 섬유 브랜드다. 18세에서 49세 사이의 여성 중 83퍼센트가 의류에 포함된 라이크라 브랜드를 인지한다. 또한 67퍼센트의 소비자는 라이크라 섬유를 함유한 의류에 돈을 더 지불할 용의가 있다. 이 사실은 라이크라 브랜드가 패션용품 구매의 주요 요소로서 많은 소비자의 머릿속에 우선적으로 자리 잡았음을 증명한다. 인비스타는 이런 종류의 마케팅과 성공을 통해 섬유시장에서 엄청난 입지를 구축했으며, 인브랜딩, 때로는 공동 브랜딩으로 판매 프리미엄과 가격 프리미엄을 추구해 더 건실한 현금흐름을 창출하거나 시장점유율을 늘린다. 이런 방법들은 [그림 7-5]에 나와 있다.

카길은 인브랜딩을 위해 크게 노력하지 않았다. 이 회사는 여전히 B2B 관계에 크게 의존하며 가끔씩 어둠 속에서 나와 최종 고객에게 접근한다. 그들의 제공물 중 하나가 콜레스테롤 감소제인 코로와이즈다. 카길은 여러 가지 천연감미료, 보리 베타 섬유, 기능성 탄수화물에 대해 인브랜딩 활동을 하지만 그를 대외적으로 언급하지 않으며 그 실행이 일관되지 않을 때도 있다. 그 이유는 업계의 권력 구조에 있을

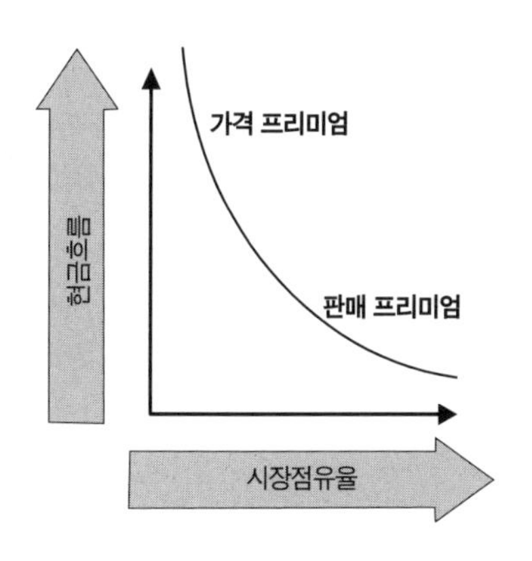

[그림 7-5] 브랜드 개발 대안들

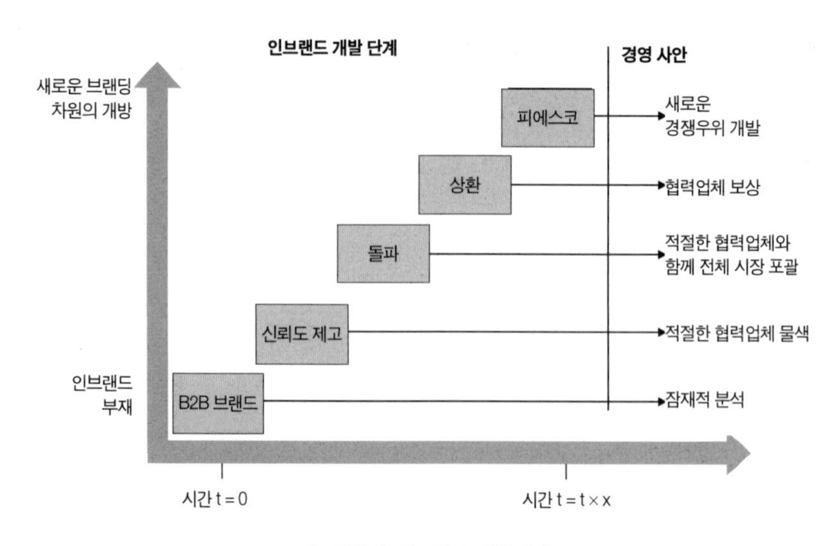

[그림 7-6] 인브랜드 개발 단계

것이다.

세계적으로 파편화된 호스트 브랜드와 세계 여러 지역에 사는 최종 고객들의 서로 다른 필요 때문에 많은 식이보충제 공급업체들에게 일관된 인브랜딩 전략을 적용하는 것은 매우 어려운 일이다. 듀폰과 번기 합자회사가 만든 쏠레는 콩단백을 위한 인브랜드를 구축하고 있으며 성공 가능성이 있다.

프록터앤드갬블의 올린이나 뉴트라스위트 같은 다른 인브랜드들도 고전해왔다. 스플렌다, 엑스글리트, 아이소말트는 힘차게 나아가고 있으며 시장에는 더 많은 여지가 있다. 또한 특수 응용 제품에 대한 수요가 많고, 오션스프레이, 세노콧, 제트트림 같은 브랜드들은 마케팅 노력을 강화하고 있으며, 다른 브랜드들도 기회를 노리고 있다. 그들은 모두 최종 협력업체를 위해 자신의 브랜드를 만들 기회를 갖는다. 어쩌면 인브랜딩이 가장 기교적인 브랜딩 활동일 수 있다. 인브랜드의 개발은 시간의 경과에 따라 다양한 단계를 거쳐야 한다.

B2B 브랜드로 출발할 때 긍정적인 잠재력 분석 결과는 브랜드를 개발해야 한다는 결정으로 이어진다. 우선 올바른 협력업체를 찾아 잠재력과 혜택에 대한 확신을 심어주어야 한다. 이것이 바로 신뢰도 제고다.

다음 과제는 적절한 협력업체와 함께 전체 시장을 공략하는 것이다. 이에 성공하면 돌파에 성공한 것이며 이후에는 적어도 협력업체들을 만족시키기 위해 보상을 해야 한다. 궁극적인 목표는 더 나은 시장 지위처럼 가격 프리미엄이나 판매 프리미엄과 같은 실질적인 혜택으로 이어지는 경쟁우위를 개발하는 것이다.

컴퓨터산업에서는 인브랜드 개발 단계를 쉽게 살필 수 있다. 인텔과 마이크로소프트는 모든 단계를 지나 마침내 마스터 브랜드 개념을 개발했다. 엔비디아, ATI, MSI 같은 다른 구성품 공급업체들은 돌파 단계에 있다. 그에 비해 우리가 분석한 대다수 인브랜드들은 아직 신뢰도 제고 단계에 있다. 자동차와 전자기기 구성품 같은 일부 산업들은 여건이 까다로워 소수 인브랜드만이 상환 단계까지 나아갔다. 돌비와 시마노가 대표적인 예다.

그들의 로고가 완성품에 들어가면 확대 효과the magnifying effects가 발생한다.[12] 특히 약하거나 알려지지 않은 브랜드는 이 효과의 혜택을 크게 누린다. 예를 들어 많은 중국 중장비 기업들은 퍼킨스나 커민스 혹은 도이츠 디젤엔진을 쓴다. 또한 지멘스 제어장치나 렉스로스 유압시스템을 써서 완성품의 성능과 고객의 인식을 개선한다.

의식적이고 일관된 인브랜드 관리는 구성품 공급업체의 성공을 더욱 탄탄하게 다질 수 있다. 브랜드 관리 서비스뿐 아니라 컨설팅 서비스까지 제공하는 인비스타의 경우에서 알 수 있듯 이 기술들은 개발이 가능하다. 그 전제조건은 명시된 인브랜드 지침을 바탕으로 한 일관된 브랜드 정체성 관리다. 브랜드 설계는 최종 사용자에게 호스트 브랜드 및 인브랜드의 메시지와 시각적, 언어적으로 일관되게 실행되어야 한다.

많은 인브랜드를 갖고 있는 3M은 최근에 이런 식의 관리 방법을 사용해 브랜드 인지도를 높였다. 3M은 인브랜딩 과정을 잘 이해하고 있으며 그에 필요한 준비를 철저히 한다. 또한 일관된 전략적 개발 개념을 마련하고 인브랜드 관리 과정([그림 7-1] 참조)의 단계에 따라 실행한다.

모든 구성품 공급업체는 B2B에서 B2B2C로 마케팅 활동을 전환할 수 있다. 시장에서 현재의 자사 제공물의 위치와 제품 수명주기의 단계를 파악한 뒤 고객이 입는 혜택에 큰 효과를 미치는 혁신적인 제품을 선택해야 한다. 물론 더 큰 효과를 내는 더 오래된 제품도 선택할 수 있다. 기존 시장 구조를 바꿔야 하고 참여자 수가 이미 많다면 마케팅 커뮤니케이션에 대규모 투자가 필요할 수 있다. 바이엘의 마크로론이 대표적인 경우였다. 마크로론의 사례는 수명주기의 후반에서도 인브랜딩을 시도할 수 있음을 보여준다.

바이엘은 고객의 필요를 파악하기 위해 철저한 분석을 실시했다. 바이엘은 고객에게 중요한 점과 인브랜드 제품 사양에 대한 관련 지식을 습득해 그를 바탕으로 어떤 행동을 취할지 결정할 수 있었다. 또한 바이엘은 제품 제공물의 전반적인 복잡성을 고려해야 했다. 폴리카보네이트 하이테크 소재인 마크로론은 사이클 및 레저스포츠용 선글라스에 사용되었다. 마크로론은 눈을 보호하고, 코팅이 쉬우며, 현대적인 디자인에 적합하다. 이런 사실을 아는 고객들은 마크로론을 선호하겠지만 디자인 측면을 더 많이 고려할 수 있다.

이 복잡한 관계에서 꼭 필요한 것은 품질, 신뢰도, 성능에 대한 인식이다. 이 혜택들을 분명하게 드러내고 적절한 부문에 투입할수록 커뮤니케이션을 하고 견인 효과를 일으키기가 쉬워진다. 시마노는 자전거시장에서 그 방법을 보여주었으며, 낚싯대시장에서도 그 개념을 그대로 실천에 옮겼다. 레카로 자동차 시트와 브렘보 고성능 브레이크는 열풍을 일으키기 위해 처음에 자동차경주 애호가들을 겨냥했다. 또한 테트라팩은 소매 조직이 견인 효과를 일으키도록 이끌었다.

성공에 이르는 길은 많다. 기업은 하나의 제품이 성공을 거둔 후 관련 분야로 나아갈 수 있다. 시마노는 경주용 자전거 기어로 출발했지만 지금은 모든 구성품을 공급한다. 돌비는 녹음 과정에서 잡음을 줄였으며 지금은 휴대전화용 음향 개선 응용 제품들을 생산하고 있다. 우리는 언젠가 식이보충제, 소재 응용 제품, 시스템, 심지어 자동차 구성품에서도 비슷한 인브랜드 응용 제품의 개발이 이뤄질 것으로 예상한다.

인브랜딩 전략이 효과를 발휘하게 만들려면 전방과 후방을 아우르는 명확한 책임을 정해야 한다. 이는 브랜드 관리가 마케팅과 연구개발을 둘러싼 모든 활동의 핵심적인 부문으로서 브랜드 관리에서부터 제조와 제품 전달까지 조율해야 한다는 것을 뜻한다. 또한 명확한 목표가 있는 중간 단계들을 정하고 최종 고객의 반응을 확인하기 위한 시스템을 수립할 필요가 있다.

이를 달성한 기업들은 인브랜딩 챔피언들이다. 그들은 시장 여건을 이해했고, 역량을 정확하게 판단했으며, 시장을 정복하기 시작했다. 사례연구에서 확인한 대로 경과가 언제나 순조롭지는 않았으며 많은 차질이 있었다. 여건을 제대로 분석하고 다음과 같은 질문을 던지는 기업들은 성공할 확률이 높다.

- 적당한 완성품 제조업체는 누구인가?
- 현재 우리 브랜드의 가치는 어느 정도이며 5년 후에는 어느 정도일 것인가?
- 우리의 인브랜드는 어떻게 완성품 제조업체와 다른 협력업체를 돕고 있는가?
- 어떻게 현금흐름과 매출에 가장 긍정적인 효과를 창출할 것인가?
- 어떤 종류의 협력관계와 제삼자의 참여가 필요한가?
- 경쟁자에게 어떻게 대응할 것인가?
- 경쟁우위는 어떻게 유지할 것인가?
- 어떤 완성품 제조업체 및 채널 협력업체가 가장 많은 혜택을 누리는가?
- 고객들은 인브랜드를 어떻게 평가하는가?
- 고객이 완성품 제조업체에 대해 일으키는 견인 효과를 어떻게 측정할 것인가?
- 인브랜드로 얻는 완성품 제조업체의 가격 및 판매 프리미엄은 어느 정도인가?
- 가격 및 판매 프리미엄이 네트워크를 통해 우리에게 전달되는가?

제품 제공물, 시장 여건, 적절한 경영 활동에 대한 이런 질문들은 제품 수명주기의 다양한 단계와 경쟁 과제를 포괄해 인브랜드를 관리하는 것을 도와준다. 모든 시도에는 인브랜딩 성공을 위한 특별한 조건들을 적용해야 한다. 제품 제공물은 고도로 차별화되어야 하며 구성품의 기능적 성능이 최종 사용자에게 중요한 의미를 지녀야 한다. 제품이 복잡하고 완성품 제조업체 브랜드가 약한 경우 출발이 더 쉬울 수 있다. 또한 기업들은 고객에게 선도적인 업계의 응용 제품이라는 인식을 심어주기 위해 부품시장을 활용할 수도 있다.

이 경우 수명주기의 초기에 시작해 다른 인브랜드 사례에서 교훈을 얻을 수 있다. 최선의 방법은 모방하거나 타사 마케팅 매니저를 고용하는 것이다. 처음부터 산업과 함께 성장하거나 다른 응용 제품으로 확장하는 것은 전체 산업을 위한 해결책을 확보하는 데 유용하다.

인브랜딩의 성공에서 가장 중요한 부분은 고객의 지속적인 피드백과 구성품을 지닌 제품을 사용하는 방식이다. 기업들은 이들과 관련된 정보의 흐름을 혁신하고 구축해야 한다. 고어텍스는 지속적으로 고객을 인터뷰하고 유관 대회를 후원하며 의견을 모은다. 시마노는 전 세계의 구성품의 매출을 점검하며 최근에 가장 중요한 시장에서 숍인숍 개념을 구축했다. 돌비는 라이선스 시스템을 마련하고 완성품 제조업체 브랜드의 모든 제품에 자사의 응용 제품이 어떻게 사용되는지 확인한다. 이 일은 돌비에게 모든 완성품 제조업체에 대한 지식 우위를 제공한다. 마이크로소프트는 고객 통찰의 선두에 있다. 그래서 인터넷을 통해 모든 시스템 구성품과 시스템 구성이 활용되는 상황을 점검할 수 있다. 이런 정보들은 제품 개발과 홍보 활동을 전략적 브랜딩 결정에 따라 이끌어나가고 활용하는 데 도움을 준다.

품질에 대한 인식 향상, 신뢰도 개선, 구성품 성능에 대한 더 나은 평가는 긍정적인 결과인 가격 프리미엄으로 이어진다. 구성품 공급업체가 인브랜딩 활동에서 고객의 행동과 관련된 측면을 더 잘 관리할수록 가격 프리미엄 혜택이 더 커진다. 아직도 브랜딩 도구집에는 매니저들이 고를 수 있는 선택지들이 많다. 인브랜딩은 그중 하나에 불과하다. 따라서 제공물과 관리 활동을 세심하게 평가하는 것이 대단히 중요하다.

브랜드 관리 주기와 과정 흐름

인브랜딩 전략의 구축이 반드시 사업의 성공으로 이어지는 것은 아니다. 그것은 조정과 학습이 끊임없이 이뤄지는 지속적인 과정이다. 인텔이 인브랜딩 캠페인에 투자하기 시작했을 때 처음부터 성공이 보장된 것은 아니었다. 그들은 현재 또 다른 갈림길에 서 있다. 관리 과정은 가치를 창출하기 위한 것이며, 인브랜딩은 그 특수한 형태다. 항상 관리 과정을 점검해야 하고, 창출된 브랜드 자산을 측정해야 한다.

브랜드 개발은 어려운 일이며 행동의 결과를 지속적으로 재고해야 한다. 그래서 복수의 성공 요소에 대한 정보를 제공하는 도구들이 필요하다. 단지 브랜드 자산에 집중하는 것으로는 충분치 않다. 브랜드에 대한 고객의 지식, 인지도, 선호도뿐 아니라 판매 개발, 핵심제품 범주, 판매 장소, 마진, 회전율 등에 대한 정보도 필요하다.

브랜드 관리 도구는 이런 정보들을 취합해 경영진이 개별적인 과제에 즉시 대응할 수 있도록 제시해야 한다. 표준화된 브랜드 측정 체계를 사용하는 도구는 실질적으로 도움이 되지 않는다. 인브랜딩 개발 단계에서 살펴본 대로 인브랜드는 계속 변한다. 대개 인브랜드는 B2B 브랜드로 출발한다. 그러다가 최종 사용자를 끌어들이기로 결정하면 다른 개발 단계로 나아간다. 브랜드는 각 단계에서 다른 관리 활동을 요구하므로 그 과정에서 이뤄지는 브랜드 측정도 유연해야 한다.

원칙적으로 우리가 이야기하는 것은 시작과 통합, 관리와 교환, 평가와 제어의 지속적인 과정이다. [그림 7-7]에서 이 과정은 원형을 이루는 지속적인 인브랜드 관리로 묘사된다. 개시 및 통합 단계에서는 브랜드 가치를 개발하고 정의해야 한다. 전략을 결정하고 시각 자료, 로고, 태그라인을 모두 개발하거나 현대화해야 한다. 또한 인브랜드에 대한 고객의 경험과 모든 고객 부문에 대한 브랜드 메시지도 결정해야 한다. 그리고 협력업체를 파악하고 가치사슬에서 수행하는 역할을 결정해야 한다.

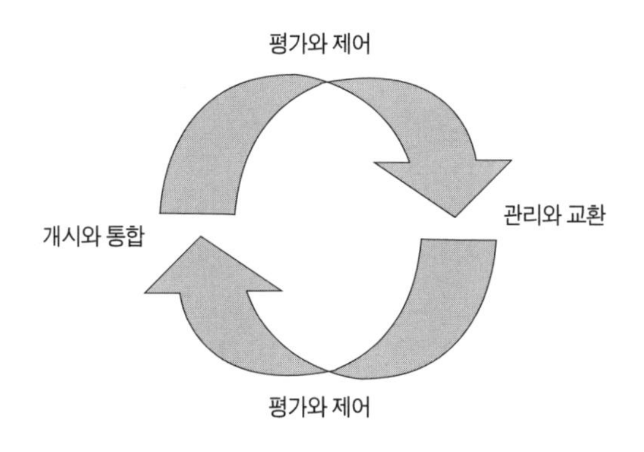

[그림 7-7] 인브랜딩 관리 주기와 과정 흐름도

다음 단계에서 지속적인 브랜드 관리는 모든 협력업체들 사이의 정보 교환에 매우 크게 의존한다. 그런 까닭에 공동의 혜택과 과정 관리가 요구된다. 공동 가치사슬의 다양한 측면에서 얻게 되는 브랜드 가치를 수립하고 그를 지속적으로 점검해야 한다. 동시에 미래의 개발을 염두에 두고 현재의 혜택을 확보해야 한다.

평가 단계에서는 인브랜드의 다양한 측면들을 재평가하고 고객이 생각하는 브랜드 정체성을 재점검해야 한다. 이 활동을 해마다 지속적으로 해나가는 방안을 고려해야 한다. 인브랜드와 그 가치를 명확하게 이해해야 잘 다듬어진 브랜드를 확보할 수 있다.

인브랜드를 관리한다는 것은 변화하는 관계와 활동들 속을 헤쳐나간다는 뜻이다. 성공을 가져온 일들은 지속되어야 하고 실패로 끝난 일들에서는 교훈을 얻어야 한다. 인브랜드의 삶은 단계로 이뤄진 과정이라고 볼 수 있다.

B2B 브랜드에서 B2B2C 브랜드로 전환하려면 최종 고객이 완성품에 포함된 구성품에서 확실한 혜택을 누리도록 만들겠다는 결심과 비전이 필요하다. 최종 고객이 구성품을 포함한 제품을 요구하기 시작할 때 그다지 가치가 크지 않은 B2B 브랜드에서 소비자 브랜드가 등장할 가능성이 높다. 잠재력이 크다면 이 제품 구성은 강력한 인브랜드로 개발될 수 있으며, 인텔의 경우처럼 심지어 최종 소비자 브랜드로 진화할지도 모른다. 뉴트라스위트는 비슷한 지위를 얻었지만 특허권이 만료된 후 복제 제품이 나오는 바람에 운이 다했다.

인브랜드는 모든 브랜드처럼 로고나 태그라인, 구호 혹은 광고 이상의 것이다. 인브랜드는 가치를 전달한다. 브랜드는 바람과 꿈 그리고 욕망을 투영한다. 고객은 브랜드와 자신을 동일시한다. 다양한 단계를 통해 브랜딩 활동을 전개하는 데는 위험과 기회를 평가하는 바탕이 될 일련의 다른 정보들이 필요하다.

인브랜드 개발 단계를 거쳐 브랜딩 노력을 전개하기 위해 다양한 응용사례에서 검증된 일련의 도구들을 제안하고자 한다. 이 도구들은 브랜드를 관리하는 단계들을 알려준다. 여기에는 정량적 결과(브랜드 자산)와 정성적 결과(브랜드 충성도, 브랜드 인지도 등)가 함께 포함되어야 한다. 우리는 브랜드의 전 생애에 걸쳐 이 도구들을 활용할 것을 권한다. 그 기간은 10년에서 15년 이상이 될 수 있다.

정량적 요소를 분석하면 진행 중인 개발 단계를 파악할 수 있다. 또한 협력의 다양한 층위들에서 변화의 이유가 생길 수 있다. 기대한 결과를 달성할 수 없다면 성과를 개선하기 위한 조정이 필요하다.

브랜드 가치 평가 도구

소비자와 제품 제조업체 사이의 복잡한 상호작용을 측정하기 위해 많은 연구가 이뤄졌고 여러 모델들이 검토되었다. 많은 기업의 경우 기업 가치의 50퍼센트 이상이 자산으로서의 브랜드에서 나온다. 이는 헨리크 새틀러 함부르크대학 교수가 실시한 연구에서 나온 결과로[13] 브랜드 평가가 브랜드 관리를 위한 정보 중에서 핵심 요소일 수 있음을 의미한다. 경영 연구 부문은 반세기가 넘도록 이 주제를 다뤄왔다. 모델과 방법론의 개발은 지속적으로 이뤄지는 혁신적인 과정이다. 수많은 브랜드 평가 절차는 이론적, 현실적 차원에서 이의 중요성을 대

변해준다.

모든 평가를 위한 접근방법의 목표는 일반적으로 인정받을 수 있는 표준을 세우는 것이다. 그러나 이 목표는 아직 달성되지 못했다. 브랜드 평가를 위한 정확한 방법론의 선택은 '브랜드 가치가 필요한 것은 어떤 목적을 위해서인가?'라는 질문의 답에 전적으로 좌우된다. 브랜드 평가의 주된 동기는 브랜드 통합이나 인수 혹은 매각, 브랜드 라이선스 제공, 브랜드 포트폴리오의 조정 내지 확장, 브랜드 이전, 마케팅 자원 할당, 브랜드 성장 관리 및 관리 성과의 평가다.[14]

이 책의 목적은 고객의 행동을 설명하는 데 참고가 될 새로운 모델을 제시하는 것은 아니지만 인브랜딩을 활용하고 측정하는 실용적인 절차를 보여주고자 한다. 이런 맥락에서 참고할 만한 자료는 이전에 검증된 모델과 사례들이다. 기업의 성공에도 영향을 미치는 브랜드의 성공 여부는 브랜드의 금전적 가치를 판단할 때 가장 잘 드러난다. 2008년에 인터브랜드는 세계에서 가장 가치 있는 산업 브랜드의 가치를 610억 달러로 산정했다.[15] 그들은 소비자 브랜드$_{B2C}$, 산업 브랜드$_{B2B}$, 심지어 인브랜드$_{B2B2C}$를 비롯한 모든 종류의 브랜드 제공물에 자사의 방법론을 활용한다.

인터브랜드는 기존의 많은 브랜드 평가 모델의 경우처럼 B2C 접근방법으로 평가를 시작했으며, B2B시장의 여건은 매우 다르다는 사실을 알면서도 같은 접근방법으로 B2B시장의 기업들을 평가했다. 개념적 관점에서 이런 접근방법은 일정한 한계를 지니며 오해와 부적절한 경영 행동으로 이어질 수 있다. 하지만 인터브랜드의 접근방법은 측정 도구로 자리 잡았으며 가장 흔히 사용된다.

2009년에 실시한 측정에 따르면 IBM은 590억 달러의 브랜드 자산을 지닌 최대 B2B 브랜드이며,[16] 590억 달러의 마이크로소프트와 당시 시가총액의 10퍼센트에 해당하는 530억 달러의 GE가 뒤를 잇는다.[17] GE는 대차대조표에서 자산으로 삼기 위해 내부용으로 온전히 자본시장 지향적인 브랜드 평가 수단을 활용한다. 그를 바탕으로 GE가 밝힌 추정 가치는 50억 달러 이상이다.

인텔과 마이크로소프트도 B2B2C 기업으로서 인터브랜드의 평가 도구로 측정한 결과 10대 글로벌 브랜드 리스트([표 7-1] 참조)에서 3위와 7위라는 인상적인 기록을 남겼다. 그러나 우리에게는 인브랜드 관리에 더 적합한 도구가 필요하다. 브랜드 평가 결과를 전략적 목표의

[표 7-1] 브랜드 가치 기준 상위 B2B 기업

B2B 매출 95% 이상		B2B 매출 50% 이상	
순위	브랜드	순위	브랜드
7	인텔	2	IBM
23	오라클	3	마이크로소프트
31	SAP	4	GE
44	로이터스	5	노키아
47	액센츄어	12	휴렛팩커드
68	캐터필러	27	HSBC
		37	JP모건
		42	모건스탠리
		59	제록스
		99	페덱스

척도로 활용하려면 그와 관련한 근본적인 경영상의 결정이 필요하다. 그런 까닭에 세부적인 관리를 위한 경영 도구도 요구된다. 고객 단계에서 발휘되는 브랜드 효과 역시 가치를 측정하는 데 사용될 수 있다.

데이비드 아커에 따르면 브랜드 가치를 좌우하는 요소는 다섯 가지 범주로 나뉠 수 있다.[18] 브랜드 충성도, 명칭의 친숙도, 추정 품질, 추가적인 브랜드 연상 그리고 특허 · 상표 · 판매 채널 등 다른 브랜드 우위가 그것이다.

브랜드 충성도란 비용 측면에서 효율적인 방식으로 유지할 수 있는 고정된 고객 기반이라 정의할 수 있다. 그 결과 경쟁사의 캠페인에 취약해지거나 하지 않을 수 있다.

소비자들은 종종 더 나은 품질이나 장기적인 시장에서의 영향력 같은 속성들을 유명한 브랜드와 연계시킨다. 그래서 종종 무명이거나 덜 유명한 브랜드보다 유명한 브랜드를 선택한다. 고객들이 브랜드화된 제품에서 기대하는 품질은 브랜드 충성도뿐만 아니라 구매 결정에 직접적인 영향을 미친다. 이 점은 경쟁자보다 높은 가격도 정당화할 수 있음을 뜻한다. 또한 이런 추정 품질은 신제품도 비슷하게 품질이 좋을 것이라는 기대와 연계될 것이기에 브랜드를 확장하는 출발점이 될 수 있다.

끝으로 고객의 브랜드 연상은 더 높은 브랜드 가치로 이어질 수 있다. 심장마비를 예방한다고 광고하는 아스피린이 갖는 유명한 부수효과가 그 좋은 예다. 브랜드 평가의 적용 영역은 회사 내부 및 회사 간 영역으로 나눌 수 있다. [그림 7-8]은 그 두 영역을 보여준다.

내부적으로 브랜드 가치는 한편으로 기획 도구, 다른 한편으로 브랜드 및 제품 관리를 위한 도구로 사용된다. 그래서 구체적으로 정한 브랜드 가치는 목표 척도이자 관리 측면에서 성공의 척도가 될 수 있다. 회사 간에 적용될 경우 브랜드 가치는 주로 기업 인수에 활용된다. 또한 프랜차이즈 가맹이나 제삼자의 브랜드 활용을 위한 라이선스 수수료를 정하는 토대로서 중요한 역할을 한다.

브랜드 기능 및 브랜드 가치 관리가 적용되는 환경의 조작화operationalization(개념을 경험적으로 정의하는 과정으로, 개념이 측정될 수 있으며 타당성과 신뢰도를 갖춘 반복된 관찰이 가능하도록 만드는 것 - 옮긴이)와 관련해 살펴봐야 할 브랜드의 세 가지 주요 기능이 있다. 브랜드와 인브랜드는 모두 근본적으로 가시적 활용(이미지), 정보 효율성(시간 절약), 위험 감소(신뢰)의 기능을 수행해야 한다.

브랜드 가치를 판단하기 위해 사용할 수 있는 30여 가지 절차들이 있다. 그러나 때로 그 결과가 상반된다. 한 예로 2002년에 인터브랜드와 세미온이 폴크스바겐의 브랜드 가치를 평가했다. 인터브랜드가 산

회사 내부	회사 간
• 기획 도구로서의 브랜드 가치 - 마케팅 예산 배정 - 기획 및 목표 척도로서 구체적인 브랜드 가치 • 관리 도구로서의 브랜드 가치 - 성공의 척도 - 보상의 기반 - 일반적인 평가 도구	• 브랜드 인수 금액 결정 • 다음 항목에서의 라이선스 수수료 수준 결정 - 브랜드 활용 - 프랜차이즈 • 손실 보상 수준 결정 • 브랜드를 통한 대출 담보 설정 • 외부 보고 및 회계

[그림 7-8] 브랜드 가치 및 브랜드 평가의 적용 영역[19]

정한 가치는 760만 유로였지만 세미온이 제시한 가치는 1,880만 유로였다. 이는 현실적으로 브랜드 가치를 산정할 때 나타나는 커다란 차이의 한 예일 뿐이다.[20] 그러나 핵심 요소는 브랜드 관리가 브랜드의 성공에 어떤 식으로 영향을 미치는가이다. 성공적인 브랜드 관리의 좋은 예로 니베아가 있다. 이 소비재 브랜드는 스킨로션에서 출발해 현재 여성용 및 남성용 화장품까지 제품 영역을 확장했다. 니베아는 적극적으로 브랜드를 관리해 주주수익률을 크게 높였다.

그러면 다양한 브랜드 평가 수단을 체계적으로 살펴보자. 기존의 많은 평가 수단 중에 인터브랜드, A.C.닐슨, BBDO컨설팅의 평가 수단을 자세히 살펴보겠다. 브랜드 평가 수단은 입력 및 결과 요건에 따라 서로 구분된다. 여기서는 재정 중심, 고객 심리, 혼합 절차의 차이를 살필 것이다.

재정 중심 절차는 브랜드 가치를 판단할 때 금전적 단위로 측정한 가치에 초점을 맞춘다. 반면 고객 심리 절차는 주로 고객에 대한 관찰이나 구매 데이터 분석을 바탕으로 한 고객 행동 요건에 초점을 맞춘다. 관련 가치는 금전적 단위로 표시되지 않는다.

혼합 절차는 앞서 말한 범주들을 합친 것으로서 브랜드 가치를 금전적 단위로 표시할 수 있다. [그림 7-9]는 주요 브랜드 평가 절차들의 개요와 해당 범주들을 보여준다. 그림에서 제시하는 모든 절차들의 목표는 실질적인 브랜드 가격의 관점에서 브랜드 가치를 판단하는 것이다. 인터브랜드 모델은 점수 평가 모델(평점 모델)로서 [그림 7-10]에 나오는 일곱 가지 브랜드 가치 요소를 토대로 한다.

A.C.닐슨 브랜드 성과 측정 도구는 한편으로 브랜드의 경쟁력과 가

브랜드 평가 절차		
재정 중심 절차	고객 심리 절차	혼합 절차
• 비용 중심 절차 스트로베르 모델(Stobert , 1989) 버킨 모델(Birkin, 1993) • 자본 가치 · 수익성 중심 절차 컨의 브랜드가치공식(Kern, 1962) 허프의 브랜드가치모델(Herp, 1982) • 가격 중심 절차 에릭손의 TESI가격모델(Erichson, 1988) 블랙스턴의 가격모델(Blackston, 1990) 샌더의 속성가격모형(Sander, 1994) • 자본시장 중심 절차 사이먼 · 설리반의 시장가치공식(Simon · Sullivan, 1991)	• 아커의 브랜드 가치 차원(Aaker, 1991) • 안데르센의 브랜드 이미지 명료성 및 매력도 지수(Andersen, 1991) • 스리바스타바 · 쇼커의 브랜드 자산 모델 체계(Srivastava · Shocker, 1991) • 켈러의 브랜드 지식(Keller, 1993) • 영앤루비컴의 브랜드 자산 평가 도구(Young & Rubicam, 1993) • 아이콘의 브랜드 빙산 모델(icon, 1997) • IFM의 브랜드 유전 코드(IFM, 1999) • GfK의 브랜드 잠재력 지수(GfK, 2001)	• 인터브랜드의 브랜드 이익 · 브랜드 경쟁력 접근법(1989) • A.C.닐슨의 브랜드 대차대조표(1989) • A.C.닐슨의 브랜드 성과 측정 도구(1993) • 베크마이어-포이에르한의 객관화된 브랜드 중심 브랜드 평가(Bekmeier-Feuerhahn, 1998) • 세미온의 브랜드 중개자 절차(Semion, 2000) • BBDO의 B.E.E.S.절차(BBDO, 2001) • 브랜드 점수표 링스바일러(Linxweiler, 2001) 매퍼 · 코어스(Meffert · Koers, 2002) BBDO(BBDO, 2003) • 켈러의 브랜드 지식(Keller, 1993) • 영앤루비컴의 브랜드 자산 평가 도구(Young & Rubicam, 1993) • 아이콘의 브랜드 빙산 모델(icon, 1997) • IFM의 브랜드 유전 코드(IFM, 1999) • GfK의 브랜드 잠재력 지수(GfK, 2001)

[그림 7-9] 브랜드 평가 절차의 구분[21]

치를 산정하고 다른 한편으로 브랜드를 유도하고 제어하는 행동에 대한 구체적인 조언을 제공하기 위한 포괄적인 시스템이다. 브랜드가치를 산정하기 위해 필요한 것은 [그림 7-11]에서 점선으로 표시된 브랜드 모니터와 브랜드 가치 시스템 두 가지뿐이다. 지금부터 이 두 가지를 자세히 살펴보자.

브랜드 모니터에서 브랜드 경쟁력은 직접적인 경쟁자와의 비교를

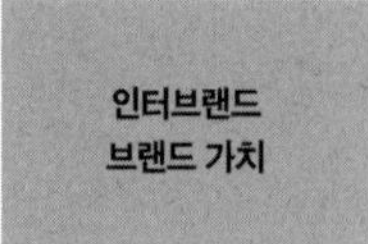
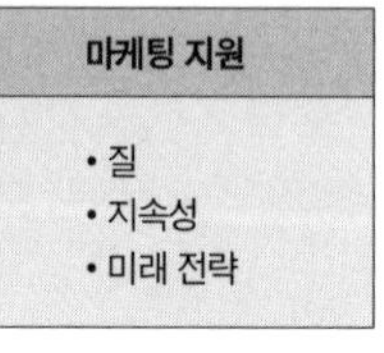

[그림 7-10] 인터브랜드가 정한 브랜드 가치에 영향을 미치는 요소들

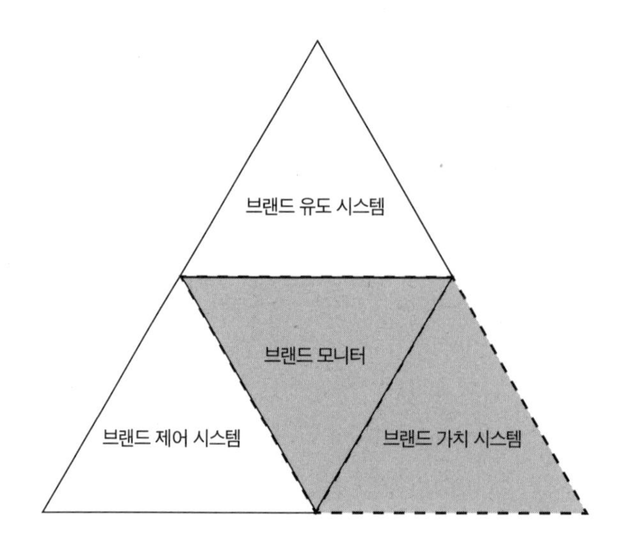

[그림 7-11] A.C.닐슨의 방법론에 따른 브랜드 모니터

통해 산정된다. 브랜드 경쟁력은 네 가지 성공 요소를 특징으로 한다. 시장의 매력도(시장의 규모, 시장의 수용성), 브랜드의 자기주장(질과 양 측면에서의 시장점유율), 상업적 수용도, 유통(기술적 도달 범위), 수요 수용성의 정도(시장 친숙도의 범위)가 그것이다.

결과는 각각 가중치를 부여한 수치로 나오며 이를 기반으로 절대적 브랜드 경쟁력과, 경쟁자와 비교한 상대적 브랜드 경쟁력이 산정된다. 그다음 브랜드의 매출수익률을 토대로 얻은 총이익을 가지고 브랜드 가치 시스템에서 실제로 금전적 브랜드 가치를 계산한다. 끝으로 소위 브랜드 파워 이익brand strength profit이라 불리는 결과가 경영을 위한 수익력 공식에 포함된다. 이 절차는 매우 객관적이며 투명하다. 기본 데이터를 쉽게 구할 수 있어 자체적으로 은밀하게 브랜드 평가를 진행할 수 있다. 또한 제삼자와 경쟁 브랜드도 평가할 수 있다.

이 절차와 관련한 비판의 요점은 브랜드의 지속적인 매출수익률과 무한한 수명을 전제로 한다는 것이다. 또한 이 접근방법은 예측 데이터를 포함하지 않아 영향력 있는 중요한 요소들을 고려하지 않는다. 그리고 이미지 요소가 완전히 배제되어 고객 수용도에 미치는 영향도 헤아리지 않는다.

BBDO컨설팅의 BBDO(브랜드 자산 평가 도구)는 금전적 브랜드 평가와 비금전적 브랜드 평가에 모두 사용할 수 있다. 또한 다양한 브랜드 평가 목적을 위해 이 절차를 사용할 수 있다. [그림 7-12]은 BBDO 브랜드 자산 평가 도구의 다섯 가지 요소를 보여준다.

브랜드가 움직이는 환경은 시장의 특성을 바탕으로 측정된다. 여기서 관련 시장의 매출 개발은 브랜드의 판매 잠재력에 대한 지표로 사

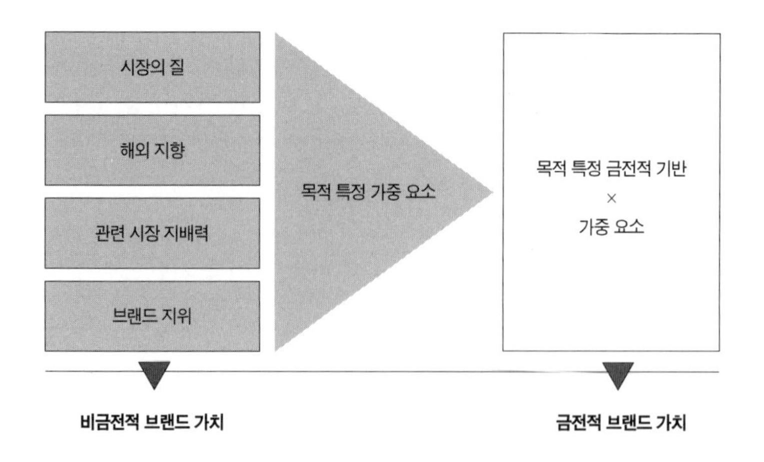

[그림 7-12] 도표로 본 BBDO의 브랜드 가치 평가 도구[22]

용된다. 브랜드의 전체 매출에서 해외 매출이 차지하는 비중으로 측정되는 해외 지향은 국제적으로 브랜드를 개발할 수 있는 역량에 대한 지표를 제공한다. 관련 시장 지배력은 경쟁자와 비교해 브랜드가 가진 상대적 매출 경쟁력을 나타낸다.

브랜드 지위는 수요자가 인식하는 브랜드의 매력도와 경쟁력을 나타낸다. 브랜드의 지위는 항상 일정하게 유지되는 것이 아니라 내외부의 영향을 받는다. 브랜드가 지닌 가치 잠재력의 금전적 기반은 평가 목적에 좌우된다. 예를 들어 세전영업이익이나 할인 현금흐름 가치를 산정하는 것이 그 예가 될 수 있다.[23]

뒤이은 브랜드 가치 계산에서 시장의 질, 해외 지향, 관련 시장 지배력, 브랜드 지위는 동일한 가중치를 지닌 총 요소 수치에 포함된다. 그 다음 이 수치는 기본적인 금전적 요소를 위한 가중 요소로 사용된다.

끝으로 가중 요소와 금전적 기반은 금전적 브랜드 가치를 계산하는 데 사용된다. 이 모델은 다양한 평가 목적에 적용할 수 있다는 점이 주요한 특징이다. 그래서 기여 요소와 그 가중치를 특정한 평가 상황에 맞출 수 있다. 이 점은 목적에 맞도록 목적 특정적인 브랜드 가치를 산정할 수 있도록 한다. 그러나 이전 모델들과 마찬가지로 영향을 미치는 변수를 주관적으로 선별한다는 문제를 배제할 수 없다. 또한 더 빠른 계산을 위해 브랜드와 비브랜드 특정 수입을 구별하지 않는다.

인브랜딩에 따른 브랜드 가치

구성품 제조업체는 단계를 초월하는 브랜드 정책을 통해 제품의 무명성을 탈피하고자 한다.[24] 공급업체들은 더 높은 수준의 공급 품질과 더 낮은 가격뿐만 아니라 제품 개선, 혁신, 추가적 서비스를 통해 직접적인 고객업체와의 관계에서 우위에 서고자 한다. 공급업체와 고객업체 사이의 관계 개선은 경쟁자로부터 자신을 차별화하려는 목적으로 이뤄진다. 그럼에도 불구하고 현재의 브랜드 전략은 점점 한계에 이르고 있다.

이런 맥락에서 지금까지 가공업체, 유통업체, 최종 사용자 같은 하위 단계는 거의 무시되었다. 성공적인 인브랜딩 전략을 수립하려면 이 요소들을 고려해야 한다. 훌륭한 브랜드의 기능 개발을 통해 인브랜드가 동일한 중요성을 얻는다고 가정할 수 있기 때문이다. 브랜드 기능의 개별 요소들을 개발하는 일은 관련된 제품 부문에 대한 브랜드 연관성을 판단할 수 있게 만든다.

우리의 동료인 클라우스 바크하우스Klaus Backhaus 교수와 헤리베르트 매퍼Heribert Meffert 교수가 분석한 내용은 브랜드 관리에 있어 브랜드 연관성의 중요성을 효과적으로 증명해주었다. 예를 들어 한 제품 부문에서 브랜드 연관성이 상대적으로 높다고 판단된다면 인브랜드(가공 브랜드와 그에 수반되는 인브랜드 모두)에 대해서도 그럴 가능성이 있다고 가정할 수 있다. 공급산업의 관점에서 인브랜딩은 제품이 지닌 쉬운 대체성에서 벗어날 기회를 제공한다. 그러나 공급업체들의 다수는 여전히 인브랜딩 전략의 비용과 그에 필요한 노력을 꺼리는 것으로 보인다.

[그림 7-13]은 공급업체와 완성품 제조업체에 대한 인브랜딩 전략의 기회와 위험을 보여준다. 여기에 제시된 기회를 실현하고 위험을 가능한 한 낮추려면 세 가지 성공 요건을 확실하게 갖춰야 한다.[25] 첫째는 구성품이 지닌 브랜드 가치를 구축하고 개발해야 한다. 둘째는 브랜드를 제안하고 정체성을 확립해야 한다. 셋째는 완성품의 품질 기준을 보증해야 한다. 인브랜딩을 통해 브랜드 가치를 구축하려면 특별한 제품을 갖추고 브랜드를 전달 수단으로 활용해야 한다. 다른 제품의 브랜드 가치와 마찬가지로 최종 사용자에 대한 친숙도, 이미지, 적절성이 브랜드 가치와 관련해 중요한 역할을 한다.[26]

브랜드 가치를 높이는 추가적인 전제조건은 완성품에서 브랜드를 제시하고 정체성을 확립하는 것이다. 눈에 띄는 브랜드 상징은 최종 사용자가 제품 그리고 제품과 연계된 성능에 대한 약속에 접근할 수 있음을 뜻한다. 그러나 이런 브랜드 상징의 배치는 제조업체의 브랜드에 혜택을 추가하는 인브랜드로서 가치를 창출할 수 있을 때 완성품 제조업체를 통해서만 이뤄질 수 있다. 이 경우 부가된 가치는 완성품 제조업체를 위해 물량과 가격 혜택을 제공한다. 이런 시너지 효과

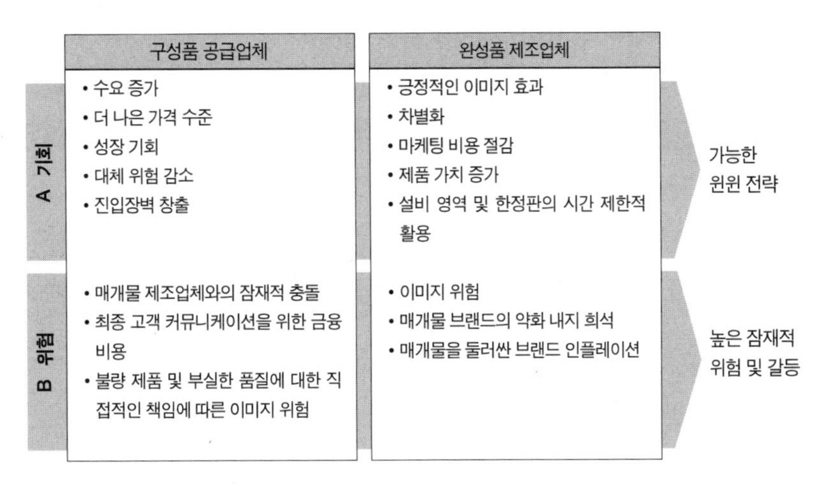

[그림 7-13] 인브랜딩의 기회와 위험

는 뒤이어 경쟁자가 따라잡기 어려운 경쟁우위를 창출한다. 강력한 구성품 및 제조업체 브랜드는 연합광고 캠페인과 유통업체에 대한 마케팅을 통해 추가적인 시너지 효과를 낸다.

지속적으로 브랜드 가치를 개발하는 것은 인브랜드에게 특히 어려운 일이며 언제나 완성품에 일정하게 의존하기 때문에 거기에는 다양한 측면이 있다. 몇 차례 강조한 바와 같이 완성품의 품질도 인브랜드의 이미지와 관련해 결정적인 역할을 한다. 인브랜드의 이미지는 사고로 한순간에 파괴될 수 있기 때문이다. 생산재 제조업체의 관점에서는 기대한 결과가 그의 실현에 필요한 비용이나 자원 사용을 정당화하는지 그리고 주요 생산품 제조업체에게 그런 활동을 지원하라고 설득할 수 있는지 살펴야 한다. 주요 생산품 제조업체는 혜택이나 제품 평가 외에 자사 브랜드 내지 모든 의존관계에 대한 부정적인 영향의 형태로 나타나는 위험도 확인해야 한다.[27]

인브랜드 평가 수단의 개발

2장에서 살폈듯 구성품 공급업체는 완성품 제조업체에게 제품을 공급한다(B2B). 완성품 제조업체는 구성품으로 완성품을 만들어 최종 사용자에게 판매한다(B2C). 동시에 구성품 공급업체는 구성품이 완성품에 어떤 이점을 제공하는지를 알린다(B2B2C). 인브랜드 평가를 위한 이 시나리오에서 중요한 것은 최종 사용자의 선호로 발생하는 견인 효과를 포착하는 것이다. 대다수 연구는 종종 완성품 제조업체와 최종 사용자 단계에만 초점을 맞추기 때문에 구성품 공급업체의 관점에서 바라본 B2B 단계의 성공이 간과된다.

인브랜딩 전략에 적절한 가치를 부여하려면 구성품 공급업체부터 시작해 최종 고객에서 끝나는 모든 상위 시장의 네트워크를 포함해야 한다. 이 접근방법을 취하려면 한 쌍을 넘어 교환에 대한 분석의 폭을 넓혀 더 큰 기업들의 네트워크 안에서 발생하는 교환을 포괄해야 한다. 마케팅에서는 이런 일련의 기업들을 유통채널, 가치사슬, 임베디드시장embedded market, 네트워크시장 혹은 간단하게 네트워크라고 부른다.[28] 이 관점의 핵심은 기업들이 최종 사용자가 소비하는 완성품이나 서비스로 구성품들을 묶는 데 모두 참여하기 때문에 서로 연관되어 있고, 한 쌍 사이의 교환은 다른 쌍 사이의 교환에 영향을 받는다는 것이다. 이런 상호연관 개념은 많은 연구의 핵심을 차지했다.[29]

가치사슬의 각 단계에서 브랜드 자산의 가치는 독립적으로 그리고 다른 단계와 함께 고려될 수 있다. 복수 단계에서 인브랜딩의 성공을 측정하는 수단은 B2B, B2C, B2B2C 단계별로 정리할 수 있다.

구성품 공급업체와 완성품 제조업체 사이(B2B)의 단계는 구성품 공급업체가 재정적 혜택을 창출할 수 있는 가장 중요한 지점이다. 이 단계에서 성공적인 인브랜딩 전략은 완성품 제조업체가 브랜드화되지 않은 구성품보다 브랜드화된 구성품을 선호하게 만드는 최종 사용자로부터의 견인 효과에 따른 혜택을 누린다. 따라서 가격 프리미엄에 바탕을 둔 재정 지향 측정 도구를 사용하는 편이 좋다.

B2C 단계는 구성품 공급업체의 관점에서 최종 사용자는 멀리 떨어져 있으며 종종 바로 도달할 수 없다. 그러나 인브랜딩은 B2B2C 사슬의 모든 단계에서 결실을 맺을 때 가장 성공적이다. B2C 혹은 완성품 제조업체-최종 사용자 단계의 경우 완성품 제조업체의 관점에서 정량적 수단으로 성공을 평가하는 편이 좋다.

B2B2C 사슬 분석도 정량적이며 구체적으로는 가격 프리미엄을 지불하려는 최종 사용자의 용의를 바탕으로 한다. 인브랜드 인지도, 차별화, 소비자의 긍정적인 브랜드 이해, 견인 효과를 위한 초기 단계 같은 여러 가지 이유로 가격 프리미엄을 지불하려는 최종 사용자의 용의는 브랜딩 활동이 성공했음을 말해준다.

브랜딩 절차 평가

우리가 선택한 두 가지 브랜드 평가 수단은 사용된 다양한 모델과 절차를 대표한다. 브랜드 가치와 브랜드 자본 계산은 상황과 목적에 좌우되므로 경우에 따라 어떤 수단을 사용할지 결정해야 한다. 또한 브랜드 가치 측정에는 언제나 선택된 요건의 유효성과 모델 구성요소의 주관성 문제가 있다. 그러나 다양한 진단 가능성과 브랜드 관리 과정은 효과를 인정받은 수단을 활용해 브랜드의 가치를 더 안정되게 유도하고 제어할 수 있게 해준다.

이처럼 회사의 구체적인 사례에 따라 적절한 수단을 선택할 수 있는 가능성이 주어진다. 비교성과 일관성을 위해 오랜 기간 동일한 절차를 활용하는 편이 좋다. 그러나 개별 절차의 장단점을 안다면 근본적으로는 자유롭게 선택할 수 있다. 혹은 경우에 따라 다른 수단들을 같이 사용할 수도 있다.

브랜드 평가는 모든 기업 경영에서 계속 중요한 과제로 남을 것이다. 바람직한 방법은 사업 경영, 마케팅조사, 경영 컨설팅, 광고대행사, 브랜드 평가기관뿐 아니라 유표품branded article(브랜드가 붙은 상품 - 옮긴이)산업의 대표처럼 브랜드 평가 과정에 관심과 경제적 이해관계를 가진 전문가들의 모임을 꾸려 표준의 개발과 수용을 장려하는 것이다. 결론적으로 가까운 미래에 기존 모델들이 지닌 개념을 합쳐 포괄적이고 일관된 브랜드 평가 모델을 만들어야 한다.

요컨대 어떤 모델도 브랜드 평가와 관련된 모든 요건을 포괄할 수 없다고 할 수 있다. 반대로 평가 목적과 가용한 재정 자원에 따라 최선의 모델을 골라야 한다. 첫째로 브랜드 가치와 그 미래 잠재력의 재정적 평가가 초점이라면 인터브랜드의 평가 모델을 권한다. 둘째로 브랜드 가치를 개선하기 위한 관리와 기획이 초점이라면 브랜드 점수표나 관련 모델들을 권한다.

기업이 매각되거나 합병될 때 종종 단기간만 준비해도 사용이 가능한 재정 지향 평가 수단을 써야 할 때가 있다. 브랜드 점수표는 완전히 실행해 의미 있는 결과를 얻을 때까지 두세 번에 걸친 기획 기간을 요구한다.

이미 많은 접근방법들이 비판받았지만 그것과 별개로 브랜드 평가와 관련해 아직 충분히 밝혀지지 않은 일반적인 문제들이 있다. 브랜드 효과는 종종 장기간에 걸쳐 확장된다. 그러나 개별 모델들은 대부분 계속기업가치going concern value를 판단하는데 이 점과 관련해 매우 큰 예측 문제가 발생한다. 또한 제시된 절차들은 대개 브랜드 가치가 구매자의 관점에서만 비롯된다고 가정한다.

마지막 문제는 현재의 접근방법들이 대부분 소비재 부문에 집중되어 있다는 것이다. 인브랜드의 형태를 지닌 B2B 브랜드는 지금까지 직접적으로 고려한 적이 없다.[30] 그 결과 기업들은 스스로 "인브랜딩의 성공을 측정하기 위해 어떤 도구가 최선인가?"라는 질문에 대한 답을 찾아야 했다. 그 답은 평가 목적에 좌우된다고 말할 수 있다.

인브랜드 개발 단계를 거쳐 브랜딩 활동을 유도하기 위해 다양한 응용사례에서 검증된 일련의 도구들을 제안한다. 이 도구집은 브랜드 자산 등 재정적 결과와 브랜드 충성도, 브랜드 인지도 등 정성적 결과를 포함해 브랜드 관리를 위한 수단들을 제공한다. 또한 브랜드의 수명이 다할 때까지 전체 수명에 걸쳐 도구집을 계속 사용할 것을 권한다. 그 기간은 10년에서 15년에 이를 수 있다.

브랜드 자산은 B2B 및 B2C 노력의 일환으로 측정되어야 한다. 우리는 가격 프리미엄에 바탕한 브랜드 자산 측정 방법을 적용할 것을 권한다. 대다수 기존 사례에서 이 분석을 위한 데이터를 구할 수 있다. 물론 완성품 제조업체의 협조가 필요하다. 또한 완성품 제조업체가 하나 이상일 수 있으므로 전체 브랜드 자산을 측정하려면 모든 협력업체의 도움을 받아야 한다. 브랜드 자산을 지속적으로 측정하면 전반적인 가치의 증감을 파악할 수 있다. 주목할 정보는 플러스 혹은 마이너스 가치 변화다.

정량적 요소를 분석하면 개발 단계를 파악할 수 있다. 변화의 이유는 다양한 협력의 층위에서 나올 수 있다. 어쩌면 공급업체가 브랜드 적합도를 개선했을 수도 있고, 공급업체의 추진이 더 효과적이었을 수도 있으며, 완성품 제조업체의 추진으로 소비자들이 공급업체의 구성품을 지닌 완성품을 더 요구하게 되었을 수도 있다.

기업이 이 정보를 취합하는 방법은 특정한 시장의 구성에 크게 좌우된다. 이는 쉬운 과정이 아니며 B2B 기업이 최종 고객에게 도달하는 수단으로 고려하기에 벅차 보일 수 있다. 그러나 성공사례들은 이런 접근방법에 투자할 가치가 있음을 보여준다.

지금부터 소개할 인브랜딩 관리 도구를 활용하면 개발 과정의 모든 단계에서 관리와 관련된 질문에 대한 답을 구할 수 있다. 또한 이 측정 모델은 인브랜딩의 여러 측면들에 대한 정보를 제공한다. 매 순간 모든 정보를 평가할 필요는 없다. 이 측정 모델은 관리와 관련된 질문들을 위한 올바른 도구들이 있는 도구집으로 활용할 수 있다.

인브랜딩의 잠재력을 파악하고자 하는 기업에게는 'B2B 잠재력'과 'B2C 잠재력'이라는 도구를 추천한다. 이런 측면을 평가함으로써 [그림 7-14]의 가운데 부분으로 종합할 수 있는 정보를 얻을 수 있다. 같은 기업이 브랜드 자산에도 관심을 가질 수 있다.

B2B 및 B2C 단계를 위한 도구를 활용해 우리는 브랜드 자산에 대한 그림을 그릴 수 있다. 또한 완성품 제조업체뿐 아니라 구성품 공급업체를 위한 가치를 분석할 수 있다. 이를 통해 브랜드 가치를 파악할

수 있을 뿐만 아니라 가치사슬 안에서의 가치 분배에 대한 정보도 구할 수 있다. 이 경우 [그림 7-14]의 가운데 부분은 브랜드 자산과, 필요하다면 가치 분배와 다른 모든 참가자의 참여에 대한 그림을 제공한다.

따라서 인브랜딩 관리 도구집은 인브랜드를 관리하는 데 필요한 맞춤형 관련 정보를 제공하는 측정 수단이다. 또한 단일 수단이므로 더 긴 기간에 걸쳐 결과를 비교할 수 있다. 이 도구집은 다양한 주요 측면을 측정하므로 기업에 360도 관점을 제공한다([그림 7-15] 참조). 이 측정 결과들은 점수표 유형의 분석으로 이어질 수 있다. 브랜드 관리가 네 가지 관점을 모두 고려하는 방식으로 실행된다면 '균형 점수표'라고 말할 수 있다.

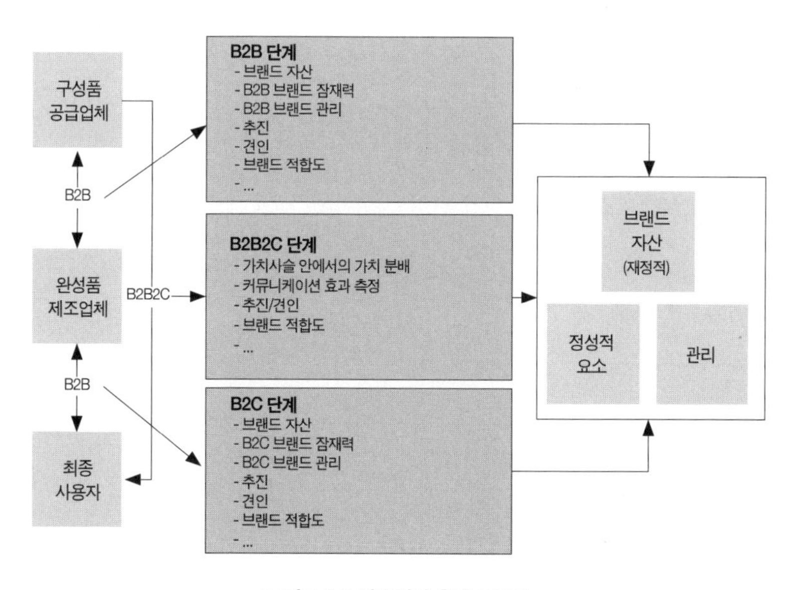

[그림 7-14] 인브랜딩 측정 도구집

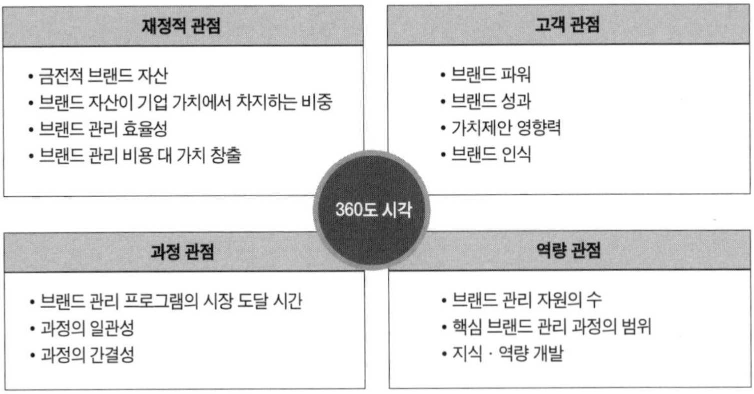

재정적 관점	고객 관점
• 금전적 브랜드 자산 • 브랜드 자산이 기업 가치에서 차지하는 비중 • 브랜드 관리 효율성 • 브랜드 관리 비용 대 가치 창출	• 브랜드 파워 • 브랜드 성과 • 가치제안 영향력 • 브랜드 인식

360도 시각

과정 관점	역량 관점
• 브랜드 관리 프로그램의 시장 도달 시간 • 과정의 일관성 • 과정의 간결성	• 브랜드 관리 자원의 수 • 핵심 브랜드 관리 과정의 범위 • 지식 · 역량 개발

[그림 7-15] 성공적인 관리를 위한 브랜드 균형 점수표

개별 기업들은 이 브랜드 균형 점수표를 약간 더 개발해 개별적인 요건에 맞게 적용할 수 있다. "브랜드 정체성은 저절로 생기는 것이 아니라 만드는 것이다"라는 모토에 따르면 이러한 접근방법은 지속적인 과제를 안겨준다. 어떻게 보면 이 접근방법은 실질적인 출발점과 명백한 종결점이 없는 닫힌 고리와 같다. 다시 말해 변화하는 고객의 필요와 협력업체의 요건에 맞추기 위한 지속적인 적응 과정이다. 많은 변수들이 지속적으로 변하며 각각의 인브랜딩 상황은 서로 다르다.

모든 인브랜드에 대해 다음과 같이 말할 수 있다. 일단 창조, 감독, 관리의 순환고리를 시작하면 협력업체의 시너지와 공동 활동을 통해 그 주기가 더 빨라진다. 이 과정은 참가자들을 위해 브랜드가 더 많은 혜택을 제공할 수 있기 때문에 약화될 가능성이 낮다. 그 결과 인브랜드는 산업과 지역의 경기순환과 추세에서 살아남을 강력한 브랜드 영향력을 지니게 된다.

인브랜드는 제품군이나 산업의 전체 성격을 개선하는 데 도움을 준다. 인브랜드는 제품이나 산업의 인식을 바꿀 수 있다. 인브랜드는 인지 가능한 성과를 통해 세상을 더 나은 곳으로 바꿀 수 있다. 인브랜드는 집단적인 글로벌 브랜드 의식의 아이콘이 될 수 있으며 갈수록 복잡해지는 세상에서 신뢰를 쌓는 데 도움이 된다. 인브랜드는 소비자의 삶을 더 편리하고 즐겁게 만드는 데 도움을 준다.

SUMMARY

- 인브랜드를 적절하게 관리하면 가치 창출을 위해 의존할 수 있는 자원인 시장 기반 자산을 구축할 수 있다.

- 기능적, 정서적 필요를 충족하기 때문에 이 미래 지향적인 자산의 토대는 고객이 브랜드화된 요소에 가격 프리미엄을 지불할 능력과 용의가 있느냐의 여부에 달려 있다.

- 인브랜드 관리의 일반적인 과정들은 완성품에 대한 구성품의 높은 기능성 같은 파악 가능한 조건에 바탕을 둔다.

- 가치사슬의 협력업체들 사이에는 기존 여건과 미래에 대한 예상에 따라 이해하고 관리해야 할 여러 가지 영향들이 발생한다.

- 인브랜딩을 실행하는 공급업체의 상대적 브랜드 영향력은 기대한 목표에 대비해 평가하고 관리할 필요가 있다.

- 인브랜딩을 관리하는 일은 의도한 브랜드 개발 대안들과 B2B2C 브랜딩 개념을 적용할 구성품 공급업체의 용의에 크게 좌우된다.

- 인브랜드를 관리하려면 적절한 수단들이 필요하다. 복수 단계 접근방법은 B2B, B2C, B2B2C 수준에서 브랜드 성공의 여부를 측정한다.

- 인브랜딩 측정 도구집은 브랜드 위상을 개선하는 데 필요한 브랜드 자산의 재정적 측면과 정성적 요소들을 평가하기 위한 것이다.

CHAPTER 8

보이지 않는 것을 보이게 만들어라

INGREDIENT BRANDING

기업들은 새로운 브랜드 전략을 도입하면서 위험과 기회를 모두 접한다. 인브랜딩 전략을 통해 브랜드를 구축하면 브랜드 인지도와 제품의 이미지를 개선할 수 있다. 그러나 사람들이 알아주는 명성과 독특한 브랜드 개성을 갖기 위해서는 상당한 투자를 해야 한다. 이런 접근방법을 고려하는 모든 기업은 성공적인 결과를 얻기 위해 어떤 식으로 재정적 투자를 하고 경영 자원을 투입해야 하는지 파악해야 한다. 그러나 재정적 요건에도 불구하고 많은 기업이 지난 20년간 인브랜딩 개념을 선택했다.

일반적으로는 브랜딩의 중요성은 물론 구체적인 고객의 정교화 정도가 커졌기 때문에[1] 소비자 브랜드의 상대적 중요성이 감소하면서 인브랜드에게 큰 기회가 생겼다. 이 사실은 모리츠 하벤스타인**Moritz Havenstein**의 분석[2]과 다른 경험적 분석[3]을 통해 다양한 소비자 산업에서 증명되었다([그림 8-1] 참조).

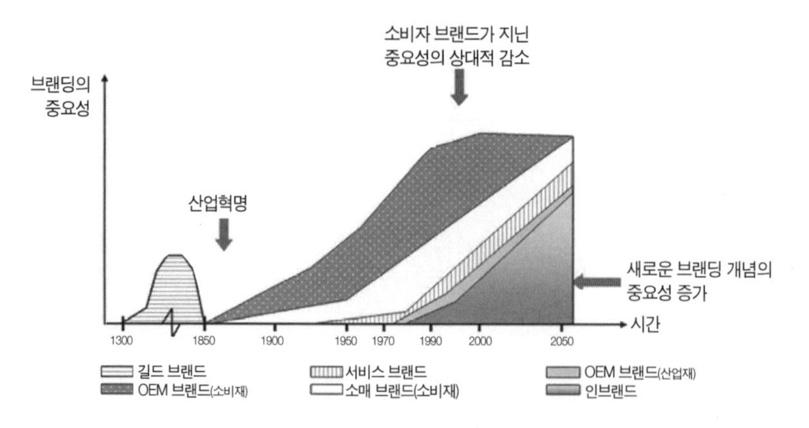

[그림 8-1] 모리츠 하벤스타인이 예상한 브랜드 개념의 추이[4]

가격 프리미엄과 브랜드화된 구성품

최근의 연구에서 우리는 품질과 성능에 대해 긍정적인 인식을 구축하는 인브랜드가 가격 프리미엄을 지불하려는 고객의 의사에 긍정적인 영향을 미친다는 사실을 증명할 수 있었다. 이 사실은 강하거나 약한 완성품 브랜드에 포함된 인브랜드로 검증되었다. 두 경우에서 가격 프리미엄은 정당화되었으며 완성품 제조업체를 위한 가시적인 혜택으로 이어졌다.[5]

강력한 인브랜드는 구성품 공급업체에게 혜택을 부여한다. 구체적으로는 완성품 제조업체를 상대로 더 나은 마케팅 입지를 제공한다. 완성품 제조업체는 이익을 늘려주는 더 높은 가격 프리미엄을 달성하기 위해 강력한 인브랜드에 관심을 갖는다. 그래서 강력한 브랜드 인지도를 구축한 구성품 공급업체를 선호한다. 이런 접근방법을 통해 구성품 공급업체는 매출을 늘릴 수 있다. 또한 인브랜드부터 가격 프리미엄까지 일련의 논거를 들어 소비자에게 브랜드화된 구성품에 더 높은 가격을 요구함으로써 가격 프리미엄에서 부분적으로 같이 이득을 볼 수 있다.

따라서 인브랜드의 주요 이점은 완성품 제조업체의 경우 가격 프리미엄으로 인한 이익 증대이며, 구성품 공급업체의 경우 브랜드화된 구성품의 매출 증대와 협상 가격 인상이다. 1950년 이후 브랜드의 중요성이 전반적으로 증가했으며 1990년 이후에는 인브랜드가 훨씬 큰 역할을 수행했다. 이런 변화는 크게 두드러지는 것이며 회계사들도 그 개념을 익혀야 했다.[6] 구글에서 키워드 검색을 통해 조사한 결과 링크 수가 2006년에는 2,900개에 불과했지만 2009년에는 7만 1,700개나 되었다. 매일 다양한 산업에서 새로운 응용사례가 등장했다. 이 점은 특히 자동차산업과 가전산업에서 두드러졌지만 건강 및 돌봄산업, 식품 및 화장품산업에서 나타났다. 기업들은 단일 제품의 구축이나 새로운 혁신을 통해 더 큰 제품 제공물의 일부가 됨으로써 영역을 확장했다.

항상 공급업체만 브랜드를 강화하는 것은 아니다. 완성품 생산업체나 소매 협력업체도 브랜드를 강화한다. 대형 DIY 매장 체인인 홈데포는 고객들에게 더 많은 선택지와 새로운 제품을 제공하기 위해 의식적으로 항균제가 들어간 제품을 찾는다. 세인즈베리도 비슷한 접근방법을 취해 마이크로밴 항균제를 넣은 주방용품과 가정용품을 제공했다. 또한 대형 할인매장인 알디는 추운 날씨에 편안함을 더해주는 3M 신설레이트 단열 섬유가 들어간 브랜드 없는 겨울 의류를 제공한다.

이 모든 노력들에서 중요한 점은 제공된 구성품의 품질이 브랜드화되지 않은 구성품보다 우월하다는 약속을 이행하는 것이다. 기업이

스티커나 로고 혹은 설명서를 통해 제품이 보이지 않는 추가적인 혜택을 제공한다고 약속했다면 고객이 실제로 그를 경험할 수 있게 만들어야 한다. 이 점은 인브랜딩에만 국한되는 것이 아니라 브랜딩과 마케팅 전반에 해당된다. 고객은 증명되지 않은 것에 대해 추가적인 가격 프리미엄을 지불하려 하지 않으며 증명되지 않은 제품 사양으로부터 재빨리 멀어진다.

브랜드 이미지를 구축하려면 오랜 시간이 걸리며 성공하기 위해서는 통합적인 노력이 필요하다. 제품 이미지에 대한 지식은 한 고객에게 머물렀다가 다른 고객에게로 옮겨가야 하며 거기에는 시간이 필요하다. 고객들은 기업이 홍보하는 완성품을 만지고 경험하면서 약속한 기능성을 검증할 수 있다. 구성품 제공물의 차이는 제품을 소비하는 동안 인식되어야 한다. 인브랜딩 마케팅은 서비스를 제공하는 동안에 한정해 실제 제품을 경험할 수 있는 서비스 마케팅과 매우 유사하다. 그래서 구성품의 이미지를 구축하는 것이 매우 중요한 의미를 갖는다.

브랜드는 구성품의 성능을 좀 더 효과적으로 인식하는 데 도움을 준다. 이렇게 얻은 이미지는 완성품이 제조 결함을 지녔을 경우 완성품의 성능 때문에 손상될 수 있다. 아웃도어 브랜드 콜롬비아의 야외용 재킷이 구성품 제조업체인 고어텍스에 심각한 영향을 미친 것이 그런 경우였다. 고객은 구성품 때문에 의식적으로 그 제품을 고른 것이므로 이런 위험은 구성품 공급업체에게 직접적인 타격을 입힌다. 따라서 공급업체는 완성품 제조업체를 매우 신중하게 선택해야 한다.

일반적인 B2B 관계에서 고객업체의 선택은 수익성, 매출 성장 등과 같은 요소에 좌우된다. 그러나 인브랜딩을 실시할 생각이라면 완성품의 품질에 대한 고려가 더 중요해진다. 캐터필러가 퍼킨스엔진이라는 브랜드로 중국에서 디젤엔진 생산을 늘리는 이유가 여기에 있을 것이다. 캐터필러는 중국 설비 공급업체들에게 캐터필러 엔진을 팔고 싶지 않지만 현재의 시장 환경에 적합한 퍼킨스를 부품 브랜드로 활용해 판매할 수 있다. 영국의 디젤엔진 제조업체인 퍼킨스는 1949년부터 트랙터, 추수기, 적재기에 그릴 배지 형태로 퍼킨스 로고를 부착해 왔다.

구성품 공급업체는 인브랜드를 관리하기 위해 각각의 완성품에 대한 브랜드 기능 및 브랜드 연관성이 미치는 영향을 분명하게 파악해야 한다. 브랜드는 각각의 경우마다 서로 다른 기능을 하므로 적절하게 평가해야 한다. 기업은 브랜드 기능의 성격부터 시작해 경쟁자와 관련해 브랜드를 어디에 자리매김할 것인지 결정해야 한다. 예를 들어 퍼킨스는 출력 대비 내구성을 강조한다. 이 요건은 모든 중장비 최종 사용자에게 혜택과 빠른 고장의 위험을 방지하는 구성품 제조업체인 퍼킨스의 성능을 보장한다.

최종 사용자를 상대로 신뢰, 성능, 품질, 안전에 대한 인식을 구축하는 것이 차이를 만든다. 최종 사용자에게 혜택을 준다는 이미지를 구축함으로써 과거의 B2B 브랜드는 B2B2C 브랜드가 될 수 있다. B2B2C 부문의 경우 B2B 부문과 달리 위험 감소가 중요하기는 하지만 절대적인 선택은 아니다. 인텔은 라이크라, 스플렌다, 뉴트라스위트, 시마노, 보스, 고어텍스처럼 자사 마이크로프로세서의 이미지가 주는 혜택을 최종 사용자에게 설득하는 데 성공했다.

브랜드 기능을 이해하고 최종 사용자에게 해당하는 정도를 결정하는 것은 기업이 최종 고객에게 도달하고자 할 때 거쳐야 하는 중요한 과정이다. 그 이유는 브랜딩 활동에서 계속 정보 효율성과 위험 감소에만 의존하면 최종 고객으로 하여금 구성품에서 혜택을 얻고 제품 및 구성품을 통해 제품에 대한 좀 더 좋은 이미지를 갖도록 하지 못하기 때문이다. 고도로 브랜드화된 애플 맥북에어도 사용자에게 제품의 혜택을 설득하기 위해 인텔 듀얼코어 프로세서를 쓴다.

브랜드 연관성도 살펴야 한다. 제품이 속한 범주가 고객과 관련성이 없을 때 브랜딩 활동을 추진하는 것은 적절하지 않다. 아커는[7] 브랜드 연관성의 정의와 모델을 제공하는데 세 가지 조건이 충족될 때 브랜드 연관성이 생긴다고 말한다. 첫 번째, 속성, 용도, 사용자 집단 혹은 다른 차별적인 성격을 가진 제품 범주나 하위 범주가 존재하거나 부상한다. 두 번째, 제품 범주나 하위 범주에 대한 고객의 필요나 욕구가 있다. 세 번째, 해당 브랜드가 제품 범주나 하위 범주에 필수적인 것으

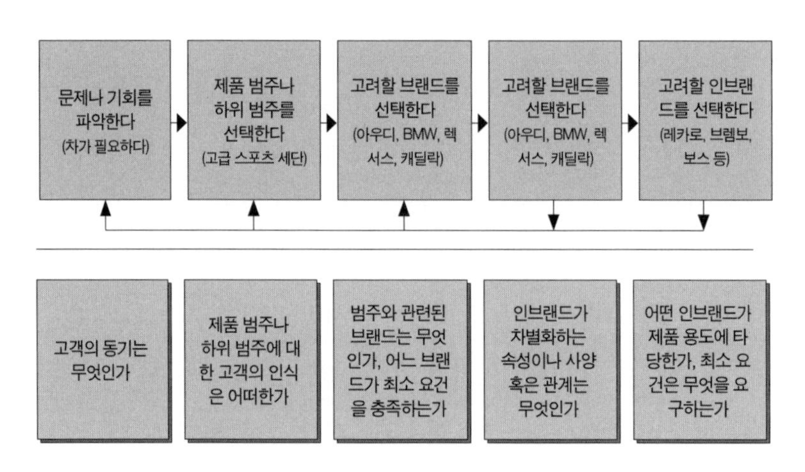

[그림 8-2] 데이비드 아커가 제시한 핵심 질문들(2004)

로 간주되는 집합에 속한다. 아커는 제품 범주 및 구성품의 연관성과 개념을 체계적으로 이해하기 위해 인브랜드에 적용되는 고객-브랜드 상호작용의 간단한 모델을 고려할 것을 제안한다([그림 8-2] 참조).

인브랜드의 브랜드 연관성에 대한 판단은 모든 브랜딩 활동과 재정적 투자의 앞으로의 방향에 큰 영향을 미친다. 브랜드 정체성을 구축하면 대체성이 감소한다. 브랜드화된 구성품은 고객과 높은 관련성을 지니며 같은 구성품을 지닌 다른 완성품과 경쟁할 때도 고객을 위한 혜택을 창출한다. 고어텍스는 마무트, 노스페이스를 비롯해 여러 아웃도어 브랜드에 멤브레인 원단을 제공한다. 이들 업체는 모두 아웃도어 의류를 제공하지만 최종 사용자의 구매 결정을 이끄는 것은 고어텍스에 대한 선호다.

인브랜드 성공 원리

구성품의 브랜드 연관성이 높을수록 성공 가능성이 높아지고 고객 선호도가 향상될 여지가 생긴다. 구성품의 브랜드 잠재력은 완성품에서 창출되는 구체적인 성능이 가져다주는 이점에 크게 좌우된다. 오로지 최종 사용자만이 그 여부를 판단할 수 있다. 또한 구성품을 통한 기능적인 이점도 중요하다. 이를 객관적으로 살피려면 전체 가치 대비 구성품의 금전적 가치를 고려해야 한다. 정해진 수치는 없지만 마이크로프로세서와 컴퓨터의 가치 관계를 따져본다면 1 대 5에서 1 대 10까지의 범위가 형성된다. 다른 인브랜드 무리에서도 비슷한 관계를 찾을 수 있다.

앞으로 제공할 인브랜드 제품 및 서비스 제공물의 브랜드 연관성을 판단하려면 가치사슬의 모든 관계를 고려해야 한다. 가치사슬은 공급업체의 관계(B2B)에서 출발해 최종 사용자의 관계(B2B2C)까지 이어진다. 각각의 관계는 정보 효율성, 위험 감소, 성능 혜택의 세 가지 주요 브랜드 측면에 따라 평가할 수 있다 B2B 및 B2B2C 브랜드 연관성과 관련이 있는 다양한 요소들을 바탕으로 이를 평가한다면 미래의 제품 제공물이 갖는 연관성의 정도를 판단할 수 있다.

B2B 영역에 속한 구성품들은 브랜드에 대한 인식, 품질 차이, 의사결정자 수 그리고 경쟁이다. B2C 영역에 속한 구성품들은 구성품의 중요성에 대한 인식, 구성품의 성능 특성, 상징적 부가가치, 소비자의 품질 지향성, 평가 역량 그리고 완성품 제조업체의 수다.

이 두 구성품들의 집합을 통해 B2B 브랜드 연관성과 B2B2C 브랜드 연관성의 잠재력을 판단할 수 있으며, 두 구성품들의 인브랜딩을 위해 크게 권장될 때에 한해 인브랜딩 개념이 정당화될 수 있다. 일련의 분석에서 다양한 산업들이 검토되었으며, 잘 만들어진 권장안이 나왔다.[8] 이런 접근방법의 원칙은 [그림 8-3]에 나와 있다.

구성품 공급업체의 브랜딩 잠재력은 인브랜드에 대한 모든 투자의 중요한 전제조건이다. 투자를 시작하고 관리에 시간을 들이면 경쟁자가 들어오지 못하게 막는 새로운 진입장벽이 생긴다. 브랜드를 고객의 머릿속에 자리매김함으로써 가격 프리미엄을 정당화하는 근거를 개발할 가능성이 높아진다. 많은 사례들이 이 점을 증명했다.[9]

이런 진전은 기업의 브랜드 자산을 개선하는 데 영향을 미칠 것이다. 이 시점에서 인브랜딩 개발 단계로 돌아가자. 공급업체가 해당 범

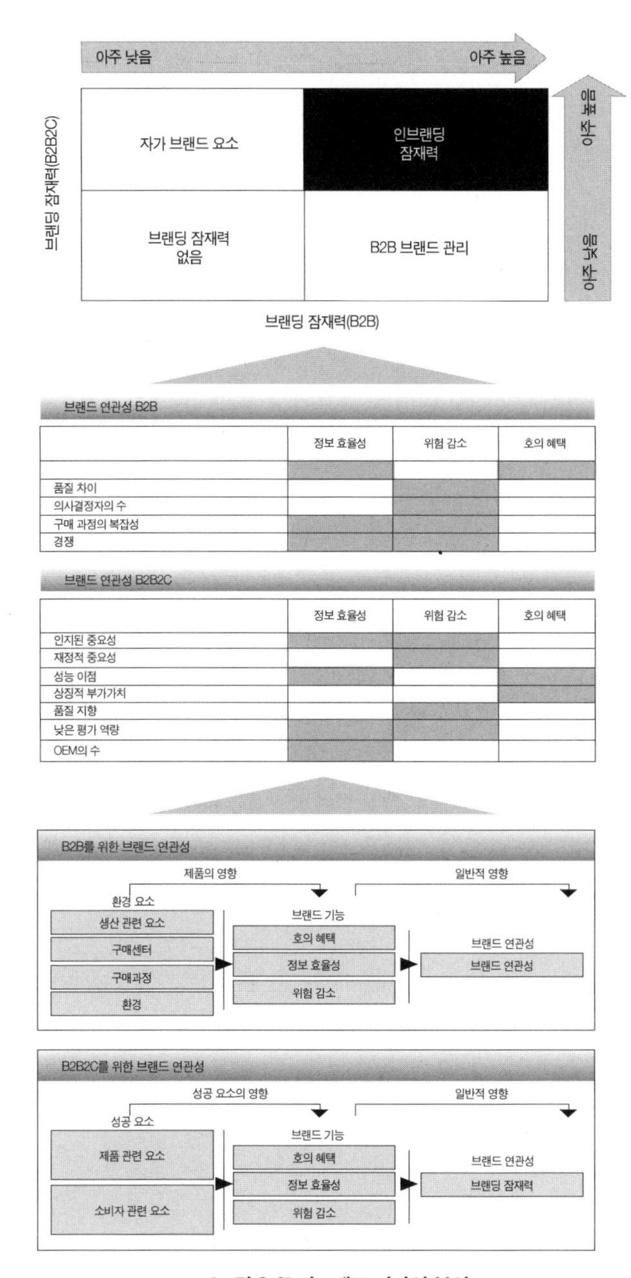

[그림 8-3] 인브랜드 연관성 분석

주에 속한 모든 제품 공급업체에게 구성품을 공급한다면 인브랜딩 활동에 제한이 생길 수 있다는 점을 상기할 필요가 있다. 이 경우 피에스코 효과가 차별화를 위한 잠재력을 앗아갈 것이다. 이 위치에 도달한 기업들은 완성품 개발로 나아갈 수 있다. 그러나 소수의 기업만이 인브랜드를 개발하는 마지막 단계를 달성했다. 이 단계들은 현재의 성과를 판단하고 미래에 대한 전망을 평가하는 도구이기도 하다. 브랜드 관리에 필요한 개발 단계에 진입하기 위해서는 다양한 효과를 선택할 수 있다.

인브랜드는 모두에게 혜택이 돌아가도록 유도하며 전체 공동체의 삶을 개선한다. 요컨대 인브랜드는 모든 브랜드와 마찬가지로 로고, 태그라인, 슬로건, 광고 이상의 의미를 지닌다. 인브랜드는 가치, 공동의 바람, 꿈, 욕구를 전달하고 고객은 브랜드와 공감하며 그 특성들을 발견한다. 우리는 이 책을 통해 브랜드를 개발하고 브랜드에 대한 투자를 경제적으로 크게 성공시키고자 하는 사람들에게 유용한 정보를 제공할 수 있기를 바란다.

SUMMARY

- 인브랜드는 오늘날의 비즈니스 세계에서 다양한 용도로 쓰이며 많은 사람이 받아들이는 브랜드 관리 개념으로 자리 잡아가고 있다.
- 앞으로 인브랜드의 중요성은 계속 커질 것이다.
- 인브랜드는 브랜드 관리의 주요 기능을 바탕으로 고객의 만족도를 높이고 기업의 재정과 이미지를 개선할 수 있는 가능성을 갖고 있다.
- 브랜드를 성공적으로 관리하려면 고객과 브랜드 사이의 섬세한 상호작용이 필요하다.
- 인브랜드를 구축하기 위한 투자를 하기 전에 인브랜드의 연관성을 분석해야 한다.
- 인브랜드를 유지하려면 지속적인 인브랜드 관리가 필요하다.
- 성공적인 인브랜드 관리의 주요 목표는 가치사슬 전반에 걸친 가격 프리미엄의 제어와 확장이다.
- 브랜드 균형 점수표 시스템을 통해 인브랜딩의 많은 측면을 관리할 수 있다.
- 앞으로 많은 산업에서 인브랜딩이 응용될 것이다.

주

1장 브랜드 속 브랜드

1. Desai, K. K. and Keller, K. L., "The effects of ingredient branding strategies on host brand extendibility," *Journal of Marketing* 66(2002), pp.73~93.
2. Havenstein, *M., Ingredient branding: Die Wirkung der Markierung von Produktbestandteilen beikonsumtiven Gebrauchsgutern*(Wiesbaden, 2004).
3. 일각에서는 리더십 혁신이나 경영 방법론에 대한 교훈 때문이라고 주장하지만 혁신적인 리더들을 보유하고 비슷한 경영 교훈을 습득했던 IBM과 텍사스인스트루먼트 외 다수의 경쟁 기업들은 인브랜딩 개념을 활용하지 않았기 때문에 성공하지 못했다.
4. Dover, J., "Adding value through the 'intel inside' brand," *Customer value: Moving forward-back to basics*.
5. 현재 유수의 개인 투자 기업인 J.W.차일드어소시에이츠J.W. Childs Associates가 보유하고 있다.
6. 완성품 제조업체는 두 가지 방식으로 정의할 수 있으며, 우리는 최근의 정의를 사용할 것을 제안한다. 첫째, 본래 완성품 제조업체는 재판매하거나 재판매자의 브랜드명을 사용해 다른 제품에 통합하도록 다른 기업에게 제품을 제공하는 기업이었다. 예를 들어 냉장고 제조업체인 프리지데어Frigidaire는 자체 브랜드로 재판매하도록 시어즈 같은 유통업체에 냉장고를 팔 수 있다. 다수의 기업들, 제품 제조업체와 제품 재판매업체는 모두 아직까지 이 의미를 사용한다. 둘째, 최근에 완성품 제조업체는 제품이나 구성품을 확보해 자체 브랜드명을 붙인 새로운 제품으로 재사용하거나 통합하는 기업을 일컫는 데 쓰인다. 항공산업의 완성품 제조업체는 항공기 제조업체를 일컫는다. 이 산업에서 세계적으로 현존하는 완성품 제조업체의 예는 유럽 에어버스, 프랑스 및 이탈리아 ATR, 미국 보잉, 캐나다 봄바디어Bombardier, 브라질 엠브라에르Embraer, 러시아 유나이티드에어크래프트United Aircraft다. 자동차산업의 완성품 제조업체는 GM, 포드, 도요타, 폴크스바겐, 혼다, 크라이슬러 같은 브랜드 자동차 제조업체다. 자동차산업의 완성품 제조업체 정의는 정부가 규정한 수준의 책임에 법적으로 구속되지 않는

'부품시장'과 달리 제품을 보증하고 보장하는 데 필요한 연방 정부의 허가를 받은 대상을 가리킨다.

7. 바스프는 루란Luran도 출시했다.
8. Kemper, A. K., "Ingredient branding," *Die Betriebswirtschaft* 57(1997): pp.271~274.
9. Bruhn, M., Die Marke: *Symbolkraft des Zeichensystems*(Bern, 2001).
10. Anderson, J. C. and Narus J. A., *Business market management: Understanding, creating, and delivering value* 2nd ed.(New Jersey, 2004).
11. Ludwig, W. F., "Branding erobert auch die Investitionsgüterindustrie," *Markenartikel*(2000): pp.16~25.
12. 캐딜락 노스스타 LMP는 GM의 캐딜락 브랜드가 미국 르망 경주에 참가할 뿐만 아니라 1950년에 처음 진출했던 24시간 르망 경주에 복귀하기 위한 시도로 제작된 일련의 르망 프로토타입이었다. 노스스타 LMP라는 이름은 노스스타 8기통 엔진에서 따온 것이다.
13. Kotler, P. and Bliemel, F., *Marketing-Management: Analyse, Planung, Umsetzung und Steuerung* (Stuttgart, 1999).
14. 트리니트론은 소니가 개발한 CRT(음극선관) TV에 처음 사용되었다. 트리니트론은 일반적인 차폐판shadow mask(구멍이 뚫린 금속판) 대신 애퍼처 그릴aperture grille(스크린에 수직으로 뻗어나간 와이어망)을 쓰기 때문에 표준관 유형과 다르다. 많은 관계자들은 트리니트론 관이 차폐판 기술을 쓰는 관보다 더 밝고 선명한 이미지를 형성한다고 생각한다.
15. 빌프리드 레벤Wilfried Leven이 초기 강의에서 이런 방식으로 체계화했다. "The power of industrial branding(Maidenhead Microbrew): The scope of branding, Kotler, P. and Keller, K., *Marketing Management 12th ed.* (Upper Sattle River, 2006).
16. Muehr, D., "Branding für Automobilzulieferer," *PLEX Studie* No.07, 2001.; www.plexgroup.com/cox_www/images/publications/path6/PLEXstudie_01_07_automotive.pdf

2장 구성품으로 설득하라

1. Kotler and Keller (2008).; Kotler, P. and Pfoertsch, W., *B2B brand management: Building successful business brands* (Heidelberg, New York, 2006).
2. Norris, D. G., "Ingredient branding: A Strategy option with multiple beneficiaries," *Journal of Consumer Marketing* 9(1992): pp.19~31.
3. Bartlett, C. A., Ghoshal, S. and Birkinshaw, J. M., *Transnational management: Text, cases, and readings in cross-border management 4th ed.* (Boston, 2004).; Trinquecoste, J. F., "Pour une clarification théorique du lien marketing-stratégie," *Recherche et*

Applications en Marketing 14(1999): pp.59~80.

4. Kapferer, J. N., *Reinventing the brand: Can top brands survive the new market realities?* (London, 2001).

5. Rooney, J. A., "Branding: A trend for today and tomorrow," *Journal of Product and Brand Management* 4(1995): pp.48~55.

6. Norris(1992).

7. Hillyer, C. and Tikoo, S., "Effect of co-branding on consumer product evaluations," *Advances in Consumer Research* 22(1995).

8. Havenstein(2004).; McCarthy, M. S. and Norris, D. G., "Improving competitive position using branded ingredients," *Journal of Product & Brand Management* 8(1999): pp.267~285.

9. Desai and Keller(2002).

10. Kleinaltenkamp, M., "Ingredient branding: Markenpolitik im Business-to-Business-Geschäft," *Erfolgsfaktor Marke* (2001).

11. Dover, J., "Adding value through the 'intel inside' brand," *Customer value: Moving forward back to basics* (1997).

12. Pfoertsch, W. and Schmid, M., *B2B-Markenmanagement: Konzepte-Methoden-Fallbeispiele* (Munich, 2005).

13. Kotler, P. and Keller, K. L., *Marketing Management 13th ed*. (New York, 2008).

14. Havenstein(2004).

15. Kotler and Keller(2008).

16. Haller, T., "Ingredient branding," *Textil Zeitung* (2001).

17. George, R., *When the parts become greater than the whole: Fueling growth through ingredient branding* (2002).

18. Simon, H. and Sebastian, K. H., "Ingredient Branding: Reift ein neuer Markentypus?," *Absatzwirtschaft* 45(1995): pp.42~48.

19. Bugdahl Volker, "Ingredient Branding-eine Markenstrategie für mehrere Nutznieβer," *Markenartikel* Vol.3 (1996); p.111.

20. Baumgarth, C., "Ingredient Branding-Begriff, State of the Art & empirical data, Working Paper, Department of Marketing University of Siegen(1998); p.10.

21. Bugdahl, V., "Ingredient branding: eine Markenstrategie für mehrere Nutznieβer," *Markenartikel* 58(1996): pp.110~113.

22. Simonin, B. L. and Ruth, J. A., "Is a company known by the company it keeps?: Spill-over effects of brand alliances on consumer brand attitudes," *Journal of Marketing Research 35*(1998): pp.30~42.

23. Janiszewski, C., Osselaer, S. M. and J. Van. "A connectionist model of brand-quality

associations," *Journal of Marketing Research* 37(2000): pp.5~20.

24. Keller, K. L., "Conceptualizing, measuring, and managing customer based brand equity," *Journal of Marketing 57*(1993): pp.1~23.
25. Desai and Keller(2002).
26. 공동브랜딩합의서, 인피니언테크놀로지스, 2002.
27. Kleinaltenkamp(2001), p.267.
28. Bruhn, M., *Marketing, bases for study and practice* (Wiesbaden, 2004).
29. www.brandchannel.com/education_glossary.asp#C.
30. Ludwig, W. F., "Branding erobert auch die Investitionsgüterindustrie," *Markenartikel* (2000): pp.16~25.
31. Ludwig, W. F. "Ingredient branding: Markenpolitik im Business-to-Business-Geschäft," *Erfolgsfaktor Marke* (2001); p.275.
32. Baumgarth, C., "Ingredient branding: Markenkonzept und Kommunikationsumsetzung," *Working Paper* (1999).
33. Kleinaltenkamp(2001).; Pepels, W., *Handbuch moderne Marketing praxis* (Düsseldorf, 1993).
34. Kleinaltenkamp (2001), p.263f
35. Luger, A. E. and Pflaum, D., *Marketing: Strategie und Realisierung* (Munich, 1996), p.187.
36. Pfoertsch, W and Mueller, J., *Die Marke in der Marke-Bedeutung und Macht es Ingredient Branding* (Springer Verlag Heidelberg, 2006).
37. Worm, S. and Durme, J. van, "An empirical study of the consequences of co-branding on perceptions of the ingredient brand," *Proceedinggs EMAC 2006 Conference*.
38. Norris, D. G., "Ingredient branding: A Strategy option with multiple beneficiaries," *Journal of Consumer Marketing* 9(1992): pp.19~31.
39. Desai, and Keller(2002); Hillyer, C. and Tikoo, S., "Effect of co-branding on consumer product evaluations," *Advances in Consumer Research* 22(1995).
40. Aaker, D. A., "The power of the branded differentiator," *MIT Sloan Management Review* 45(2003): pp.83~87.
41. Baumgarth (2001).
42. 이 업체들의 의류에 대한 더 많은 정보가 필요할 경우 http://www.murphyand nyecom/에서 찾아볼 수 있다.
43. Kleinaltenkamp(2001), p.261.
44. Homburg, C. and Krohmer, H., *Marketingmanagement* (Wiesbaden, 2003), p.882.
45. Backhaus, K. and Voeth, M., *Industriegütermarketing* 8th ed. (Munich, 2007), p.669.
46. Kleinaltenkamp(2001), p.261.

47. Homburg, C. and Krohmer, H. *Marketingmanagement* (Wiesbaden, 2003), p.882.

48. Backhaus(2007), p.674.

49. Kopplemann, U., *Produktmarketing: Entscheidungsgrundlage für Produkt manager* (Stuttgart, 1989), p.41.

50. Vitale, Robert P. and Giglierano, Joseph J., *Business Marketing. Analysis and Practice in a Dynamic Environment* (2002), p.61

51. Meffert, H., Marketing, *Grundlagen marktorientierter Unternehmensführung* 9th ed. (Wiesbaden), p.139.

52. Webster, Frederick E. and Wind, Y., *Organizational Buying Behavior* (1972), pp.33~37.

53. Malaval, P., *Strategy and Management of Industrial Brands. Business to Business Products and Services* (2001), p.23.

54. Vitale and Giglierano(2002), p.62.

55. Luger, A. E. and Pflaum, D., *Marketing: Strategie und Realisierung. Munich* (1996), p.251f.

56. Pepels, W., *Handbuch moderne Marketingpraxis* (Düsseldorf, 1993).

57. Meffert, H., Marketing: *Grundlagen marktorientierter Unternehmensführung* 9th ed. (Wiesbaden, 2000).

58. Pfoertsch, W., *Ingredient Branding für Automobilzulieferer, Marketing Management Bulgaria* (2004).

59. 인터브랜드의 상위 글로벌 브랜드 집계에 따르면 인텔은 2006년에 309억 달러의 브랜드 가치를 달성했다.; Newsweek, 31 July 2007.

60. Rao, A. R., Qu, L. and Ruekert, R.W., "Signaling unobservable product quality through a brand ally," *Journal of Marketing Research* 36(1999): pp.258~268.

61. Leuthesser, L., Kohli, C. and Suri, R., "2+2=5?: A framework for using co-branding to leverage a brand," *Journal of Brand Management* 11(2003).

3장 인텔의 성공 스토리

1. 폴 오텔리니의 인텔 인사이드 계획은 이 회사를 미지의 영역으로 이끌 것이다. 창업자인 앤디 그로브는 이런 변화를 지지했다. 〈비즈니스위크〉, 2006. 1. 9.

2. 인텔이 새로운 로고와 브랜드 갱신을 선보인다. 〈디지털트렌즈*Digital Trends*〉, 2005. 12. 30.

3. 인텔 웹사이트의 인텔 인사이드 프로그램, 브랜드 캠페인 모음집 참조, www.intel.com.

4. 밥슨대학 사례 연구, Building Important Brands: Intel, 2002. 11.

5. 인텔의 공동 창업자이자 명예회장인 고든 무어의 이름을 딴 컴퓨터 산업의 원칙이다.

6. Moon, Y., "Inside intel inside," *Harvard Business School Case* No.11 (2002).

7. Lang, N., "Wild things," *Marketing Computers*, 1992. 5. 1.

8. 당시 인텔은 DSW 매출의 약 80퍼센트를 차지했다.

9. 유로RSCG 월드와이드는 1997년에 뉴욕으로 본부를 옮겼다. 1996년에 유로RSCG는 세계 7대 광고대행사였으며 2002년에는 5위가 되었다.

10. Johnson, B. and Crumley, B., Euro RSCG *acquires global role at intel*, 1996. 3. 18, Advertising Age.

11. www.intel.com/pressroom/archive/releases/rscgre.htm.

12. 〈PC위크〉, 1994. 6. 6. 미국에서의 TV광고는 〈노던익스포저Northern Exposure〉와 〈스타트렉〉, 두 프로그램에서 특히 효과적이었다.

13. Morris, B., "The brand's the thing," *Fortune Magazine*, 1996. 3. 4.

14. Mitchell, A., "Get ready for a brand new battle," *Marketing Week*, 1994. 9. 25.

15. www.intel.com/pressroom/intel_inside.htm.

16. 2002년 7월 1일자 인텔 보도자료, "인텔이 10억 대째 PC를 기념하다"에 따르면 2002년에 대략 미국 가구의 60퍼센트, 서유럽 가구의 49퍼센트, 아시아 태평양 지역 가구의 38퍼센트에 PC가 보급되었다.

17. Temporal, P., "Case Study: Intel corporation's re-branding," 2009; http://www.temporalbrand.com/publications/articles-260806.shtml.

4장 어떻게 가치를 더하는가

1. Quelch, J., "Blank" inside: Branding ingredients," *Harvard Business School Working Knowledge*, 2007. 10. 10.

2. Starling, S., "Branding: The vital ingredient for marketing success," 2002. 6.

3. Keller, K. L,, *Strategic brand management: Building, measuring, and managing brand equity* (Upper Saddle River, NJ, 1998).; Linxweiler, R., *BrandScoreCard: Ein neues Instrument erfolgreicher Markenführung* (Gruβ Umstadt, 2001). p.4.

4. Linxweiler(2001), p.31.

5. Diller, H., "Preis-und Distributionspolitik starker Marken vor dem Hintergrund fortschreitender Handelskonzentration," *Erfolgsfaktor Marke* (2001): p.118.

6. Simon, H. and Sebastian, K. H., "Ingredient Branding: Reift ein neuer Markentypus?" *Absatzwirtschaft 45*(1995): pp.42~48.

7. *Ibid*.

8. Baumgarth(1999).

9. Bruhn, M., "Die zunehmende Bedeutung von Dienstleistungsmarken," *Erfolgsfaktor Marke* (2001): p.149.
10. Baumgarth(1998), p.36ff.
11. Aaker, D. A. and Joachimsthaler, E., *Brand Leadership* (New York, 2002), p.105.
12. Baumgarth(1998), p.42.
13. Kotler, P., Andersen, G., Wong, V. and Saunders, J., *Principles of marketing 4th ed.* (London, 2004), p.668.
14. Baumgarth(1999), p.13f.
15. Schmaeh, M. and Erdmeier, P., "Sechs Jahre "Intel Inside," *Absatzwirtschaft*(1997): pp.122~129, p.124.
16. Ohnemus, L. and Jenster, P., "Corportate brand thrust and financial performance: An examination of strategic brand investments," *International Studies of Management and Organization* 37(2007): pp.84~107.

5장 경쟁 없는 신 시장을 찾아서

1. Mauborgne, R. A. and Kim, W. C., *Blue ocean strategy: How to create uncontested market space and make the competition irrelevant* (2004).
2. Peters, T. and Waterman, R. H., *In search of excellence* (New York, 1982).
3. Collins, J. and Porras, J. I., *Built to last: Successful habits of visionary companies* (New York, 1994).
4. Collins, J., *Good to great: Why some companies make the leap... and others don't* (New York, 2001).
5. Kotler and Pfoertsch(2006).
6. 이 책을 출간하는 현재 시점에서는 자동차산업의 미래를 전망하기 어렵기 때문에 2007년 수치를 바탕으로 판단했다.
7. Willhardt, A. B. and Baumbach, R., "Ingredient branding: Herausforderung für die Markenführung der Automobilzulieferindustrie," 2004.
8. Jeltsch, M., "Auto 2010: Eine Expertenbefragung zur Zukunft der Automobilindustrie," *Accenture-Studie*, 2001.
9. Kalmbach, R. and Kleinhans, C., "Zulieferer auf der Gewinnerseite," *Automobil-Produktion*(2004): pp.4~8.
10. Pfoertsch, W., *Living Web: Erprobte Anwendungen, Strategien und zukünftige Entwicklungen im Internet* (Landsberg, 1999).

11. Voelckner, F. and Sattler, H., "Empirical generalizability of consumer evaluations of brand extensions." *Research paper* No.25, 2005.

12. 메르세데스벤츠의 AMG나 포르쉐의 루프Ruf 같은 다양한 자동차 제조업체의 튜닝 사업부는 포함시키지 않았다.

13. Kasper, E., Klar, J., Renner, D. and Specht, S., "Ingredient branding: Bedeutung des InBranding für Automobilzulieferer," Unpublished working paper, 2005. 1.

14. Pfoertsch, W., "Ingredient Branding für Automobilzulieferer," *Marketing Management Bulgaria* (2004).

15. Pfoertsch, W., *Mit Strategie ins Internet* (Nuremberg, 2000).

16. 이 점은 회사 내부 그리고 회사 사이의 가치 창출에 모두 적용된다. Porter, M. E., *Wettbewerbsvorteile: Spitzenleistungen erreichen und behaupten* 4th ed. (Frankfurt, New York, 1996).

17. 심파텍스테크놀로지스 브로슈어.

18. *Ibid*.

19. 회사의 역사는 www.gore.com/de_de/aboutus/timeline/timeline.html 참조.

20. Vucurevic, T., "Die GORE-TEX® Marke: Eine Komponente wird zum Kaufgrund," *Jahrbuch Markentechnik* (2006~2007).

21. *Ibid*.

22. 케빈 켈러Kevin Keller는 이 사업 모델을 '자가 브랜딩'이라고 부른다. Kotler and Keller(2006), p.391.

23. Moore, J. and Gore, W. L., "Dry goods," 2005.; http://www.baselinemag.com/article2/ 0, 1397,1817356,00.asp.

24. www.gore-tex.de(a), 2008. 8. 10.

25. www.stern.de/presse/stern/548066.html?q=markenprofil.

26. www.gore-tex.de(b), 2008 8. 10.

27. Baumgarth(1999), p.16.

28. 인브랜딩 4단계 이론 참조.

29. 대다수 직물 제조업체는 고어텍스를 사용한다. 그래서 더는 차별화가 불가능하며, 매매의 마지막 단계에서 가격전쟁을 통한 경쟁이 발생할 수 있다.

30. Pinar, M. and Trapp, P. S., "Creating competitive advantage through ingredient branding and brand ecosystem: The case of turkish cotton and textiles," *Journal of International Food & Agribusiness Marketing* 20(2008): pp.29~56.

31. Wedepohl, K. H., *Glas in Antike und Mittelalter* (Stuttgart, 2003).

32. Stacherl, R., *Das Glaserhandwerk* (Renningen, 2000).

33. Renno, D. and Huebscher, M., *Glas-Werkstoffkunde* 2nd ed. (Stuttgart, 2000).

34. Stacherl(2000).

35. Schlager, E., "Glas: Ein schwer durchschaubarer Stoff," 2004.; www.go.de/index.php?cmd=focus_detail&f_id=181&rang=1.
36. Pfoertsch and Schmid(2005), p.125f.
37. Belz, C. and Kopp K.M., "Markenfuhrung fur Investitionsguter als Kompetenz und Vertrauensmarketing." *Handbuch Markenartikel* (1994).
38. Belz and Kopp(1994), p.15.
39. www.nutrasweet.com, 2008. 8. 8.
40. www.dietcoke.com, 2008. 8. 3.
41. www.beastpower.de/start.php?nach_marken_sortiert_scitec_nutrition.php. 2008. 12. 12.
42. www.aspartame.org, 2008. 6. 4.
43. Baumgarth(2001), p.6f.
44. Baumgarth(2001), p.12.
45. www.lebow.drexel.edu, 2005. 8. 5.
46. www.canderel.de. 2008, 8. 4.
47. 제품 스캔 온라인 업데이트 2004. 12. www.datamonitor.com, 2008. 12. 12.

6장 인브랜딩 챔피언들

1. http://www2.dupont.com/Our_Company/en_US/.
2. 〈월스트리트저널〉, 1999. 4. 28, 삽입 광고.
3. Reifman, S. and Murphy, A. D., "America's largest private companies," *Forbes*, 2008. 3. 11.
4. Andrews, S. M., "Invista will tout Teflon at showtime," *Furniture Today*, 2003. 12. 15.
5. "Invista bows new Teflon Monday," *Home Textiles Today*, 2008. 9. 22.
6. www.hoovers.com, 2008. 8. 10.
7. 라디오, TV, 비디오, DVD 등을 위한 전기 및 전자 공학은 개별 시장을 보호하기 위해 지난 세기 동안 다양한 기구가 정한 사업 표준을 바탕으로 관리된다. 기업들이 해당 지역에서 이 요건들을 제대로 갖추지 못하면 시장에 접근할 수 없다.
8. www.dolby.com(a), 2008. 8. 10.
9. www.dolby.com, 2008. 8. 5.
10. 돌비 서라운드 상표 배치, 2007. 10. 25.
11. Mike Kohlbrenners 블로그, http://www.kolbrenerusa.com/blog/index.php/2008/04/14/branding-from-the-inside-out/ 참조. 2008. 6. 4, 검색.

12. 테트라팩 브로슈어, "우리는 누구인가wer wir sind," 루벤 라우싱 박사, 날짜 미기재.

13. 저자 미상, "모두 어떻게 시작됐나Wie alles begann," 2004. 10. 20.

14. *Ibid.*

15. Simon and Sebastian(1995), p.42.

16. *Ibid.*

17. 테트라팩 브로슈어, "우리는 누구인가wer wir sind," 루벤 라우싱 박사, 날짜 미기재.

18. 테트라팩 브로슈어, "우리는 무엇을 하는가was wir tun," 날짜 미기재.

19. Simon and Sebastian(1995), p.42.

20. 테트라팩 브로슈어, "조 클레버-자연히, 우유Joe Clever-Natürlich Milch," 날짜 미기재.

21. 테트라팩 브로슈어, "우리는 어떻게 일하는가wie wir arbeiten," 날짜 미기재.

22. Dwyer, D. M., Hodder, K. I. and Honey, R. C., "Perceptual learning in humans: Roles of preexposure schedule, feedback, and discrimination essay," *Quarterly Journal of Experimental Psychology* 57B(2004): pp.245~259.

23. Sibert, J. R. and Frude, N., "Bittering agents in the prevention of accidental poisoning: Children's reactions to denatonium benzoate(Bitrex)," 1854387(P,S,E,B) *Arch Emerg Med*, 1991. 3. 8, pp.1~7.

24. Mundy, M. E., Dwyer, D. M. and Honey, R. C., "Inhibitory associations contribute to perceptual learning in humans," *Journal of Experimental Psychology* 32(2006): pp.178~184.

25. McQueen, M. P. and Spencer, J., "U.S. orders new China toy recall: Aqua dots are pulled off shelves after reports of children falling ill," *The Wall Street Journa*l, 2007. 11. 8.

26. Department of Trade and Industry, *Home and leisure accident report*, London 1998.

27. www.dm-drogeriemarkt.de, 2008. 8. 10.

28. 양대 세계대전 기간 동안 몇 번 중단된 적이 있다.

29. Bremner, B., "Shimano-The Tour de France's other winner: Japan's leading bike parts maker is also ahead of the pack. But it can't afford to coast," *Business Week*, 2004. 8. 9.

30. 듀라에이스와 XTR은 모두 고가시장용 제품 그룹이다.

31. "Not a Single Worker Retrenched Since 1973," *Straights Times*, 1998. 4. 26.

32. Ibara, Y., "Hub Company in the Global Bicycle Industry," *Morgan Stanley Dean Witter*, 2001. 7. 18, p.14.

33. Kerber, R., "Bicycles: Bike maker faces a tactical shift," *The Wall Street Journal*, 1998. 10. 12.

34. Galvin, P. and Morkel, A., "The effect of product modularity on industry structure: The case of the world bicycle industry," *Industry and Innovation* 8(2001), p.31.

35. 시마노 연례보고서, 2004. p.1.

36. Isely, P. and Roelofs, M. R., "Primary market and aftermarket competition in the bicycle component industry," *Applied Economics* 36(2004).
37. Saloner, G, Chang, V., and Shimano, T., "Shimano and the high-end road bike industry," Stanford University case study CASE: SM-150, 2006, pp.9~10.
38 Vickers, G., "Graham Vickers explains how a Japanese cycle component maker is having a growing impact on the high quality bicycle market," *Design Week*, 1987. 4. 19, p.19.
39. 시마노 홈페이지. www.shimano.com.
40. Voigt, K., "Your life: The interview: Pedal power," *Asian Wall Street Journal*, 2003. 11. 28.
41. 시마노 홈페이지. www.shimano.com.
42. http://www.referenceforbusiness.com/history2/30/Shimano-Inc.html.
43. Friedland, J., "Components of success: Japanese bicycle-parts maker Shimano eyes China," *Far Eastern Economic Review*, 1993. 11. 18.
44. http://www.referenceforbusiness.com/history2/30/Shimano-Inc.html.
45. Friedland(1993), p.66.
46. Dickerson, M., "Shimano to recall 2.5million bicycle cranks," *Los Angeles Times*, 1997. 7. 10.
47. Japan's Shimano to Invest US $17.1 Million in New Chinese Subsidiary," *Asia Pulse*, 2003. 3. 11.
48. Foremski, T., "Fishing gear maker floats a helpful idea," *Financial Times*, 1999. 2. 3, p.5.
49. Ibara, Y., "Hub Company in the Global Bicycle Industry," *Morgan Stanley Dean Witter*, 2001. 7. 18, p.3.
50. Taylor, R. and Karl, U., "Product variety, supply chain structure, and firm performance: Analysis of the U.S. bicycle industry," *Management Science* 47(2001), p.1593.
51. Galvin, P. and Morkel, A., "The effect of product modularity on industry structure: The case of the world bicycle industry," *Industry and Innovation* 8(2001), p.31.
52. Delaney, B., "Splits with Giant, Specialized," *Bicycle Retailer & Industry News* 14(2005), pp.1~33.
53. 2007년 5월 27일, GE는 116억 달러에 GE플라스틱스를 사빅SABIC(Saudi Basic Industries)에 넘겼다. 메사추세츠 주 핏츠필드에 있는 GE플라스틱스는 2007년 기준으로 1만 300명을 고용하며, 66억 달러의 매출과 6억 7,500만 달러의 이익을 기록했다. 이 회사는 2002년에 미국 바깥에서 렉산의 평판을 높인 브랜딩 캠페인을 시작했다.
54. 앞서 말한 대로 GE는 플라스틱 사업부를 사빅에 매각했다. 매각 전인 2006년 매출은 66억 달러에 이르렀다. 그러나 천연가스와 벤젠 같은 원료의 가격 상승으로 고전하면서 2005년

에 8억 6,700만 달러이던 이익이 2006년에는 6억 7,400만 달러로 떨어졌다. 이 매각은 항상 논쟁의 대상이지만 주요 제공물이 성숙 단계에 이르렀을 때(소비자가전, TV, 소형가전) GE가 시장을 떠나는 것은 드문 일이 아니다.

55. 1985년식 유럽형 포드 시에라와 일부 피아트 모델은 에너지 흡수형 범퍼에 폴리에스터를 혼합한 폴리카보네이트를 처음 사용했다. 1986년에는 미국형 포드 토러스와 머큐리 세이블도 폴리카보네이트 혼합물로 범퍼를 만들었다. 이 혼합 폴리카보네이트 파생물질은 GE 플라스틱스가 구체적으로 이 용도로 개발한 것이다.

56. Horizont 2002, Zeitschrift für Marketing, Frankfurt, S. 26.

57. http://money.cnn.com/magazines/fortune/mostadmired/2008/industries/industry_53.html.

58. 회사 홈페이지 www.ti.com 참조.

59. 에피상은 훌륭한 아이디어로 시장의 과제에 대응하고 메시지를 고객에게 전달하는 방법을 제대로 아는 클라이언트와 광고대행사에게 수여된다. http://www.effie.org/winners/showcase/1998/284 참조.

60. Indicar-Net(2007), "DLP products races into year two of its NASCAR sponsorship", 2007. 2. 16.

61. Powell, E., "The great technology war," 2003. http://www.projectorcentral.com/lcd_dlp.htm.

62. TI 보도자료, 2007.

63. 미국의 시장조사기업.

64. Harrison, C., "Big battle over big-screen," *The Dallas Morning News*, 2005. 5. 2.

65. Ogg, E., "HDTV's evolving alphabet soup: LED, OLED, LCD, DLP CNET news", 2007. 10. 11.

66. 쇼트 기업 정보. http://www.schott.com/magazine/english/sol106/sol106_07_colorfulmenu.html? PHPSESSID=91, 2007. 2. 25 접속.

67. 논평은 쇼트 홈테크의 지역 판매 및 마케팅 총괄 매니저인 루반 하리칸사Ruban Harikantha 및 쇼트의 기업 브랜드 매니저인 안드레아스 우스만Andreas Uthmann과 2007년 1월 30일에 가진 인터뷰 및 후속 전화 인터뷰에 바탕한 것이다.

68. 유리 기술 및 역사적 배경에 대한 정보는 회사 박물관과 창업자의 저택에서 확인할 수 있다. http://www.schott.com/english/museum/index.html 참조.

69. 쇼트 기업 정보. http://www.schott/com/german/company/business_report.html, 2007. 2. 21 접속.

70. '의장 제품 브랜드'라는 표현은 쇼트의 정의에 따른 것이다.

71. Gfk Marketing Services GmbH&Co. KG; Hausgeräte-Fachverbände im Zentralverband Elektrotechnik und Elektronikindustrie e.V.: Zahlenspiegel des deutschen Elektro-Hausgerätemarkets 2004/2005, 2006. 12. 8 접속.

72. Die Welt: Hersteller von Haushaltsgeräten wollen höhere Preise durchsetzen, 2006. 6. 8, http://www.welt.de/data/2006/06/08/905982.html?prx=1, 2007. 2. 14 접속.
73. 안드레아스 우스만, 루반 하리칸사와의 인터뷰, 2007. 1. 30.
74. Pfoertsch and Mueller(2006), p.33.
75. 안드레아스 우스만, 루반 하리칸사와의 인터뷰, 2007. 1. 30.
76. Clef, U., *Die Ausgezeichneten: Die Unternehmenskarrieren der 30 Deutschen Marketingpreisträger* (Munich, 2002), p.174.
77. 쇼트 기업 정보. http://www.schott.com/hometech/english/products/ceran/generally/material.html 2007. 2. 17 접속.
78. Clef, U., *Die Ausgezeichneten-Die Unternehmenskarrieren der 30 Deutschen Marketingpreisträgec* (Clef Creative Communications GmbH Munich, 2002), p.174.
79. 안드레아스 우스만, 루반 하리칸사와의 인터뷰, 2007. 1. 30.
80. Pfoertsch and Mueller(2006), p.16f.
81. 브랜드 프레젠테이션, 쇼트 내부 자료.
82. Ruebenthaler, K., "Marketing in der technischen Glasindustrie," *Handbuch Industriegütermarketing: Strategien, Instrumente, Anwendungen* (2004): p.1195 et sqq.
83. 쇼트 세란에 대한 자료.
84. Pfoertsch and Mueller(2006), p.63.
85. 안드레아스 우스만, 루반 하리칸사와의 인터뷰, 2007. 1. 30.
86. Odrich, B., "A productive partnership," *Schott online magazine Solutions*, 2007. http://www.schott.com/magazine/english/info103/si103_05_rinnai.html?PHPSESSID=91.
87. *Ibid.*
88. 쇼트 기업 정보. http://www.schott.com/hometech/english/products/ceran/dailyuse/vileda_sponge.html, 2007. 2. 15 접속.
89. Pfoertsch and Mueller(2006), p.20.
90. 마이크로밴 웹사이트. http://www.microban.com/americas/about_us/history/?lang=en, 참조.
91. 스파라우트 그룹 보도자료, Business Wire,1999. 12. 7.
92. TA 어소시에이츠 보도자료. TA Associates Completes Minority Investment in Microban International 2005. 2. 17, BOSTON, MA.
93. 삼성 보도자료. Samsung silver nano health system gives free play to its 'silver' magic- Creating a new era of germ-free home with silver nano home electronic appliances, 2005. 3. 29.
94. 은 나노입자는 박테리아를 죽인다. Nanotechnology/Bio & Medicine, 2008. 3. 10.
95. 새니타이즈드 홈페이지의 회사 정보. http://www.sanitized.com/en/about-us/history.

html.

96. www.fibre2fashion.com, SANITIZED AG to increase brand awareness in US markets; http://www.fibre2fashion.com/news/textiles-company-news/ newsdetails.aspx?news_id=60257.

7장 브랜드 관리와 성과 측정

1. Desai and Keller(2002); McCarthy and Norris(1999); Norris(1992); Rao, Qu and Ruekert(1999); Venkatesh and Mahajan(1997); Havenstein, M.(2004).
2. Pfoertsch, W., Chandler, J. D., “Why ingredient brands matter: Understanding changing roles, and changing markets,” *Journal of Business & Industrial Marketing*(2010).
3. Iacobucci, D., Henderson, G., Marcati, A., and Chang, J. “Network analyses of brand switching behavior.” *International Journal of Research in Marketing* 13(1996): pp.415~29.
4. Desai and Keller(2002).
5. Baumgarth(2001); Bugdahl(1996).
6. Shocker, A., Srivastava, R. and Ruekert, R., “Challenges and opportunities facing brand management: An introduction to the special issue,” *Journal of Marketing Research* 31(1994): pp.149~158.
7. 채널이 제조업체의 요소를 통합한 다른 사용업체 및 완성품 제조업체의 제품을 선택할 수 있는 대안을 갖고 있을 경우 발생하는 일부 부정적인 효과도 I-4에 포함된다는 점을 유의하라.
8. Dover(1997); Hilton(2003); Kleinaltenkamp(2001).
9. DLP는 현재 세계에서 유일한 완전 디지털 디스플레이 칩이며 최고의 디지털 영사기에 들어가는 핵심 요소다. DLP 기술은 아날로그 시스템이 대적할 수 없는 선명도로 이미지를 재생하는 광학 반도체를 활용한다. 랠프 올리비아Ralph Olivia는 특별한 통찰력을 바탕으로 성공적인 인브랜딩 과정에 착수했다.
10. Dover(1997); Kotler and Pfoertsch(2006).
11. Porter, M. E., *Wettbewerbsvorteile: Spitzenleistungen erreichen und behaupten 4th ed*. (Frankfurt.New York, 1996), p.12, p.453.
12. Pfoertsch and Chandler(2010).
13. Sattler, H., *Monetäre Bewertung von Markenstragien für neue Produkte*. Stuttgart, 1997.
14. Michael, B. M., *Werkbuch M. wie Marke: Bausteine für ein erfolgreiches Brand Building. Anleitungen, Arbeitsmethoden, Fallbeispiele, Interviews* (Dürsseldorf, 2003), chapter 2,

pp.5~6.
15. 인터브랜드 발표. http://www.interbrand.com/best_global_brands.aspx.
16. 인터브랜드가 집계한 기업들 중에서 B2B 지향 기업의 절대적 비중은 판매 채널 분석을 통해 판단할 수 있다. Pfoertsch and Schmid(2005): p.92 참조. GE도 냉장고, 냉동고, 전기레인지 및 가스레인지, 캐비닛형 레인지, 식기세척기, 세탁기 및 건조기, 전자레인지, 에어컨 및 가정용 급수 시스템 제품 같은 주요 가전제품 및 연관 서비스를 포함한 B2C 제품을 만든다. 이 제품들은 주로 대체 구매시장을 위해 소매매장 혹은 소비자에게 직접 유통되거나, 신규 설치를 위해 건설업체나 유통업체에게 유통된다. 조명 제품은 발광 다이오드를 비롯하여 폭넓은 램프와 조명기구를 포함한다. 전기설비 및 제어 제품은 조명반과 전력반, 개폐기, 회로차단기를 포함한다. 제품과 서비스는 북미와 국제시장에서 다양한 GE 및 PL 브랜드로 팔린다. 이 부문의 매출은 총 영업 매출의 6퍼센트 미만(총 1억 8,000만 달러 중 1,100만 달러)을 차지한다.
17. GE 기업보고서, 2004. 11.
18 Aaker(1992), p.31.
19. Sattler(1995), p.669.
20. www.markenlexikon.com, 2010. 1. 10 접속.
21. Gerpott, T., and Thomas, S., "Markenbewertungsverfahren: Einsatzfelder und Verfahrensüberblick." *Wirtschaftsstudium*(2004): p.396
22. Klein-Boelting, U. and Murad-Aga, T., "Markenbewertung für das Controlling," *Marketingjournal* (2003): pp.39~41.
23. *Ibid.*, p.40.
24. Simon and Sebastian(1995), p.42ff.
25. Haller(2001), p.21ff.
26. Simon and Sebastian(1995), p.42ff.
27. Havenstein, M.(2004), p.117, Overview, pp.85~91.
28. Coughlan et al.(2001); Vargo and Lusch(2004); Wathne, Biong and Heide(2001); Frels, Shervani and Srivastava(2003); Wilkinson(2001).
29. Wathne(2004); Achrol, Reve, Stern(1983); Bagozzi(1975).
30. Baumgarth(2001), pp.240~244.

8장 보이지 않는 것을 보이게 만들어라

1. Swysten, J., "Business drives and brand repsonses," 2003. 3.
2. Havenstein(2004), p.9.

3. Rid, J. and Sigurdsson, N., "Ingredient branding: A Strategy option? A Comparative case study of Intel, Gore-Tex, Bosch, and Autoliv," *Postgradutate dissertation*, Stockholm, January 2004.
4. Havenstein(2004), p.9ff.
5. Pfoertsch, W., Linder, C. and Scheel, H., "Price premium enhancement through a brand in a brand," Working paper Pforzheim University, 2009.
6. Chorafas, D. N., *Strategic business plannig for accountants: Methods, tools and case studies* (2006).
7. Aaker(2004).
8. Berkowitsch, N., "Ingredient branding wirkt!," Diplom thesis, Pforzheim, 2006.
9. Havenstein(2004).

찾아보기

[ㄱ]

[ㄴ]

[ㄷ]

[ㄹ]

[ㅂ]

[ㅅ]

[ㅇ]

[ㅈ]

[ㅊ]

[ㅋ]

[ㅌ]

[ㅍ]

[ㅎ]

[기타]

인브랜드 목록

기업명	브랜드명	제품 기능	로고
화학			
바이엘 Bayer AG	마크로론 Makrolon	폴리카보네이트	made of makrolon the high-tech material
마이크로밴 Microban	마이크로밴	항박테리아 화합물	Microban
존슨매티파인케미컬스 Johnson Matthey Fine Chemicals	비트렉스 Bitrex	쓴맛 첨가제	Contains Bitrex
새니타이즈드 Sanitized AG	새니타이즈드 Sanitized	항균성 첨가제	Sanitized
코그니스 Cognis	코그니스	건강함과 지속 가능성을 위한 특수 화학물	cognis. we know how
알칸타라 Alcantara Spa	알칸타라 Alcantara	인조 가죽	ALCANTARA

시카 Sika	시카	특수 화학물	
훼히스트 Hoechst	호스탈렌 Hostalen	폴리올레핀 Polyolefin	
바스프 BASF	인단트렌 Indanthren	합성 건염 염료	
	루란 Luran	플라스틱	
오웬스-코닝 파이버글래스 Owens-Corning Fiberglass	유리섬유 Fiberglas	유리 섬유 제품	
브랜드 어소시에이션 스테인레스 스틸 저머니 Brand Association Stainless Steel Germany	에델스탈 로스트프라이 Edelstahl rostfrei	스테인레스 스틸	
WMF	크로마간 Cromargan	특수 스테인레스 스틸	
에보닉 Evonik	플렉시글라스 Plexiglas	기능성 폴리머	
식이보충제			
뉴트라스위트 NutraSweet Company	뉴트라스위트	천연 감미료	
맥닐누트리셔널스 McNeil Nutritionals, LLC	스플렌다 Splenda	천연 감미료	

카길 Cargill Inc.	코로와이즈 CoroWise	천연 재료 콜레스테롤 감소제	
	HFT	오메가 3 식재료	
	올리고 Oliggo	자연 분해 섬유	
	엑스트렌드 Xtrend	녹말 및 감미료	
	말티덱스 Maltidex	천연 감미료	
	아이소말티덱스 Isomaltidex	천연 감미료	
	트레하 Treha	다기능, 비환원 탄수화물	
	발리브 Barliv	보리 베타 섬유	
	트루비아 Truvia	천연 감미료	
	제로즈 Zerose	천연 감미료	
수드주커 Südzucker	아이소말트 Isomalt	천연 감미료	

	베네오 Beneo	인슐린 및 올리고프락토스 Oligofructose	beneo
알파에이사 Alfa Aesar	크실리트 Xylit	천연 당알코올	XYLIT
오션스프레이크랜베리스 OceanSpray Cranberries	오션스프레이 OceanSpray	크랜베리	Ocean Spray
제트트림홀딩 Z Trim Holding	제트 트림 Z-Trim	지방 감소제	Z TRIM
P&G	올린 Olean	지방 감소제	Olean
쏠레 Solae Company	쏠레 Solae	콩 제품	solae
	프롤리스 Prolisse	콩단백	Prolísse
프리듀프로덕트 Perdue products	세노콧 Senokot	천연 하제	Senokot
WBANA	야생 블루베리 Wild Blueberries	항산화제	WILD BLUEBERRIES
시스템			
선마이크로시스템스 Sun Microsystems	자바 Java	시스템 소프트웨어	Java

돌비래버러토리스 Dolby Laboratories	돌비 Dolby	음향 시스템	
THX	THX	음향 시스템	
마이크로소프트 Microsoft	비스타 Vista	운영체제	
	미디어 룸 Media room	미디어 시스템	
DivX 네트워크	DivX	미디어 시스템	
케이블앤드와이어리스 Cable & Wireless	케이블앤드와이어리스	통신 시스템	
리얼텍 세미컨덕터 Realtek Semiconductor	리얼텍 Realtek	멀티미디어 시스템	
섬유			
울마크컴퍼니 The Woolmark Company	울마크 Woolmark	천연 양모	
인비스타 Invista	코듀라 Cordura	기능성 섬유	
	쿨맥스 Coolmax	기능성 섬유	

	스테인마스터 Stainmaster	카펫류	STAINMASTER CARPET Always stylish. Always beautiful.
	코듀라 Cordura	카펫 섬유	CORDURA BRAND
	앤트론 Antron	카펫 섬유	Antron carpet fiber
	라이크라 Lycra	신축성 섬유	LYCRA
	서플렉스 Supplex	미세 섬유	supplex
기타			
릴라이언스인더스트리스 Reliance Industries	트레비라 Trevira	미세 섬유	Trevira
심파텍스테크놀로지 SympaTex Technology	심파텍스	래미네이트	SYMPATEX
WL고어앤드어소시에이츠 W. L. Gore & Associates	고어텍스 Gore-Tex	래미네이트	GORE-TEX
	윈드스토퍼 Windstopper	래미네이트	WIND STOPPER
듀폰 DuPont	테프론 Teflon	다용도 섬유	Teflon

	노멕스 Nomex	내열 섬유	DuPont NOMEX
	케블라 Kevlar	브랜드 섬유	DUPONT Kevlar
	코리안 Corian	외장재	DUPONT corian
기타			
네이처웍스 NatureWorks	인지오 Ingeo	바이오폴리머 및 섬유	ingeo
다이올렌인더스트리얼 Diolen Industrial	다이올렌	폴리에스터 방적사	Diolen
나노텍스 Nano-Tex Inc.	나노텍스	직물 강화재	NANOtex
타이아크릴릭파이버 Thai Acrylic Fiber	아미코 Amicor	지능형 섬유	Amicor
유리			
쇼트 Schott	쇼트 옵틱스 Schott Optics	광학 렌즈	SCHOTT
	쇼트 세란 Schott Ceran	유리 세라믹 레인지 상판	SCHOTT CERAN

자이스 Zeiss AG	자이스	광학 렌즈	ZEISS
슈나이더크로이츠나흐 Schneider Kreuznach	슈나이더	광학 렌즈	Schneider KREUZNACH
코닥 Kodak	코닥	광학 렌즈	Kodak
라이카카메라 Leica Cameras	라이카	광학 렌즈	Leica
스와로브스키 Swarovski	크리스털라이즈드엘리먼츠 Crystallized elements	크리스털 유리	CRYSTALLIZED SWAROVSKI ELEMENTS
자전거 구성품			
시마노프로덕트 Shimano Products	시마노	자전거 기어	SHIMANO
캄파놀로 Campagnolo S.r.l.	캄파놀로	자전거 기어	Campagnolo
스램 SRAM Corporation	스램	자전거 기어	SRAM
	락샥 Rockshox	자전거 구성품	ROCK SHOX
	아비드 Avid	자전거 구성품	Avid

	트루바브티브 Truvavtiv	자전거 구성품	
포뮬러 Formula	포뮬러 Formula	자전거 구성품	
살로몬 Salomon SAS	마빅 Mavic	바퀴 세트	
레이스페이스퍼포먼스프로덕트 Race Face Performance Products	레이스페이스	산악자전거 구성품	
이스턴스포츠 Easton Sports	이스턴	자전거 구성품	
DT스위스 DT Swiss	DT 스위스	자전거 구성품	
마구라바이크파츠 MAGURA Bike Parts	마구라	자전거 구성품	
자동차			
도이츠 Deutz	도이츠	디젤엔진	
티센크루프 ThyssenKrupp	비엘스타인 Bielstein	쇽업저버	
토센트랙션 Torsen Traction	토센	상시 사륜 구동 장치	

콘티넨털 Continental AG	VDO	자동차 구성품	
브렘보 Brembo	브렘보	브레이크	
ZF	ZF	자동차 구성품	
퍼킨스엔진 Perkins Engines	퍼킨스	디젤엔진	
레카로 Recaro GmbH & Co. KG	레카로	자동차 시트	
톰톰 TomTom	톰톰	네비게이션 시스템	
셰브론 Chevron	테크론 Techron	연료 첨가제	
ABT	ABT	디자인 서비스	
피닌파리나 PININFARINA	피닌파리나	디자인 서비스	
로버트보쉬 Robert Bosch GmbH	보쉬 Bosch	자동차 구성품	
	ABS	잠김방지브레이크 시스템	

	ESP	전자식 차체제어 프로그램	ESP®
커민스엔진 Cummins Engines	커민스	디젤엔진	Cummins
굿이어타이어 Goodyear Tires	굿이어	타이어	GOODYEAR
로탁스 Rotax	로탁스	소형 엔진	ROTAX. BRP
아우디 Audi	콰트로 Quattro	상시 사륜 구동 장치	quattro®
캐딜락 Cadillac	노스스타 Northstar	V8 엔진	Northstar
쿠카 Kuka	쿠카	산업 로봇 및 공장 자동화 설비 및 서비스	KUKA
화낙 Fanuc	화낙	자동화 설비 제어장치	FANUC
지멘스 Siemens	시누메릭 Sinumeric	자동화 설비 제어장치	Siemens Inside!
베바스토 Webasto	베바스토	히터	Webasto
시리우스 SIRIUS	시리우스	위성 라디오	SIRIUS

오디오 및 텔레비전 구성품			
JBL	JBL	음향 시스템	JBL
보쉬 Bosch	블라우풍트 Blaupunkt	라디오 및 하이파이	BLAUPUNKT Bosch Group
보스 Bose	보스	음향 시스템	BOSE
TI	DLP	영사 시스템	PICTURE BY DLP TEXAS INSTRUMENTS
소니 Sony	트리니트론 Trinitron	텔레비전 모니터	Trinitron
컴퓨터 구성품			
인텔 Intel Corporation	인텔	프로세서	intel Leap ahead intel inside
	센트리노 Centrino	프로세서	intel Centrino Duo
	제온 Xeon	프로세서	intel Xeon inside
	코어 Core	프로세서	intel Core 2 Duo inside

	펜티엄 Pentium	프로세서	
AMD	ATI	그래픽 카드	
AMD		프로세서	
AMD	애슬론 Athlon	프로세서	
MSI테크놀로지	MSI	마더보드	
엔비디아 NVIDIA CORPORATE	엔비디아	그래픽 카드	
브로카트테크놀로지 Brokat Technologies	브로카트	안전 거래 소프트웨어	
아수스텍컴퓨터 ASUSTeK Computer	아수스	마더보드	
유니버셜아비트 Universal ABIT	아비트	마더보드	
기가바이트테크놀로지 Giga-Byte Technology Co., Ltd.	기가바이트	마더보드	
삼성 Samsung	삼성	메모리	

삼성	삼성	DVD 드라이브	SAMSUNG
킹스턴테크놀로지 Kingston Technology	킹스턴	메모리	Kingston TECHNOLOGY
시게이트테크놀로지 Seagate Technology	맥스터 Maxtor	하드 드라이브	Maxtor
	시게이트	하드 드라이브	Seagate
LG전자 LG Electronics	LG	DVD 드라이브	LG
도시바 Toshiba Corporation	도시바	DVD 드라이브	TOSHIBA
파이오니어 Pioneer Corporation	파이오니어	DVD 드라이브	Pioneer
히타치 Hitachi, Ltd.	히타치	DVD 드라이브	HITACHI
지불 시스템			
비자 Visa	비자	지불 시스템	VISA
마스터카드 MasterCard	마스터카드	지불 시스템	MasterCard

ZKA	EC 카드	지불 시스템	
유니온페이 UnionPay	유니온페이	지불 시스템	
포장			
테트라팩 Tetra Pak	테트라팩	포장 시스템	
SGS	SGS	포장 시스템	
SIG	콤비블록 CombiBlock	포장 시스템	
혁신적 구성품			
3M	비퀴티 Vikuiti	강화 필름 및 영사 구성품	
	스카치라이트 Scotchlite	반사 소재	
	스카치가드 Scotchguard	페인트 보호제	
	필트리트 Filtrete	물 여과 시스템	

	신슐레이트 Thinsulate	단열재	Thinsulate
	트와론 Twaron	파라 아라미드 섬유 Para-aramid	Twaron
트루마게레테테크닉 Truma Gerätetechnik	트루마	캠핑차량용 전력 공급 및 히터 장치	truma
서비스			
레스밀스 Les Mills	레스밀스	운동 프로그램 · 시스템	LesMILLS
빌리블랭크스 Billy Blanks	태보 TaeBo	운동 프로그램 · 시스템	TAE BO
루프트한자 Lufthansa	루프트한자카고 Lufthansa Cargo	항공 운송 시스템	Lufthansa Cargo Networking the world.
항공기			
보잉 Boeing	보잉	항공기	BOEING
에어버스 Airbus S.A.S.	에어버스	항공기	AIRBUS
표준			

미국환경보호국 US EPA	에너지스타 EnergyStar	에너지 효율 인증	
SATA-IO	Sata	직렬 데이터 전송 방식	SERIAL ATA
USBIF	USB	범용 직렬 버스	USB UNIVERSAL SERIAL BUS

※ 모든 저작권은 로고 소유업체에 있음

옮긴이 **김태훈**
중앙대학교 문예창작학과를 졸업하고 현재 번역 에이전시 하니브릿지에서 전문 번역가로 활동하고 있다. 주요 역서로 《어떻게 원하는 것을 얻는가》《소비 본능》《그 개는 무엇을 보았나》《혁신은 천 개의 가닥으로 이어져 있다》《팀이란 무엇인가》《스티브 잡스 프레젠테이션의 비밀》 외 다수가 있다.

필립 코틀러 인브랜딩

1판 1쇄 인쇄 2013년 11월 8일
1판 1쇄 발행 2013년 11월 15일

지은이 필립 코틀러, 발데마 푀르치
옮긴이 김태훈
발행인 고영수
발행처 청림출판
등록 제406-2006-00060호
주소 135-816 서울시 강남구 도산대로 남38길 11번지(논현동 63번지)
413-756 경기도 파주시 문발리 파주출판도시 518-6 청림아트스페이스
전화 02)546-4341 **팩스** 02)546-8053

www.chungrim.com
cr1@chungrim.com

ISBN 978-89-352-0990-3 93320